Anna Ursula Dreher
Empirie ohne Konzept?

Anna Ursula Dreher

Empirie ohne Konzept?

Einführung in die psychoanalytische Konzeptforschung

Verlag Internationale Psychoanalyse
Stuttgart

Verlag Internationale Psychoanalyse

Printed in Germany
Schutzumschlag: Philippa Walz, Böblingen
Gesetzt aus der 9 Punkt New Baskerville
Auf holz- und säurefreiem Werkdruckpapier gedruckt
und gebunden von
Druckhaus Beltz, Hemsbach
Einbandstoff: Werreleinen

Die Deutsche Bibliothek – CIP-Einheitsaufnahme
Dreher, Anna Ursula:
Empirie ohne Konzept? : Einführung
in die psychoanalytische Konzeptforschung /
Anna Ursula Dreher. –
Stuttgart: Verl. Internat. Psychoanalyse, 1988
ISBN 3-608-91953-8

Inhaltsverzeichnis

Gedanken ohne Inhalt sind leer, Anschauungen ohne Begriffe sind blind. Daher ist es ebenso notwendig, seine Begriffe sinnlich zu machen (d. i. ihnen den Gegenstand in der Anschauung beizufügen), als seine Anschauungen sich verständlich zu machen (d. i. sie unter Begriffe zu bringen). … Der Verstand vermag nichts anzuschauen, und die Sinne nichts zu denken. Nur daraus, daß beide sich vereinigen, kann Erkenntnis entspringen.
Kant, *Kritik der reinen Vernunft*

Einleitung

Eine der wichtigsten Aktivitäten in jeder Wissenschaft ist die Forschung, und die Ergebnisse der Forschung bedingen, daß Wissenschaften sich ständig verändern. In der Psychoanalyse ist momentan strittig, welche Aktivitäten sich vernünftigerweise als ›Forschung‹ bezeichnen lassen. Läßt sich überhaupt verbindlich festlegen, was ›Forschung in der Psychoanalyse‹ ist? In den historischen Anfängen der Psychoanalyse schien diese Frage unstrittig: Die Methode der Wahl war die Erforschung des klinischen Einzelfalls; die Darstellung samt theoretischer Reflexion erfolgte in der Form einer »Novelle«, das heißt als ausführlich dokumentierte narrative Darstellung eines Behandlungsverlaufs etwa im Sinne von Freuds ›Wolfsmann‹ oder von Melanie Kleins ›Fritz‹, oder auch als Vignette, das heißt als Bericht eines kleinen Behandlungsausschnitts zur Illustration eines Gedankens oder eines Phänomens. In der Klassifikation moderner empirischer Forschungsmethodologie wird diese klassische psychoanalytische Forschungstradition meist als ›Einzelfallforschung‹ bezeichnet bzw. als ›aggregierende Einzelfallforschung‹, wenn eine kleine Anzahl ähnlich gelagerter Fälle gleichsam übereinandergelegt wird, um das gemeinsame Muster herauszuarbeiten.

In seinem historischen Abriß der Psychotherapieforschung in der Psychoanalyse weist Kächele (1992) allerdings zu Recht darauf hin, daß bereits in den dreißiger Jahren die Forderung nach systematischer empirischer Forschung erhoben wurde, eine Forderung, der mittlerweile weltweit, auch in der deutschsprachigen Psychoanalyse, nachzukommen versucht wird. Bemerkenswert ist hierbei, daß das Label ›psychoanalytische Psychotherapieforschung‹ – in den von Kächele so bezeichneten drei Phasen: der ›Outcome‹-Forschung, der Verlaufsforschung oder der Mikroprozeßforschung – vom Autor erst ab dem Jahr 1930 vergeben wird (vgl. hierzu auch Gitzinger, Krämer und Kächele, 1997). Dies läßt den Umkehrschluß zu, daß Forschungsaktivitäten in der Psychoanalyse *vor* 1930 – und damit auch etwa die zentralen Freudschen Krankengeschichten samt den aus ihnen abgeleiteten theoretischen Grundkonzepten der Psychoanalyse – *nicht* als Psychotherapieforschung verstanden werden können, weil sie offenbar nicht *systematisch* genug waren. Was aber ist unter ›systematisch‹ zu verstehen? Viele Autoren setzen systematische Forschung in der Psychoanalyse gleich mit einer Variante einer speziellen Art empirischer Forschung: einer am naturwissenschaftlichen Denken orientierten und an den empirisch-experimentellen Techniken ausgerichteten Forschungspraxis, die aus Populationen gezogene Stichproben untersucht, die standardisierte, objektive und möglichst reliable Meßverfahren einsetzt, die statistische Auswerteverfahren präferiert und statistische Hypothesen testen will sowie nach gesetzesförmigen Erklärungen sucht, unter welche die beobachteten Phänomene zu subsumieren sind.

Eine explizite oder implizite Gleichstellung von psychoanalytischer Psychotherapieforschung mit der Forschungsauffassung etwa der nomothetischen Psychologie oder der quantitativen Sozialforschung wäre aber höchst problematisch. So ist unter Psychoanalytikern ja zunächst schon strittig, was in der Psychoanalyse überhaupt als forschungsrelevante empirische Indizienbasis verstanden werden kann: ob dies nur die unter Nutzung technischer Hilfsmittel gesicherten und nachträglich aufbereiteten Daten sind (zum Beispiel Videos oder

Tonband-Transkripte) oder ob dies etwa auch ein Fallbericht über eine Analyse sein kann, der vom behandelnden Psychoanalytiker referiert wird. Fragen nach den ›zulässigen‹ Daten wie nach den ›zulässigen‹ Methoden, mittels derer diese Daten erhoben oder ausgewertet werden, sind aber stets auch methodologische Fragen, und methodologische Fragen wiederum berühren häufig auch Statusfragen. Deshalb werden manche im folgenden vorgetragenen Argumente an die bekannte Erklären-Verstehen-Kontroverse anknüpfen, deren wohl prominenteste Runde in der bundesdeutschen Psychoanalyse in den siebziger Jahren etwa von Lorenzer (1974), Mentzos (1973) und Thomä und Kächele (1973) bestritten wurde. Allerdings wird die wechselvolle Geschichte um die ›richtige‹ wissenschaftstheoretische Ausrichtung der Psychoanalyse nur am Rande eine Rolle spielen.

Bei der Frage nach der ›richtigen‹ psychoanalytischen Forschung kann es aber nicht nur darum gehen, welche Art *empirischer* Forschung die richtige ist, sondern es muß auch um *konzeptuelle* Überlegungen und Untersuchungen gehen, basiert der Fortschritt in einer Wissenschaft doch nicht nur auf einer Erweiterung der empirischen Indizienbasis, sondern stets auch auf neuen oder veränderten Konzepten. Deshalb werden hier einige systematische Forschungsaktivitäten vorgestellt, die auch als *psychoanalytische Konzeptforschung* bezeichnet werden und die keiner der beiden bislang genannten empirischen Forschungstraditionen der Psychoanalyse zuzuordnen sind, weder den klassischen Einzelfallstudien noch der quantitativen Psychotherapieforschung. *Die* Konzeptforschung gibt es allerdings sowenig wie *die* empirische Forschung. Wenn also von ›psychoanalytischer Konzeptforschung‹ gesprochen wird, ist damit eine – nicht ganz präzise zu umschreibende – Klasse von Forschungsaktivitäten gemeint, deren Augenmerk auf der systematischen Klärung des Gebrauchs psychoanalytischer Konzepte liegt. Dabei geht es sowohl um theoriegeschichtliche Forschungen zur Entstehung und Entwicklung, als auch um Forschungen zur Verwendung, zur Klärung sowie zur Ausdifferenzierung eines Konzepts.

Quantitativ-empirisch orientierte Psychotherapieforscher werten konzeptuelle Arbeit meist nicht als eigenständige Forschung; wenn überhaupt, werden Untersuchungen zu den verwendeten Konzepten allenfalls eine heuristische Bedeutung oder eine vorbereitende Rolle im Forschungsprozeß zuerkannt, die eigentliche Forschungsarbeit soll sich um die Erhebung, Auswertung und Interpretation der Daten drehen, nicht um Konzepte. Die Weiterentwicklung der Psychoanalyse als Wissenschaft sollte sich demnach – folgt man diesen neueren Trends – nur auf der Basis der *Kumulation empirischer Befunde und darauf aufbauender wissenschaftlicher Erklärungen* vollziehen. Dieser Auffassung wird hier widersprochen; es wird vielmehr die These vertreten, daß konzeptuelle Untersuchungen in der Psychoanalyse ebenso wichtig sind wie die verschiedenen Formen empirischer Forschung, denn was die Psychoanalyse von anderen Wissenschaften unterscheidet, sind sicherlich ihre Gegenstände und Methoden, aber eben auch ihre Konzepte.

Es ist im übrigen bemerkenswert, daß in den aktuellen Diskussionen um die empirische oder quantitative Psychotherapieforschung in der Psychoanalyse die als eigentlich relevant erachtete psychoanalytische Forschung *insgesamt* von manchen gleichgesetzt wird mit *Psychotherapie*-Forschung, das heißt der Begriff der Forschung in der Psychoanalyse verkürzt wird auf – systematisch-empirische – Untersuchungen zum psychotherapeutischen Geschehen. Diese Verkürzung des Forschungsbegriffs dürfte in manchen Aspekten jener verkürzten Sicht der Psychoanalyse entsprechen, die im Rahmen der Debatte um den sogenannten Medikozentrismus thematisiert wurde und bei der es um die Frage ging, ob die Psychoanalyse *insgesamt* lediglich als eine von Medizinern und Psychologen ausgeübte Therapieform anzusehen sei (vgl. hierzu zum Beispiel Jacoby, 1985; Parin und Parin-Matthèy, 1986).

Die Psychoanalyse stand seit jeher im Kreuzfeuer der Kritik, beanspruchte sie doch von Anfang an, mehr als eine – wie heute manche sagen würden – psychotherapeutische Interventionsmethode zu sein. Freud hat ja seit dem *Entwurf einer*

Psychologie (1895) in mehreren Phasen der Theorieentwicklung auch eine Metapsychologie formuliert, in der er Struktur, Funktionsweise und Entwicklung wie Fehlentwicklung des psychischen Apparats aufzuklären suchte. Vor allem im Gefolge des Ersten Weltkriegs hat er dann in der sogenannten Kulturtheorie psychoanalytisches Denken auch auf kulturelle und soziale Phänomene anzuwenden versucht. Der potentielle *Geltungsanspruch* psychoanalytischer Theorien ist demnach beträchtlich: Es sollen normale wie pathologische Entwicklungen einzelner Individuen beschrieben, verstanden und erklärt werden; dieses Verständnis soll verallgemeinert und für eine wiederum spezifische therapeutische Behandlung der Fehlentwicklungen genutzt werden; und dann soll die Geltung psychoanalytischer Konzepte sich auch auf das Verständnis sozialer Interaktionen in Gruppen sowie kultureller Institutionen beziehen, bis hin zur Beantwortung von Fragen der Art, warum Völker gegeneinander Krieg führen.

Von Anbeginn an gab es Diskussionen darüber, ob die psychoanalytische Methode überhaupt ein *wissenschaftlich begründbares Verfahren* zur Erforschung der normalen wie der kranken Psyche sei und ob ihre Anwendung als wissenschaftlich fundierte therapeutische Methode überhaupt zu rechtfertigen sei. Insbesondere von Seiten der akademischen Psychologie, und hier vor allem des Behaviorismus, wurden viele Konzepte – an prominentester Stelle natürlich das Konzept ›unbewußt‹ – und Befunde der Psychoanalyse angezweifelt mit Argumenten wie ›nicht beobachtbar‹, ›nicht quantitativ meßbar‹, ›fehlende Objektivität‹ oder ›mangelhaft empirisch begründet‹; sogar die Psychoanalyse insgesamt wurde pauschal als ›unwissenschaftliches‹ oder ›metaphysisches‹ Glaubenssystem abgewertet. Die meisten dieser Kritiker gingen von einem an naturwissenschaftlichen Maximen orientierten Wissenschaftsverständnis aus, welchem etwa in der ›Erklären-Verstehen-Debatte‹ aus hermeneutischer Sicht entgegengehalten wurde, daß die zentrale psychoanalytische Interventionsmethode der Deutung unbewußter psychischer Inhalte eine spezielle Interpretationstechnik sei; daß es bei der biographischen Rekonstruktion eben nicht nur um objektive

Fakten, sondern auch um Subjektivität und sprachlich vermittelte Sinnzusammenhänge gehe und damit nicht nur um Erklärungen im nomologischen Sinne, sondern wesentlich um Verstehens- und Interpretationsleistungen sprachlicher wie nicht-sprachlicher Äußerungen.

Entlang den teilweise grundsätzlichen Einwänden und Angriffen gegen die Psychoanalyse hat sich diese in eine kaum noch zu überblickende Vielfalt von Schulen und Lehrmeinungen ausdifferenziert. Nach einem Jahrhundert psychoanalytischer Theorieentwicklung ist deshalb fraglich, ob es *die* Psychoanalyse als einheitliches Gebilde – als therapeutische Methode, als Theorie oder auch als ›scientific community‹ – überhaupt noch gibt. Diesen vielleicht beklagenswerten Umstand der Unübersichtlichkeit können auch konzeptuelle Studien nicht ohne weiteres beseitigen. Allerdings gibt es durchaus einige Fragen im Kontext dieser ›babylonischen‹ Theorienvielfalt, zu deren Klärung sie Argumente und Befunde beigetragen könnten, die sowohl der innerpsychoanalytischen als auch der interdisziplinären Kommunikation und vielleicht sogar Verständigung dienlich wären. Doch bevor das praktische Vorgehen der Konzeptforschung im Detail vorgestellt wird, sind einige wissenschaftstheoretische und methodologische Vorüberlegungen unabdingbar, die sowohl zur Begründung der relativen Eigenständigkeit konzeptueller Untersuchungen notwendig als auch zur Darlegung ihrer Beziehungen zu den verschiedenen Formen empirischer Forschung wichtig sind.

In Kapitel 1 werden daher zunächst Klärungen vorgenommen bezüglich der Verwendung der zentralen Begriffe ›empirisch‹, ›begrifflich‹ und ›konzeptuell‹. Vor dem Hintergrund von Überlegungen zu Konzeptveränderungen in der Psychoanalyse wird dann skizziert, wie nach Meinung normativer Wissenschaftstheoretiker Theorienwandel und wissenschaftlicher Fortschritt aussehen sollten und wie Theorieveränderung nach Meinung von Wissenschaftshistorikern tatsächlich vor sich geht. Diese wissenschaftstheoretischen Themen dienen im weiteren als Hintergrundfolie und werden in Kapitel 6 erneut aufgegriffen.

In Kapitel 2 wird nach einer kritischen Diskussion des ›Junktims zwischen Heilen und Forschen‹ und vor dem Hintergrund einer Diskussion der in den Forschungsprozeß eingehenden Daten eine strukturierte Bestandsaufnahme ausgewählter und im Kontext des Themas relevanter gegenwärtiger Forschungsaktivitäten in der Psychoanalyse vorgenommen.

In Kapitel 3 wird eine dieser Forschungsaktivitäten als Musterbeispiel quantitativer Psychotherapieforschung kritisch diskutiert, die ZBKT-Methode. Es soll die Relevanz konzeptueller Untersuchungen auch für diese Art der Forschung illustriert werden, und zwar an zwei Beispielen: an Überlegungen zu den Konzepten ›Gegenübertragung‹ und ›Übertragung‹.

In Kapitel 4 soll gezeigt werden, daß Ansätze zu einer Konzeptforschung, die empirische und begriffliche Analysen verbindet, eine lange Tradition innnerhalb der Psychoanalyse haben. Es werden vor dem Hintergrund des entsprechenden theoriegeschichtlichen Kontexts an einem historischen Beispiel, der Erstellung des Londoner Hampstead-Indexes, insbesondere die Methoden und Ergebnisse systematischer konzeptueller Überlegungen vorgestellt.

In Kapitel 5 wird an einem aktuelleren Beispiel, nämlich einem Forschungsprojekt zum Konzept ›psychisches Trauma‹, ein mögliches Prozedere eines psychoanalytischen Konzeptforschungsprojekts erläutert: Ausgehend von der Nachzeichnung der Entstehung des Konzepts des psychischen Traumas und den wesentlichen theoretischen Weichenstellungen in seiner Entwicklung wurde seine Verwendungsweise in der heutigen psychoanalytischen Praxis untersucht; dabei galt das Augenmerk vor allem auch den zunächst ›impliziten‹ Konzeptveränderungen und der Frage, wie diese angemessen erfaßt werden könnten. Dieses für die Vorgehensweise systematischer konzeptueller Untersuchungen charakteristische Projekt zur Aufklärung des Bedeutungsraums des Traumakonzepts wird vor allem in seinen methodischen Aspekten vorgestellt und diskutiert.

In Kapitel 6 soll eine abschließende methodologische Diskussion verdeutlichen, in welcher Weise solcherart konzipierte konzeptuelle Forschungen ihre Berechtigung und Notwendigkeit haben. Gleichzeitig werden Vorschläge gemacht, wie das praktische Vorgehen selbst weiter verbessert werden könnte. Es wird unterstrichen, daß Konzeptforschung nur mittels in spezieller Weise vernetzter Forschungsaktivitäten betrieben werden kann und daß die strikte Trennung zwischen ›empirisch‹ und ›konzeptuell‹ zum Vorteil der psychoanalytischen Forschung überwunden werden müßte.

Dieses Buch versteht sich als Plädoyer für eine Anerkennung der Existenzberechtigung unterschiedlicher Forschungsaktivitäten in der Psychoanalyse, vor allem aber für eine Anerkennung der Bezogenheit, ja Abhängigkeit dieser Forschungsaktivitäten voneinander. Psychoanalytische Empirie ohne psychoanalytische Konzepte ist blind, psychoanalytische Konzepte ohne psychoanalytische Praxis sind leer. Die psychoanalytische Forschung kann durch eine Erweiterung ihrer empirischen Indizienbasis und durch eine wohlüberlegte Übernahme effektiver Forschungsmethoden aus anderen humanwissenschaftlichen Disziplinen sicher nur gewinnen. Problematisch wird es jedoch, wenn einzelne Forschungsansätze den Anspruch vertreten, die einzig begründbare und sinnvolle Art psychoanalytischer Forschung zu sein, und damit so etwas wie einen Alleinvertretungsanspruch erheben und wenn dadurch gleichzeitig bewährte psychoanalytische Forschungstraditionen geringer bewertet und in den Hintergrund gedrängt werden.

1. Methodologische Vorüberlegungen

Ein Beispiel begrifflicher Überlegungen bei Freud

Begriffliche Überlegungen – wie unsystematisch auch immer – haben in der Psychoanalyse eine bereits auf Freud zurückgehende Tradition. Doch was soll man sich unter solchen begrifflichen Überlegungen vorstellen, die man gleichsam als Vorläufer späterer systematischer Konzeptforschungsarbeiten verstehen könnte? In erster Annäherung mögen dies zwei einfache Beispiele aus Freuds *Vorlesungen zur Einführung in die Psychoanalyse* (1916/17) illustrieren. In der XX. Vorlesung macht Freud sich Gedanken über die Bedeutung des Begriffs ›sexuell‹ – er versucht, so würde man heute sagen, ›sexuell‹ begrifflich zu fassen:

»Im Ernst, es ist nicht leicht anzugeben, was den Inhalt des Begriffes ›sexuell‹ ausmacht. Alles, was mit dem Unterschied der zwei Geschlechter zusammenhängt, wäre vielleicht das einzig Treffende, aber Sie werden es farblos und zu umfassend finden. Wenn Sie die Tatsache des Sexualaktes in den Mittelpunkt stellen, werden Sie vielleicht aussagen, sexuell sei all das, was sich in der Absicht der Lustgewinnung mit dem Körper, speziell den Geschlechtsteilen des anderen Geschlechtes beschäftigt und im letzten Sinne auf die Vereinigung der Genitalien und die Ausführung des Geschlechtsaktes hinzielt. Aber dann sind Sie von der Gleichstellung, das Sexuelle sei das Unanständige, wirklich nicht weit entfernt und die Entbindung gehört wirklich nicht zum Sexuellen. Machen Sie aber die Fortpflanzungsfunktion zum Kern der Sexualität, so laufen Sie Gefahr, eine ganze Anzahl von Dingen, die nicht auf die Fortpflanzung zielen und doch sicher sexuell sind, auszuschließen, wie die Masturbation oder selbst das Küssen. Aber wir sind ja bereits darauf gefaßt, daß Definitionsversuche immer zu Schwierigkeiten führen; verzichten wir darauf, es gerade in diesem Falle besser zu machen. ... Im ganzen sind wir ja nicht ohne Orientierung darüber, was die Menschen sexuell heißen« (Freud, 1916/17, S. 313 f.).

Dieses Zitat verdeutlicht, daß für Freud begriffliche Bestimmungen durchaus nicht trivial sind, es verdeutlicht auch, wie er verschiedene Aspekte eines Begriffs – hier des Begriffs ›sexuell‹ – gegeneinander abwägt. Es erweist sich nämlich zunächst als gar nicht so einfach, zentrale Begriffe der Psychoanalyse zu definieren. Zudem ist Freud mit keiner eindimensionalen Festlegung des Begriffs ›sexuell‹ zufrieden, sei diese nun in Hinblick auf die Geschlechtsunterschiede, in Hinblick auf den Sexualakt oder in Hinblick auf die Fortpflanzungsfunktion erfolgt. Freud rät von vorschnellen Definitionsversuchen, die den Begriff verkürzen könnten, sogar ab. Allerdings führt ihn diese begriffliche Unbestimmtheit nun nicht zu einer Eliminierung des Begriffs ›sexuell‹ aus seinen theoretischen Überlegungen, denn wir als Wissenschaftler sind »ja nicht ohne Orientierung darüber«, was für die Menschen Sexualität ist; wir haben, würden wir heute sagen, ein implizites, lebensweltliches Vorwissen darüber. Deshalb kann die wissenschaftliche Beschäftigung zunächst – ausgehend von diesen alltagssprachlichen Verwendungen – auch auf einem nicht präzise explizierten, also definierten, Begriff ›sexuell‹ aufbauen.

Am Ende dieser Vorlesung nimmt Freud nach einschlägigen Überlegungen dann auch die bekannte Extension des psychoanalytischen Begriffs ›Sexualität‹ vor und beschreibt die begriffliche Differenz zwischen der psychoanalytischen und einer alltäglichen Konzeption:

> »Wir haben den Begriff der Sexualität nur soweit ausgedehnt, daß er auch das Sexualleben der Perversen und das der Kinder umfassen kann. Das heißt, wir haben ihm seinen richtigen Umfang wiedergegeben. Was man außerhalb der Psychoanalyse Sexualität heißt, bezieht sich nur auf ein eingeschränktes, im Dienste der Fortpflanzung stehendes und normal genanntes Sexualleben« (ebd., S. 330).

Ein weiteres kurzes Beispiel einer begrifflichen Überlegung, referiert in der XXI. Vorlesung, mag die Wichtigkeit begrifflicher Differenzierungen für die Entstehung der psychoanalytischen Theorie überhaupt veranschaulichen: »Während für die meisten ›bewußt‹ und ›psychisch‹ dasselbe ist, waren wir genötigt, eine Erweiterung des Begriffes ›psychisch‹ vorzunehmen und ein Psychisches anzuerkennen, das nicht bewußt ist« (ebd., S.332).[1] Diese begriffliche Extension bezüglich des Konzepts des Psychischen unter Einbeziehung des Unbewußten war bekanntlich konstitutiv für die Psychoanalyse und ist nach wie vor eines der zentralen Unterscheidungsmerkmale zur akademischen Psychologie. Behavioristisch, oder besser: am beobachtbaren Verhalten orientierte Psychologen und Mediziner lehnen das Konzept des dynamischen Unbewußten bis heute als unwissenschaftlich ab, und selbst die neuere kognitive Psychologie verwendet das Konzept ›unbewußt‹, etwa beim ›impliziten Gedächtnis‹ oder beim ›impliziten Lernen‹, lediglich deskriptiv als ›dem Bewußtsein nicht zugänglich‹ oder ›sprachlich nicht mitteilbar‹. Häufig werden unbewußte Prozesse in Analogie zu Computerprozessen allenfalls als ›automatisch im Hintergrund ablaufend‹ charakterisiert, nicht jedoch als psychodynamisch – nämlich solche Inhalte und Prozesse kennzeichnend, denen durch den Vorgang der Verdrängung der Zugang zum Bewußtsein versagt ist.

Entscheidend für unsere Überlegungen ist, daß Freuds begriffliche Differenzierungen und Extensionen nicht das Resultat spielerischer oder gar willkürlicher Bemühungen waren, sondern daß diese begrifflichen Festlegungen auf – im Freudschen Sinne – empirischer, klinisch-psychoanalytischer Basis geschahen. Die Relevanz dieser Wechselwirkung wird von Freud am Beispiel des Begriffs der Sexualität unterstrichen:

»Erst durch die Aufstellung und Handhabung des Begriffs einer ›narzißtischen Libido‹, d.h. eines Maßes von sexueller Energie, welches am Ich selbst hängt und sich an diesem ersättigt, wie sonst nur am Objekt, ist es gelungen, die Libidotheorie auch auf die

1 Im Zusammenhang mit der Klärung des Begriffs ›sexuell‹ ist die Fortsetzung dieses Zitats von Interesse: »Und ganz ähnlich ist es, wenn die anderen ›sexuell‹ und ›zur Fortpflanzung gehörig‹ – oder wenn Sie es kürzer sagen wollen: ›genital‹ – für identisch erklären, während wir nicht umhin können, ein ›sexuell‹ gelten zu lassen, das nicht ›genital‹ ist, nichts mit der Fortpflanzung zu tun hat. Es ist nur eine formale Ähnlichkeit, aber nicht ohne tiefere Begründung« (Freud, 1916/17, S. 332).

narzißtischen Neurosen auszudehnen, und diese durchaus legitime Fortentwicklung des Begriffes der Sexualität verspricht für diese schwereren Neurosen und für die Psychosen all das zu leisten, was man von einer sich empirisch vorwärtstastenden Theorie erwarten kann« (Freud, 1919, S. 323 f.).

Hier mag bereits deutlich werden, daß für Freud empirische Forschungen und begriffliche Überlegungen in der Psychoanalyse sowohl ihre je eigene Berechtigung haben als auch wechselseitig aufeinander angewiesen sind. Neue empirische Befunde lassen bereits bekannte Indizien in einem neuen Licht erscheinen, legen begriffliche Differenzierungen und die Modifikation alter Konzepte nahe; neue Konzepte ermöglichen die Erhebung und Sicherung neuartiger empirischer Indizien – und insgesamt konstituiert sich der Fortschritt der Psychoanalyse auch durch die Ausdifferenzierung des Begriffsapparats sowie durch die gelegentliche Neuschöpfung von Konzepten.

Empirisch, begrifflich, konzeptuell

Aus methodologischer Sicht sind in unserem Kontext drei Begriffe zentral, nämlich ›empirisch‹, ›begrifflich‹ und ›konzeptuell‹, die zunächst selbst unklar und damit erst einmal spezifizierungsbedürftig sind. Zum vorläufigen Verständnis seien diesen Begriffen drei Arten von Forschungsaktivitäten zugeordnet, wobei deren Beziehungen untereinander zunächst außer acht gelassen werden:

- ›empirisch‹ den verschiedenen Formen empirischer Forschung,
- ›begrifflich‹ der logischen Konsistenzanalyse wie auch der philosophischen Begriffsanalyse,
- ›konzeptuell‹ den systematischen Versuchen zur Klärung der expliziten wie impliziten Verwendung von Konzepten.

Zunächst sei jedoch der für manchen vielleicht etwas ungewöhnliche Sprachgebrauch erläutert. Warum wird von ›Konzepten‹ gesprochen und nicht von ›Begriffen‹? In der wissenschaftlichen Praxis werden beide Ausdrücke meistens synonym gebraucht, und dies hätte durchaus auch hier so geschehen können. Es gibt jedoch eine Reihe von Gründen, die mich bewogen haben, die Ausdrücke ›Konzept‹ und ›konzeptuell‹ für die hier vorgestellten Forschungsaktivitäten zu verwenden:

- Der Ausdruck ›Begriff‹ ist ein philosophischer Term und könnte den Fehlschluß nahelegen, es ginge in dieser Arbeit lediglich um ›Begriffsanalysen‹ oder insbesondere um logische Konsistenzprüfungen einzelner Begriffe oder Begriffssysteme, wie sie etwa heute auch als ›formale Begriffsanalysen‹ in den Kognitionswissenschaften üblich sind. Dort werden für Systeme von Aussagen sogenannte syntaktische Prüfungen durchgeführt, die Begriffssysteme mittels Computerprogrammen auf Widerspruchsfreiheit und Konsistenz überprüfen sollen;
- der Ausdruck ›Konzept‹ soll über das ›Begreifen‹ und damit über das – wie die Etymologie nahelegt – ›Zusammenfassen oder Abstecken eines (Bedeutungs-)Bezirks‹ hinaus den Vorgang des ›Konzeptualisierens‹ selbst einbeziehen und somit sowohl die damit verbundene Denk*bewegung* wie auch die Einbeziehung des Bedeutungs*feldes* im Sinne einer Orientierung an regelgebundener Verwendung betonen;
- der Ausdruck ›Begriff‹ wird gelegentlich so verstanden, als sei damit so etwas wie eine ›endgültige Definition‹ gegeben, unter die empirische Phänomene dann subsumiert werden können. Der Ausdruck ›Konzept‹ hingegen soll die Kontextabhängigkeit und damit auch die Vorläufigkeit der Ergebnisse aller Forschungsaktivitäten unterstreichen;
- im angelsächsischen Sprachraum firmieren seit langem systematische Aktivitäten zur Klärung psychoanalytischer Begriffe unter der Bezeichnung ›conceptual research‹, was man zwar auch mit ›Begriffsforschung‹ übersetzen könnte, wofür mir aber ›Konzeptforschung‹ die gelungenere Bezeichnung scheint.

Warum wird hier nur selten von ›Theorie‹ gesprochen? Ich ziehe die Begriffe ›Konzept‹ und ›Konzeptforschung‹ den öfters ebenfalls einschlägigen Begriffen ›Theorie‹ und

›Theorieentwicklung‹ deshalb vor, weil der Begriff der Theorie mir zu umfassend scheint. Dabei will ich Theorien als wissenschaftliche Satzsysteme auffassen, wobei Sätze Aussagen sind, die für zutreffend gehalten werden, zum Beispiel weil sie empirisch belegt sind. Konzepte nun sind lediglich Bestandteile solcher Satzsysteme und somit viel kleinere Einheiten als etwa ganze Theorien. Da die Psychoanalyse viele Konzepte und ihre Beziehungen zueinander zugleich umfaßt, ist darüberhinaus die Betrachtung jeweils einzelner Konzepte zunächst bescheidener und ein im Umfang begrenzteres Vorgehen als die Überprüfung oder Weiterentwicklung des ganzen Theoriengebäudes. Zudem könnte – bei Verwendung des Begriffs ›Theorie‹ – zumindest bei empirisch orientierten Forschern das in ihrer Tradition liegende Mißverständnis entstehen, auch hier würde die Weiterentwicklung einer wissenschaftlichen Theorie nur mittels empirischer Überprüfung von Hypothesen, die aus eben diesen Theorien abgeleitet wurden, für möglich gehalten.

Doch nun erst einmal zur ersten der drei oben genannten Forschungsaktivitäten, der *empirischen Forschung*. Den Minimalkonsens aller empirischen Forscher beschreibt Stegmüller wie folgt: »Sollte man die gemeinsame Grundüberzeugung der Empiristen auf eine kurze Formel bringen, so könnte man sie etwa so ausdrücken: *Es ist unmöglich, durch reines Nachdenken und ohne eine empirische Kontrolle (mittels Beobachtungen) einen Aufschluß über die Beschaffenheit und über die Gesetze der wirklichen Welt zu gewinnen*« (Stegmüller, 1978, S. 346, kursiv im Original). Im Kontext der Psychoanalyse wird nun aber der Begriff ›empirische Forschung‹ unterschiedlich verstanden. Ich will ihn auf alle jene Forschungsaktivitäten beziehen, die für sich in Anspruch nehmen, für die psychoanalytische Theorie relevante empirische Indizien[2] zu generieren und zu verarbeiten. Zunächst sind damit alle klassischen Falldarstellungen gemeint, die auf einer kli-

2 Der Begriff des Indiz ist hier weit gefaßt, weiter als etwa der Begriff des Datums, der in der Regel eine technische Bedeutung hat und oft einen quantitativen Meßwert bezeichnet, der aus der Operationalisierung eines Konzepts resultiert.

nisch-psychoanalytischen Basis erarbeitet sind, die also die psychoanalytische Situation zwischen Analysand und Analytiker als Indizienbasis haben; der Analytiker selbst verarbeitet die Indizien und bereitet sie auf. Sodann bezieht sich der Begriff aber auch auf Forschungsaktivitäten, deren Indizienbasis lediglich einen Ausschnitt der psychoanalytischen Situation umfaßt, etwa Transkripte von Tonbändern, und bei der andere am Forschungsprozeß beteiligte Personen diese Daten systematisch aufbereiten. Dies ist etwa meist der Fall bei der neueren quantitativen Psychotherapieforschung, die allerdings auch über die sie interessierende Teilmenge psychoanalytischer ›Originalindizien‹ hinaus noch weitere empirische Daten anführt, etwa Fragebogendaten oder Auszählungen aus Kodierschemata. Dies ist auch der Fall bei der für die Psychoanalyse relevanten Grundlagenforschung, bei der empirische Daten aus Nachbardisziplinen, etwa der Psychologie, der Medizin oder der Ethnologie ›importiert‹ werden. Diese zunächst etwas unübersichtliche Situation bezüglich der verschiedenen, für unsere Überlegungen relevanten empirischen Forschungsaktivitäten wird in Kapitel 2 zu klären gesucht.

Bei *begrifflichen Untersuchungen* geht es einerseits um solche Fragen, ob die verwendeten Begriffe und die aus ihnen gebildeten Sätze logisch widerspruchsfrei, konsistent und mit anderen theoretischen Sätzen kompatibel sind – Forderungen, wie sie etwa von Vertretern des logischen Empirismus oder des kritischen Rationalismus, an deren wissenschaftstheoretischen Positionen sich Empiristen bis heute weitgehend orientieren, aufgestellt wurden. Andererseits geht es beispielsweise – im Gefolge der Sprachphilosophie des späten Wittgenstein – um die Analyse des Gebrauchs eines Begriffs in einem bestimmten Begriffsfeld, das heißt um die Regeln seiner Verwendung in einem speziellen wissenschaftlichen oder praktischen Kontext. Ersteres wird im allgemeinen als logische Konsistenzanalyse bezeichnet, letzteres als philosophische Begriffsanalyse. Ziel dieser Bemühungen sind sowohl eindeutige, möglichst präzise definierte Begriffe als auch Vorschläge zu einer möglichst sinnvollen Begriffsverwendung und Begriffsdifferenzierung; beides soll unter anderem sowohl für die empirische Forschung wie auch für die wissenschaftliche Kommunikation förderlich sein. Im Kontext empirischer Wissenschaften, etwa der experimentellen Psychologie oder der quantitativen Sozialforschung, sollte im übrigen die Begriffsklärung im Sinne einer logischen Konsistenzprüfung sowieso Teil der Prozeduren zur Überprüfung von Theorien sein. So schreibt etwa Popper: »Aus der vorläufig unbegründeten Antizipation, dem Einfall, der Hypothese, dem theoretischen System, werden auf logisch-deduktivem Weg Folgerungen abgeleitet; diese werden untereinander und mit anderen Sätzen verglichen, indem man feststellt, welche logischen Beziehungen (zum Beispiel Äquivalenz, Ableitbarkeit, Vereinbarkeit, Widerspruch) zwischen ihnen bestehen« (Popper, 1966, S. 7).[3] Leider vergessen hypothesentestende empirische Forscher – auch in der psychoanalytischen Psychotherapieforschung – des öfteren zu erwähnen, daß ihre Hypothesen nicht nur durch geeignete Prozeduren *empirisch* zu überprüfen sind, sondern daß sie auch einer Konsistenzprüfung zu unterziehen sind, etwa bezüglich ihrer Widerspruchsfreiheit oder ihrer Ableitbarkeit.

Die *psychoanalytische Konzeptforschung* versucht, den engen Rahmen der nur an der Logik orientierten Begriffsklärung deutlich auszuweiten; ihr Gegenstand sind zentrale Konzepte der Psychoanalyse wie etwa das Konzept des psychischen Traumas, das Konzept des Narzißmus oder das der Übertragung. Es geht ihr um eine optimale Klärung solcher Konzepte unter Berücksichtigung des aktuellen psychoanalytischen Forschungsstands. Dabei soll die historische Entwicklung eines Konzepts nicht vernachlässigt und insbesondere seine aktuelle Verwendung in der klinischen Praxis beachtet werden. Wenn man auflistet, was potentiell zur Klärung eines

3 Die in Poppers *Logik der Forschung* (im Original erschienen 1935) formulierten Überzeugungen sind nach wie vor ein wichtiger wissenschaftstheoretischer Bezugspunkt für viele Empiriker. Die moderne Variante der Funktionsweise seines »hypothetico-deduktiven« Vorgehens ist ausführlich beschrieben bei Erdfelder und Bredenkamp, 1994.

Konzepts heranzuziehen wäre, ergeben sich somit folgende Themenbereiche:

- die Untersuchung des historischen Entstehungskontexts eines Konzepts
- die Geschichte eines Konzepts im Wandel der psychoanalytischen Theorie[4]
- die aktuelle Verwendung eines Konzepts in der klinischen Praxis
- die kritische Diskussion und gegebenenfalls die Formulierung eines Vorschlags zu einer veränderten Verwendungsweise eines Konzepts.

Um all diese Aspekte integrieren zu können, müssen natürlich jeweils recht unterschiedliche Methoden angewandt werden. So dient etwa eine systematische, durchaus auch philologischen Standards verpflichtete Literaturanalyse der historischen Rekonstruktion der Entwicklung eines Konzepts – beispielhaft sei hier auf die Arbeiten von Grubrich-Simitis verwiesen, vor allem auf *Zurück zu Freuds Texten* (1993). Eine solch sorgfältige Literaturrecherche kann die wesentlichen Weichenstellungen in den Veränderungen des in Frage stehenden Konzepts in der psychoanalytischen Theoriegeschichte seit Freud nachzeichnen, wie dies zum Beispiel von Sandler, Dare und Holder für *Die Grundbegriffe der psychoanalytischen Therapie* (1973, 1996)[5] demonstriert wurde. Eine solche Literaturanalyse kann zudem den Zweck verfolgen, zu einer vorläufigen Konzeptklärung zu gelangen bzw. verbleibende Probleme herauszuarbeiten. Sodann ist es im Procedere psychoanalytischer Konzeptforschung etwa möglich, in Experteninterviews Indizien zur expliziten wie auch impliziten aktuellen Verwendung eines Konzepts in der klinischen Praxis zu generieren. Es sei dabei besonders auf den Aspekt hingewiesen, welcher diese Art von Forschung erst zu einer ›psychoanalytischen‹ Konzeptforschung macht. Eine einfa-

4 Durch Berücksichtigung beider Bereiche – Entstehung und Wandel – können im übrigen sowohl wissenschaftsgeschichtliche als auch wissenssoziologische Fragestellungen einbezogen werden.

5 Eine Aktualisierung dieser Arbeit ist als revidierte und erweiterte Neuauflage 1996 vorgelegt worden.

che Bestandsaufnahme der aktuellen Konzeptverwendung wäre natürlich auch mit behavioristischen oder philologischen Methoden zu leisten. Diese Methoden reichen jedoch nicht aus, wenn es auch um die *implizite*, das heißt noch nicht öffentlich explizierte Verwendung eines Konzepts durch einen erfahrenen Praktiker in seiner klinisch-psychoanalytischen Arbeit geht. Wie wir sehen werden, wurden zu diesem Zweck in manchen Projekten zur Klärung psychoanalytischer Konzepte spezielle Verfahren entwickelt, etwa Interviews von erfahrenen psychoanalytischen Klinikern (in der Rolle der Konzeptforscher) mit erfahrenen psychoanalytischen Klinikern (in der Rolle sozusagen der ›Versuchspersonen‹), die dann in Gruppendiskussionen der am Projekt beteiligten Forscher ausgewertet wurden. Ziel ist es dabei, klinische Erfahrungen und konzeptuelle Überlegungen aller am Forschungsprozeß beteiligten Personen in das Ergebnis einbeziehen zu können.

In Ergänzung zu solchen systematischen ›Arbeiten am Konzept‹ kann es darüberhinaus natürlich wünschenswert sein, die Entstehung und Veränderung eines Konzepts aus der Perspektive eines psychoanalytischen Kulturtheoretikers zu betrachten. Dabei geht es dann nicht nur um solche wissenschaftshistorischen und soziokulturellen Analysen, wie sie etwa Schorske (1982) für Freuds Wien und Janik und Toulmin (1987) für *Wittgensteins Wien* der Jahrhundertwende vorgelegt haben, sondern es geht vor allem auch um solche psychoanalytischen Untersuchungen, wie sie etwa Erdheim (1982) vorgenommen hat, der das Wechselspiel von objektiven und subjektiven, von gesellschaftlichen und individuellen Bedingungen diskutiert, unter denen Freud sein Konzept des Unbewußten entwarf.

Nur empirische Methoden – und diese vielleicht sogar lediglich verstanden im Sinne eines am Behaviorismus orientierten Empirismus – oder *nur* Begriffsanalyse oder *nur* historische Analyse allein können nicht alle Aspekte psychoanalytischer Konzeptforschung abdecken. Wohlgemerkt: Es gibt natürlich zu recht auch Forschungen, die jeweils einen der Aspekte – empirisch, begrifflich oder historisch – ausschließlich präferieren. Eine gehaltvolle Erforschung psychoanalytischer Konzepte bedarf jedoch eines speziellen Integrationsversuchs aller drei Aspekte und ist damit in ihrem Anspruch und in ihren Zielen nicht gerade bescheiden. So ist es ihr zunächst einmal wichtig, den Wandel psychoanalytischer Konzepte in ihrer historischen Entwicklung zu rekonstruieren, gerade auch, um dazu zu verhelfen, aus alten Irrtümern zu lernen und somit deren Wiederholung zu vermeiden, aber auch, um sinnvolle Elemente eines Konzepts zu bewahren. Darüber hinaus kann eine so konzipierte Konzeptforschung die Integration der Erfahrungen klinischer Praktiker in den Bestand psychoanalytischen Wissens systematisch unterstützen, zum Beispiel auch, um die Richtung, in die sich ein Konzept verändert, möglichst frühzeitig zu bestimmen bzw. um selbst Vorschläge für Konzeptveränderungen vorzulegen. Nicht zuletzt ist mit dem Erreichen des Ziels einer möglichst klaren und vielleicht auch einheitlichen Verwendung psychoanalytischer Konzepte die Hoffnung verbunden, der teilweise berechtigten Kritik an unklaren oder gar widersprüchlichen psychoanalytischen Sprachspielen vorbeugen zu können.

Die Psychoanalyse, von Habermas immerhin als »das einzige greifbare Beispiel einer methodisch Selbstreflexion in Anspruch nehmenden Wissenschaft« (Habermas, 1968, S. 262) bezeichnet, könnte somit durch die Beiträge einer systematischen Konzeptforschung eben diese Selbstreflexivität zeigen, indem sie auch über sich selbst, ihre Geschichte und den Wandel ihrer Konzepte nachdenkt.

Wie verändern sich Theorien?

Die Frage, wie sich wissenschaftliche Konzepte verändern, läßt sich natürlich nicht trennen von der Frage, wie sich Theorien und damit Wissenschaften überhaupt verändern, von der Frage also, auf welche Weise wissenschaftshistorische Prozesse, begriffliche Überlegungen und empirische Indizien zu einem wissenschaftlichen Wandel beitragen. Konzepte sind nach der hier vertretenen Auffassung ja Bestandteile von psychoanalytischen Theorien. So ist das Konzept der ›Repräsentanzenwelt‹ Bestandteil der psychoanalytischen Objektbeziehungstheorie, das Konzept der ›depressiven Position‹ Bestandteil der kleinianischen Theorie, und diese ›Teiltheorien‹ sind wiederum Bestandteil des psychoanalytischen Theoriengebäudes insgesamt. Nun hat sich die Psychoanalyse selbst über die Struktur eines Theorienwandels nur wenig Gedanken gemacht, unstrittig war lediglich, daß ein solcher Wandel für die Psychoanalyse wie für jede andere Wissenschaft vom Menschen stets als notwendig angesehen wurde, wie dies auch bereits Freud formuliert hatte:

»Die Psychoanalyse ist kein System wie die philosophischen, das von einigen scharf definierten Grundbegriffen ausgeht, mit diesen das Weltganze zu erfassen sucht, und dann, einmal fertig gemacht, keinen Raum mehr hat für neue Funde und bessere Einsichten. Sie haftet vielmehr an den Tatsachen ihres Arbeitsgebietes, sucht die nächsten Probleme der Beobachung zu lösen, tastet sich an der Erfahrung weiter, ist immer unfertig, immer bereit, ihre Lehren zurechtzurücken oder abzuändern. Sie verträgt es so gut wie die Physik oder die Chemie, daß ihre obersten Begriffe unklar, ihre Voraussetzungen vorläufige sind, und erwartet eine schärfere Bestimmung derselben von zukünftiger Arbeit« (Freud, 1923, S. 229).

In der akademischen Psychologie sind wissenschaftstheoretische Fragen nach Theorienveränderung und Theoriendynamik stets stärker beachtet und in die empirische Forschungsmethodologie integriert worden. Dazu gehören natürlich insbesondere Überlegungen darüber, wie Konzepte, Theorien oder gar ganze ›Paradigmen‹ sich verändern und wie wissenschaftlicher Wandel durch Forschung überhaupt initiiert und begleitet wird. Man muß jedoch darauf hinweisen, daß in Philosophie und Wissenschaftstheorie die Vorstellungen darüber, welchen Regeln wissenschaftlicher Wandel folgt – und ob dies überhaupt ein regelgeleiteter Prozeß ist –, sehr kontrovers diskutiert werden. Überdies berührt die Frage danach, wie wissenschaftlicher Fortschritt in der Psychoanalyse vonstatten gehen sollte, natürlich die noch grundsätzlichere Frage nach dem wissenschaftlichen Status der Psychoanalyse. Diese Frage wurde vor Jahren in der von den empirisch orientierten psychoanalytischen Psychotherapieforschern geführten ›Grünbaum-Debatte‹ wiederbelebt. Grünbaum (1987, 1988) hatte dafür plädiert, die Psychoanalyse nicht als ›hermeneutische Wissenschaft‹ im Sinne von Habermas oder Ricœur anzusehen, sondern – sich auf Freud beziehend – als ›Naturwissenschaft der Seele‹. Allerdings kostet Grünbaums Sicht einen hohen Preis bezüglich des privilegierten Status der analytischen Situation:

»Es scheint angesichts meiner Darstellung der epistemischen Hauptmängel, die in der klinischen psychoanalytischen Methode enthalten sind, daß die Validierung von Freuds Hauptthesen, wenn überhaupt, hauptsächlich von gut geplanten *extra*klinischen Untersuchungen [damit meint Grünbaum Untersuchungen außerhalb der analytischen Situation; die Verf.] kommen muß, seien sie nun epidemiologisch, experimentell oder was auch immer« (Grünbaum, 1987, S. 124).

In dieser Debatte wurde erneut eine alte Frage aufgeworfen: Ist die Psychoanalyse eine Naturwissenschaft, eine hermeneutische Wissenschaft, eine nicht-nomologische Erfahrungswissenschaft (Lorenzer, 1974), hat sie eine Sonderstellung zwischen hermeneutischer Wissenschaft und Naturwissenschaft (Modell, 1984) oder ist sie gar keine ›richtige‹ Wissenschaft, sondern etwa eine Kunst oder ein Handwerk? Und wenngleich uns diese grundsätzlichen wissenschaftstheoretischen Fragen hier weniger interessieren, erscheint es doch nützlich, sowohl die Konzeptforschung als auch andere aktuell diskutierte Forschungsaktivitäten in der Psychoanalyse im Spannungsfeld zweier prominenter wissenschaftstheoretischer Positionen zu diskutieren, die sehr unterschiedliche Auffassungen über das Wesen des wissenschaftlichen Fortschritts entwickelt haben, Positionen, die nach wie vor Bezugspunkt in den einschlägigen Debatten sind:

- Die eine Position sieht die Veränderungen von Theorien und damit den wissenschaftlichen Fortschritt unter dem Gesichtspunkt strikter methodischer Systematik und logisch begründeten Vorgehens. Diese Position wird hier illustriert durch den logischen Empirismus und den kritischen Rationalismus, die beide fordern, daß empirische Wissenschaft und Forschung nach systematisierten Regeln und strengen (forschungs-)logischen Prinzipien voranschreiten müssen, und daß empirische Forschung strikten ›rationalen‹ Kriterien genügen muß. Nur wenn man diese Wege geht, so würden Vertreter beider Richtungen sagen, bleibt Wissenschaft ein rational strukturierbarer und rekonstruierbarer Prozeß. Die hypothesentestende quantitative Psychotherapieforschung steht solchen Vorstellungen über Systematisierung und Normierung des Forschungsprozesses sehr nahe, orientiert an der herrschenden Methodologie der empirisch-experimentellen Psychologie, die nach wie vor eine Verbindung des logischen Empirismus und des kritischen Rationalismus darstellt.[6]

- Die andere Position, hier hauptsächlich illustriert durch die Arbeiten Kuhns und Feyerabends, sieht die Wissenschaft nicht in einem solchen Prokrustesbett, hier werden bezüglich des Fortschritts in der Wissenschaft historische, wissenssoziologische und sozialpsychologische Einflüsse weit stärker beachtet als die strikte Anwendung durchrationalisierter Methodeninventare. Die sich mit Bedeutungsveränderungen beschäftigende Konzeptforschung wird sich als eher in dieser Tradition stehend präsentieren, wenngleich sie innerhalb dieses Rahmens, wie sich zeigen wird, methodologisch einen eigenen Weg vorschlägt.

Diese beiden Positionen sind zwar vornehmlich in Bezug auf Naturwissenschaften und hier insbesondere auf die Physik

6 So schreibt etwa Herrmann, für den die Psychologie eine »nomologische Wissenschaft« ist: »Wissenschaftlich tätige Psychologen formulieren gesetzesförmige Aussagen von hypothetischem Charakter, betten diese Aussagen in theoretische Begründungszusammenhänge ein, arbeiten an der Formalisierung ihrer Theorien und Modelle, prüfen ihre theoretischen Annahmen mit Hilfe von Erwartungen über möglichst objektive und reliable Beobachtungs- und Meßergebnisse, unternehmen Erklärungen und Vorhersagen von Ereignissen mittels deduktiver Erklärungs- und Prognose-Modelle oder als induktiv-statistische Ereigniserklärungen und halten das Experiment für ihr wichtigstes Erkenntnismittel« (Herrmann, 1979, S. 17 f.).

ausgearbeitet worden, sie wurden hier vor allem aber deshalb gewählt, weil sie im Kontext wissenschaftstheoretischer Diskussionen in der deutschen wie auch der angelsächsischen Psychoanalyse eine wichtige Rolle spielen. Allerdings hätte die Auswahl der Positionen, vor deren Hintergrund eine beschreibende Einordnung der Konzeptforschung versucht werden könnte, durchaus auch eine andere sein können: So wäre es sicher interessant gewesen, die Konzeptforschung mit der Idee der Forschungsprogramme zu konfrontieren, wie etwa Lakatos (1974) sie vorgeschlagen hat, oder auch mit der häufiger diskutierten Alternative zur klassischen Aussagenkonzeption der Theorien (dem sogenannten ›statement-view‹), dem ›non-statement view‹[7] (siehe dazu etwa Stegmüller, 1979). Nicht zuletzt wäre auch an die Perspektive der französischen Epistemologen zu denken: im besonderen an Bachelards Ausführungen über ›Erkenntnishindernisse‹ und den ›epistemologischen Bruch‹; oder etwa an Foucaults Reflexion der Geschichte des Wissens unter besonderer Berücksichtigung der Perspektive des Dialogs von Wissen und Macht. Letztere Position wird allerdings später noch einmal aufgegriffen.

Wissenschaft als logisch durchrationalisierter Prozeß

Der *logische Empirismus* des Wiener Kreises, der wohl einflußreichsten empiristischen Richtung dieses Jahrhunderts, als deren Hauptvertreter Carnap mit seinem programmatischen Werk *Der logische Aufbau der Welt* (1928) gilt, war orientiert am Wissenschaftsverständnis der exakten Naturwissenschaften und hat bis heute merkliche Auswirkungen auf die Me-

7 In der Wissenschaftstheorie firmiert diese Richtung, die ›Nicht-Aussagen-Konzeption‹ mit der Idee eines formalisierten Theoriekerns, der nicht so einfach einer Revision unterzogen werden kann wie die peripheren Theoriebestandteile, auch unter der Bezeichnung ›Strukturalismus‹, was leider zu Verwechslungen mit dem linguistischen oder sozialwissenschaftlichen Strukturalismus führen kann.

thodologie der empirischen Sozialwissenschaften. Der Wiener Kreis übernahm eine von Kant begründete Unterscheidung und forderte für wissenschaftliche Aussagen, daß sie entweder ›analytische Aussagen‹ sind (etwa Sätze der Mathematik und der Logik), deren Wahrheit oder Falschheit allein mittels formallogischer Analyse ermittelt werden kann, oder ›synthetische Aussagen‹, deren Wahrheit oder Falschheit sich stets auf Erfahrung, das heißt auf empirische Daten stützen muß. Die Grundthese der ›empiristischen Philosophen‹ bezüglich der Möglichkeit wissenschaftlicher Erkenntnis formuliert Stegmüller wie folgt:

»Die in den Wissenschaften verwendeten *Begriffe* müssen, soweit sie nicht formale Begriffe der Logik und Mathematik sind, empirische Begriffe sein, das heißt *solche Begriffe, über deren Anwendbarkeit man in jedem konkreten Falle allein mit Hilfe von Beobachtungen entscheiden kann.* Begriffe, die diese Bedingung nicht erfüllen, sind Scheinbegriffe und daher aus der Wissenschaft zu beseitigen« (Stegmüller, 1978, S. 354).

Es sollen also nur solche Begriffe in den Kanon der Wissenschaft aufgenommen werden, bei denen man mittels Beobachtung entscheiden kann, ob die beobachteten Phänomene unter eben diese Begriffe zu subsumieren sind oder nicht. Es leuchtet sofort ein, daß diese Forderung für die Psychoanalyse zu Schwierigkeiten führt, denn die meisten psychischen und intersubjektiven Phänomene, über welche die Psychoanalyse Aussagen macht, sind nicht direkt beobachtbar. Zudem erschließt sich in der Psychoanalyse Wesentliches nicht schon durch Beobachtung allein, sondern erst durch Verstehens- und Deutungsprozesse, das heißt durch Interpretationen unter Zuhilfenahme psychoanalytischer Konzepte. Für überzeugte Empiristen ist hingegen das ›empiristische Sinnkriterium‹ zentral, das wissenschaftlich sinnvolle Aussagen von sog. ›metaphysischen‹ Aussagen trennen will und wie folgt formuliert werden kann: »*Dafür, daß eine synthetische Aussage als empirisch sinnvoll bezeichnet werden darf, ist notwendig und hinreichend, daß diese Aussage Bestandteil einer empiristischen Sprache ist, also einer nach präzisen Syntaxregeln aufgebauten Spra-*

che, deren sämtliche Aussagen bestätigungsfähig sind« (Stegmüller, 1978, S. 410, kursiv im Original). Die Forderung nach Bestätigung ist im übrigen eine abgeschwächte Form der ursprünglich strikteren Forderung nach Verifikation. So werden nach heutigem Verständnis statistische Hypothesen durch Daten nicht verifiziert, sondern lediglich bestätigt oder gestützt (vgl. Ostmann und Wutke, 1994). In dem Zitat ist jedoch auch eine weitere Hoffnung des Wiener Kreises angesprochen, nämlich die Hoffnung auf eine ideale, formale Wissenschaftssprache mit präziser Syntax, für die natürlich die Sprachen der Mathematik und der Logik Vorbilder sein sollten. Die Psychotherapieforscher im übrigen, die sich der Methode der Computersimulation bedienen (siehe etwa Moser, 1991, oder Leuzinger-Bohleber, 1994), reklamieren als einen ihrer Vorteile die Verwendung eben solch formaler (Computer-)Sprachen bei der Programmierung ihrer Modelle, weil man in solchen Modellen alles bis ins Detail explizieren muß.

Den wissenschaftlichen Fortschritt sah der logische Empirismus in einer Kumulation von bestätigten empirischen Aussagen, die den Wissensbestand einer Wissenschaft stetig erweitern, so daß man letztlich ›immer mehr‹ weiß. Stegmüller beschreibt diese Überzeugung wie folgt:

»Nach der unter Naturforschern und auch unter vielen Philosophen verbreiteten Vorstellung entwickeln sich die empirischen Wissenschaften in Form einer *linearen Akkumulation* des Wissens. ... Diese hat einen positiven sowie einen negativen Aspekt. Der *positive Aspekt* besagt, daß es im Verlauf der Geschichte einen Zuwachs an Wissen gibt, der sowohl eine Breitendimension als auch eine Tiefendimension hat. Die Breitendimension betrifft *die empirischen Befunde*: Immer vielfältigere und präzisere Beobachtungs- und Meßinstrumente werden erfunden und neue Tatsachen werden entdeckt. Die Tiefendimension betrifft die *theoretischen Verknüpfungen*: Empirische Regelmäßigkeiten werden durch mathematisch formulierbare Gesetzmäßigkeiten ersetzt, die ihrerseits wieder in immer umfassendere Theorien eingebettet werden« (Stegmüller, 1975, S. 484 f.). [Der negative Aspekt umfaßt nach Stegmüller die allmähliche Ausmerzung unwissenschaftlicher Bestandteile wie Irrtümer, Aberglauben oder Mythen; die Verf.]

Einen kaum minder bedeutsamen Einfluß auf die Methodologie der empirischen Sozialwissenschaften hatte auch der von Popper begründete *kritische Rationalismus* – programmatisch auch hier der Titel seines Hauptwerks: *Logik der Forschung* (1935). Popper lehnte allerdings die Vorstellung ab, Wissenschaft schreite durch stete Kumulation bestätigter Befunde voran. Er betonte stattdessen die dauernde Ersetzung älterer Theorien durch neue; seine zentrale These fordert, daß Wissenschaftler aus Fehlern [mistakes] lernen müssen. Popper war demnach ein scharfer Kritiker des induktiven Vorgehens der logischen Empiristen. Er empfahl der Wissenschaft vielmehr ein deduktives Vorgehen, bei dem aus einem System bereits bewährter Sätze empirisch überprüfbare Hypothesen abgeleitet werden. »Nach unserer Auffassung aber gibt es keine Induktion. Der Schluß von den durch ›Erfahrung‹ [was immer wir auch mit diesen Worten meinen] verifizierten besonderen Aussagen auf die Theorie ist logisch unzulässig, Theorien sind somit niemals empirisch verifizierbar« (Popper, 1966, S. 14).[8] Popper war also der Überzeugung, daß die von Empirikern meistens untersuchten gesetzesförmigen Hypothesen gar nicht verifiziert, das heißt für definitiv ›wahr‹ erklärt werden können. Vielmehr meinte er, man müsse die Hypothesen der logisch einzig möglichen Prozedur unterziehen: Man müsse versuchen, sie zu widerlegen, weshalb sein Forschungsprogramm auch ›Falsifikationismus‹ genannt wird. Popper schlug vor, nicht das empiristische Sinnkriterium, sondern diese Möglichkeit der Falsifikation als Abgrenzungskriterium zwischen »empirischer Wissenschaft und Pseudowissenschaft, besonders Metaphy-

8 Man kann einen auf Erfahrung basierenden induktiven Schluß nicht zwingend beweisen, das heißt seit Hume ist bekannt, daß es *logisch* nicht gerechtfertigt ist, von wiederholt beobachteten Einzelfällen auf andere, insbesondere zukünftige Fälle zu schließen (wenn also bislang nach unserer Beobachtung jeden Morgen die Sonne aufgegangen ist, so können wir daraus nicht logisch zwingend ableiten, daß sie morgen früh auch aufgehen wird – ausgeschlossen ist ja nicht, daß sich nächtlich eine kosmische Katastrophe ereignen könnte).

sik« (Popper, 1994, S. 29) anzusehen. Das bedeutet: Wissenschaftliche Hypothesen müssen im Prinzip an der Erfahrung scheitern können, sonst haben sie keinen empirischen Sinn. Das Schicksal einer ›alten‹ Theorie im Gefolge steter Falsifizierungsversuche stellte sich Popper so vor, daß diese irgendwann durch eine neue, ›bessere‹ Theorie ersetzt wird, wenn diese neue Theorie nicht nur alle alten Probleme löst, sondern zusätzlich einige jener Probleme zu lösen in der Lage ist, an welchen die alte Theorie gescheitert ist.[9]

Mit dem Begriffspaar *induktiv* und *deduktiv* sind zwei Methodenklassen zur Erkenntnisgewinnung angesprochen, die in der abendländischen Wissenschaft eine lange Tradition haben und von denen zumindest die Induktion für die Konzeptforschung von Belang ist. Die Deduktion als Ableitung einer Aussage (zum Beispiel einer Hypothese) aus anderen Aussagen (zum Beispiel einer Theorie) nach strengen *logischen* Regeln ist insbesondere in Formalwissenschaften wie Logik und Mathematik relevant. Die Deduktion ist zwar wahrheitsbewahrend, das heißt, man bleibt in deduktiven Systemen immer auf der sicheren Seite der Wahrheit, aber leider nicht gehalterweiternd, das heißt, man kann mittels Deduktionen nicht zu ›neuen‹ Erkenntnissen kommen, weshalb sie also bei der Betrachtung von Konzeptveränderung oder gar Neuschöpfung von Konzepten keine wesentliche Rolle spielen kann. Mit der Induktion ist das anders, unterscheidet man doch seit Aristoteles zwei Arten von Induktion, von denen die letztere für uns besonders interessant ist (vgl. etwa Losee, 1977, S. 15 f.):

- die aufzählende oder enumerative Induktion, bei der aus einer endlichen Zahl von Beobachtungen auf weitere, insbesondere zukünftige Fälle generalisiert wird;
- die intuitive Induktion, bei der aus einer Reihe von Beobachtungen auf jene wesentlichen Prinzipien oder Muster

9 Bezüglich weiterer Kriterien zur Ersetzung alter Theorien siehe Popper, 1994, S. 14 f., wo auch ausführlich die Frage behandelt wird, warum manche Theorien seiner Meinung nach ›besser‹ sind als andere.

geschlossen wird, welche als in den Phänomenen verkörpert vermutet werden.

Während die erste Variante der Induktion zum ›Lernen aus Erfahrung‹ führen kann, birgt die zweite Variante ein auch für die Konzeptforschung wichtiges, kreatives Potential, denn hier kommt es eben auf Phantasie und Intuition des Forschers an, auf das Herausarbeiten des in mehreren Beobachtungsfällen vermuteten gemeinsamen Musters: »Die intuitive Induktion gleicht dem ›Sehen‹ des Taxonomen« (Losee, 1977, S. 17). Als weiteres Hilfsmittel dieser zweiten Variante gilt die Analogiebildung, bei der Konzepte oder theoretische Vorstellungen aus einem Bereich auf einen anderen übertragen werden. Freud hat bekanntlich selbst etliche seiner Konzepte zum Beispiel aus der Medizin oder der Mythologie entlehnt, weil er sie zur Beschreibung von psychischen Strukturen und Prozessen für nützlich und aussagekräftig hielt. Und entgegen dem Diktum Poppers spielt die Induktion in den empirischen Sozialwissenschaften nach wie vor eine wichtige Rolle (vgl. etwa Westermann und Gerjets, 1994, S. 428 f.), kann sie doch nicht nur, worauf die Empiristen gerne hinweisen, hypothesengenerierend sein, sondern eben auch konzeptgenerierend, wenn man nämlich versucht, das in mehreren Fällen Typische oder Wesentliche sprachlich zu fassen.

In der Psychoanalyse haben nun nicht nur quantitative Psychotherapieforscher eine Affinität zu den wissenschaftstheoretischen Positionen sensu Carnap oder Popper; auch beispielsweise Bion, einer der führenden Theoretiker der kleinianischen Schule, hat in den sechziger Jahren noch versucht, für seine Funktionen der Persönlichkeit ein »angemessene[s] deduktive[s] System zu finden« (Bion, 1992, S. 48). Dies setzt er ganz bewußt in Relation zum logischen und formalsprachlichen Ideal des Wiener Kreises: »Mit dem Ausdruck ›deduktives System‹ oder ›wissenschaftliches deduktives System‹ soll jede Annäherung oder jede beabsichtigte Annäherung an logische Systeme erfaßt werden, wie sie bei Braithwaite, *Scientific Explanation* … beschrieben werden« (ebd., S. 159). Kennel arbeitet heraus, in welcher Weise Bion unter dem Eindruck der Ideen von Mach, Frege, dem Wittgenstein des *Tractatus*, Poincaré und dem Programm des Wiener Kreises versucht hat, deren Prinzipien der Genauigkeit, der begrifflichen Klarheit, der Rückführung auf Erfahrung, sowie der logischen Strenge auf die Psychoanalyse zu übertragen:

»Da diese [Prinzipien] in der Alltagssprache nicht gegeben sind, wurde von Frege eine der Mathematik entlehnte Formelsprache entwickelt. Bions Theorie ist in weiten Teilen der Versuch, dieses philosophische Projekt für die Psychoanalyse umzusetzen. Die Mannigfaltigkeit alltäglicher und klinischer Erscheinungen wird auf wenige wesentliche Elemente – ›The Elements of Psychoanalysis‹ und deren vielfache, vernetzte, mehrdimensionale Beziehungen untereinander, das ›linking‹ – reduziert und zum Teil in einer Frege nachgebildeten Zeichensprache notiert, in der Hoffnung in dieser Abstraktion alle weiteren psychischen Konkretionen einzufangen« (Kennel, 1995, S. 7).

Wissenschaft als historischer und sozialer Prozeß

Eine in Inhalt und Wirkungsgeschichte bedeutsame Gegenposition formulierte Kuhn, der die *Struktur wissenschaftlicher Revolutionen* (im Original 1962 erschienen) gänzlich anders beschrieb als die an Logik und systematischer Akkumulation orientierten Wissenschaftstheoretiker, nämlich nicht als einen kontinuierlichen, sondern als einen in Sprüngen und krisenhaften Umwälzungen ablaufenden Prozeß, der in einem spezifischen gesellschaftlichen Kontext gründet. In einem pointierten Sprachspiel von Stegmüller (1978, S. 490) verfahren die empirischen Wissenschaften nach Carnap *induktiv* und *rational*, nach Popper *nicht-induktiv* und *rational*, nach Kuhn hingegen *nicht-induktiv* und *nicht-rational*.[10] Die

10 Die meisten empirischen Wissenschaftler würden heute im übrigen zugestehen, daß wissenschaftliche Forschung aus pragmatischen Gründen deduktive *und* induktive Elemente enthält (vgl. Westermann und Gerjets, 1994). Dieser Meinung war im übrigen schon Aristoteles mit seiner induktiv-deduktiven Methode: »Aristoteles betrachtete wissenschaftliche Forschung als [induk-

teilweise heftigen Reaktionen auf Kuhns Buch waren wesentlich dadurch motiviert, daß der Autor insbesondere den Naturwissenschaften, die ja von vielen seit der Aufklärung als Prototyp rationaler Welterkenntnis angesehen wurden, eben diese Rationalität streitig zu machen schien. Dieser Meinung kann man allerdings nur dann sein, wenn man unter Rationalität eine naturwissenschaftlich verkürzte Rationalität sieht, etwa im Sinne »jenes Begriffs *kognitiv-instrumenteller Rationalität,* der über den Empirismus das Selbstverständnis der Moderne stark geprägt hat« (Habermas, 1985, S.28).

Welche der von Kuhn angeführten Gründe, die ihn den Fortschritt in der Wissenschaft so ganz anders konzeptualisieren ließen, als dies die beiden zuvor skizzierten Richtungen taten, interessieren uns nun hauptsächlich? Zum einen ist dies sicher Kuhns Kritik an der Orientierung beider Positionen am Sprachideal der Logik und Mathematik; Toulmin bemerkt hierzu:

»Diese neue Wissenschaftstheorie war eine Herausforderung an die Orthodoxie des logischen Empirismus. … .am einflußreichsten war zweifellos das 1962 erschienene Buch *Die Struktur wissenschaftlicher Revolutionen* von Thomas S. Kuhn. Paradoxerweise erschien es als Anhang zur *Encyclopedia of Unified Science*; innerhalb dieses Unternehmens, die Wissenschaft auf die formale Logik zu gründen, war es ein trojanisches Pferd. Kuhn vertrat die Auffassung, von Zeit zu Zeit räumten die Physiker die theoretische Struktur ihrer Wissenschaft ab und bauten sie auf neuen Grundlagen völlig neu auf; … Doch die neue Grundlage einer Wissenschaft ist kein System ›evidenter‹ Ideen oder ›formaler‹ Axiome, sondern das nächste in einer historischen Folge von Erklärungsmustern (›Paradigmen‹), die die einzelnen Phasen der Physikgeschichte bestimmt haben. Letzten Endes können also die Wissenschaftstheoretiker, die sich für die Grundlagen der Physik interessieren, nicht tiefer graben, als es das jeweilige ›Paradigma‹ ermöglicht« (Toulmin, 1991, S. 143 f.).

tiven] Übergang von Beobachtungen zu allgemeinen Prinzipien und [deduktiv] zurück zu Beobachtungen. Er behauptete, daß der Wissenschaftler aus den zu erklärenden Phänomenen erklärende Prinzipien induktiv gewinnen sollte, um dann aus Prämissen, die diese Prinzipien mit einschließen, Aussagen über die Phänomene abzuleiten (zu deduzieren)« (Losee, 1977, S.15).

Kuhns Kritik war in der Tat um so herber, als sich viele der logischen Empiristen »aus der Vorkriegszeit den Traum von der Einheitswissenschaft bewahrt [hatten] – von einem System mit der reinen Mathematik als Kern wie Russells und Whiteheads *Principia mathematica,* aber für die gesamte wissenschaftliche Erkenntnis« (ebd., S. 143). Zum zweiten ist sicher Kuhns Kritik an der Überzeugung der Empiristen von Interesse, Theorien als Ganzes könnten wahr oder falsch sein; denn nach Kuhn mag es zwar möglich sein, einzelne Aussagen, das heißt Hypothesen, zu bestätigen oder zu verwerfen, für Theorien als Ganzes gelte dies in der Praxis jedoch nicht. Theorien sind etwas, »was man entwirft, erweitert, korrigiert, anpaßt usw. – kurz, etwas, womit man arbeitet« (Vorwort des Herausgebers in Kuhn, 1977, S.10) – und nicht etwas, was man zur Seite legt, nachdem widersprechende Indizien aufgetaucht sind. Zum dritten jedoch ist für unseren Kontext Kuhns Forschungsergebnis entscheidend, daß der faktische Verlauf selbst der scheinbar linear voranschreitenden Naturwissenschaften gar nicht so ist, wie die normative, strenge Regeln postulierende Methodologie dies eigentlich fordert:

»In den letzten Jahren aber fanden es einige Historiker der Wissenschaft immer schwieriger, die ihnen durch den Begriff der ›Entwicklung durch Anhäufung‹ übertragenen Aufgaben auszuführen (ebd., S. 16). ... Die gleiche historische Forschung, welche die Schwierigkeiten bei der Isolierung einzelner Erfindungen und Entdeckungen hervorkehrt, gibt auch Anlaß zu tiefgehendem Zweifel an dem kumulativen Prozeß, von dem man glaubte, er habe die einzelnen Beiträge zur Wissenschaft zusammengefügt« (Kuhn, 1976, S. 17).

Kuhn machte den Vorschlag, den historischen Gang der Wissenschaften in Phasen der »Normalwissenschaft« und in Phasen der »wissenschaftlichen Revolution« zu unterteilen. Die Phase der Normalwissenschaft charakterisierte er wie folgt:

»Bei der Untersuchung der ›normalen Wissenschaft‹ ... werden wir diese Forschung als einen rastlosen und hingebungsvollen Versuch beschreiben, die Natur in die von der Fachausbildung gelieferten Begriffsschubladen hineinzuzwängen. ... Die normale Wissenschaft als die Betätigung, mit der die meisten Wissenschaftler zwangsläufig fast ihr ganzes Leben verbringen, gründet auf der Annahme, daß die wissenschaftliche Gemeinschaft weiß, wie die Welt beschaffen ist. Viele Erfolge der Unternehmung gehen darauf zurück, daß die Gemeinschaft bereit ist, diese Annahme zu verteidigen, eventuell sogar mit beträchtlichem Aufwand. Die normale Wissenschaft unterdrückt zum Beispiel oft fundamentale Neuerungen, weil diese notwendigerweise ihre Grundpositionen erschüttern« (ebd., S. 19 f.).

Zur Phase der wissenschaftlichen Revolution bemerkte Kuhn, »die außerordentlichen Episoden, in denen jener Wechsel der fachlichen Positionen vor sich geht, werden in diesem Essay als wissenschaftliche Revolutionen bezeichnet. Sie sind die traditionszerstörenden Ergänzungen zur traditionsgebundenen Betätigung der normalen Wissenschaft« (ebd., S. 20). Den Wandel zwischen zwei unterschiedlichen wissenschaftlichen Weltauffassungen bezeichnete Kuhn als »Paradigmenwechsel«, ein Aspekt, der uns im Kontext der Konzeptforschung jedoch nur am Rande interessiert.[11]

Doch erst einmal eine kurze Zwischenbemerkung. Den erwähnten Kritikpunkten:
- daß Wissenschaft nämlich nicht formale Sprachspiele als höchstes Ziel hat,
- daß hypothesentestende, Befunde kumulierende empirische Forschung nicht der alleinige Weg wissenschaftlichen Fortschritts ist
- und daß sich der Forschungsprozeß als Ganzes nicht streng systematisieren und normieren läßt,

schließt sich die Konzeptforschung überwiegend an. Doch welche weiteren Kuhnschen Überlegungen sind für die Konzeptforschung – in Auseinandersetzung mit der Position der Empiristen – von Bedeutung? Toulmin beschreibt, wie weit entfernt die Sichtweise Kuhns von den kontextfreien Fragen des positivistischen Rationalismus ist:

11 Die methodologischen Aspekte der Kontroverse insbesondere zwischen Popper und Kuhn bezüglich Theorienveränderung und Paradigmenwechsel sind ausführlich diskutiert in Lakatos und Musgrave (1974).

»Bei der Analyse einer Wissenschaft werden *Axiomensysteme*, die auf allgemeine, zeitlose Gültigkeit zielen, durch *Paradigmen* ersetzt, die die Schöpfungen einer bestimmten Epoche der Wissenschaft sind. Und an die Stelle des Traumes von einer einzigen *Methode*, die überall angewendet wird, tritt die Tatsache verschiedener Erklärungs*methoden*, deren jede einen beschränkten Anwendungsbereich und eine beschränkte Lebenszeit hat. Anstelle der *formalen* Analyse der logischen Struktur einer beliebigen wissenschaftlichen Theorie, wie sie die Wiener positivistischen Philosophen der zwanziger Jahre anstrebten, betreibt man die *historische* Analyse verschiedener veränderlicher Begriffe in verschiedenen Wissenschaften zu verschiedenen Zeiten« (Toulmin, 1991, S. 144).

Zumindest erwähnenswert bleibt noch, daß Kuhns Begriff des Paradigmas mehrdeutig ist. Kuhn selbst verweist im Postskriptum auf zwei Bedeutungen. Einerseits – in einer weiten Auslegung – stehe der Begriff für die gesamte Konstellation von Überzeugungen, Werten, Methoden usw., die von den Mitgliedern einer bestimmten Gemeinschaft geteilt werden; andererseits – in einer engen Auslegung – bezeichne er lediglich ein Element in eben dieser Konstellation, nämlich die konkreten Problemlösungen. Diese könnten – als Vorbilder oder Beispiele – explizite Regeln als Basis für die Lösung der übrigen Probleme der ›normalen Wissenschaft‹ ersetzen. In dieser zweiten Bedeutung von ›Paradigma‹ kann durchaus das im Kapitel 5 vorgestellte Beispiel des Forschungsprojekts zum Konzept des psychischen Traumas als ein solches Muster für psychoanalytische Konzeptforschung verstanden werden. Kuhn selbst begegnet seiner eigenen Verwendung des Begriffs ›Paradigma‹ heute skeptisch; für ihn ist ›Paradigma‹ »ein Wort, das ich übrigens nicht länger gebrauche, da ich nicht für alle Interpretationen geradestehen kann, die gemacht wurden« (Kuhn, 1995, S. 42).

Abschließend sei bemerkt, daß für uns die Betonung der Rolle wesentlich ist, die Kuhn den historischen und sozialen Einflüssen auf den wissenschaftlichen Wandel gibt, wesentlich sind also insbesondere seine Überlegungen über »Die Beziehungen zwischen Wissenschaftsgeschichte und Wissenschaftstheorie« (Kuhn, 1977, S. 49-71). Denn wer in der Wissenschaft den Zweck der Forschung nur in der Kumulation bestätigter Hypothesen sieht, der kann im Prinzip ohne Geschichte auskommen. Der Empirismus der akademischen Psychologie etwa ist in diesem Sinne ahistorisch. Es gilt stets nur der ›neueste Stand‹, alles, was an Befunden ein paar Jahre zurückliegt, ist vergangen und gilt demgemäß als überholt. Zwar betont Lakatos, eigentlich ein Kritiker Kuhns, die Rolle der »Historiographie der Wissenschaften« und paraphrasiert Kants Diktum: »Wissenschaftsphilosophie ohne Wissenschaftsgeschichte ist leer; Wissenschaftsgeschichte ohne Wissenschaftsphilosophie ist blind« (Lakatos, 1974, S. 271). Doch zu klären bliebe, in welcher Absicht Lakatos historische Faktoren in eine historische Analyse einbeziehen will. Toulmin etwa bemerkt eine Unzulänglichkeit bei den üblichen wissenschaftshistorischen Deutungen:

»Der philosophische Zweck der historischen Analyse beschränkte sich für [die meisten Wissenschaftstheoretiker, die Verf.] auf das, was Imre Lakatos als ›rationale Rekonstruktion‹ der Episoden in der Entwicklung der modernen Wissenschaft bezeichnete; und bei diesen Rekonstruktionen ließ man nur bestimmte Faktoren als ›rational‹ *gelten.* Die einzigen zulässigen historischen Fragen betrafen die sich verändernde ›innere‹ Struktur der Wissenschaft« (Toulmin, 1991, S. 145).

In der Konzeptforschung geht es natürlich einerseits auch um die Rekonstruktion der sich verändernden ›inneren Struktur‹ der Psychoanalyse. Andererseits können aber auch externe Einflüsse – etwa soziokulturelle, politische und gelegentlich auch individualpsychologische Faktoren – nicht außer acht gelassen werden, wenngleich deren Integration natürlich nicht immer einfach ist. Zweifelsfrei hat ja etwa die Emigration kontinentaler Psychoanalytiker aufgrund der Verfolgung im Nationalsozialismus die Theoriegeschichte nachhaltig beeinflußt; so wird beispielsweise diskutiert, ob der theoretische Schwerpunkt, den die amerikanische Ich-Psychologie vor allem auf die Ausarbeitung der Anpassungsleistungen des Ichs legte, nicht eben jene für die Emigranten notwendige Beschäftigung mit den eigenen Anpassungsleistungen an die neue Kultur reflektiert. Auch die Integration der Psychoanalyse in die Gesundheitssysteme verschiedener Länder hatte tiefgreifende Folgen, angefangen vom ›Medikozentrismus‹ über die Probleme der Drittfinanzierung bis hin zur Forderung nach ›meßbarer Effizienz‹ der therapeutischen Interventionen im Gefolge der quantitativen Psychotherapieforschung. Selbst ›persönliche‹ Einflüsse sind gelegentlich von Belang, bedenkt man etwa, daß zumindest das Klima der ›Controversial Discussions‹ zwischen Anna Freud und Melanie Klein durch beider Rivalität nachhaltig beeinflußt wurde.

Kuhn übrigens wollte sich nicht nur als Historiker der Wissenschaften sehen, seine Arbeit bezeichnete er selbst in einem Interview mit *Le Monde* als »Soziologie des Wissens« (Kuhn, 1995). Bezüglich seiner Thesen zur historischen Rekonstruktion des wissenschaftlichen Wandels hatte er früher schon geschrieben, daß man zu häufig dazu neige, die Geschichte als eine rein beschreibende Disziplin zu begreifen: »Die oben angeführten Thesen sind aber häufig interpretierender und manchmal normativer Art. Und weiter: viele meiner Verallgemeinerungen betreffen die Soziologie oder Sozialpsychologie der Wissenschaftler; doch gehören zumindest einige meiner Schlußfolgerungen, nach traditionellen Maßstäben, zur Logik oder Erkenntnistheorie« (Kuhn, 1976, S. 23). Ist Kuhn in seiner Ablehnung einer auf Kumulation angelegten Forschungslogik nun ein Relativist, der keinerlei Fortschritt in der Wissenschaft sieht? Er selbst beurteilt das nicht so:

»Ich bin kein Relativist, denn ich glaube nicht, daß alle Schlüsse gleichwertig sind. Meines Erachtens ist es immer möglich, auf einer objektiven Grundlage zu einem Schluß zu gelangen, der anderen vorzuziehen ist. ... Auch Paul Feyerabend glaubte an den Fortschritt der Wissenschaft. Während es bei ihm einen gewissen Relativismus in bezug auf die Methode gibt, bin ich eher relativistisch in bezug auf die ›Wahrheit‹; was die Methode oder die Definition der Rationalität angeht, bin ich es nicht. Der Begriff der Wahrheit hat eine historisch kapitale Rolle bei der Entwicklung des Wissens gespielt, und seine Nützlichkeit bleibt absolut notwendig. Wir können diesen Begriff jedoch insofern verändern, als er nicht mehr die Idee einer wie auch immer gearteten Übereinstimmung mit einer gegebenen und einzigartigen Welt verlangt« (Kuhn, 1995, S. 42).[12]

Eine ähnlich grundlegende Skepsis gegenüber Auffassungen des Empirismus zu Theorienentwicklung und Theorienveränderung formuliert Feyerabend. Sein programmatisches *Wider den Methodenzwang* (1976) ist ein Plädoyer gegen die restriktive Sicht, daß sich die Wissenschaften einem einzigen methodologischen Plan fügbar machen ließen, ja, er bestreitet sogar, daß sie überhaupt ein vollständig rationales bzw. rational rekonstruierbares Unternehmen seien. Ähnlich wie Popper sieht auch Feyerabend die Theorieabhängigkeit aller wissenschaftlichen Erfahrungsdaten und behauptet wie dieser, daß es überhaupt keine theorieunabhängige Beobachtung von Fakten geben kann. Daraus folgt, daß man verschiedene Theorien auch nicht an gleichsam theorieunabhängigen Tatsachen überprüfen kann, denn jede Theorie sieht ja *ihre* Daten bereits im jeweils eigenen Licht. Schnädelbach (1989) weist daruf hin, daß man deswegen eine Konkurrenz verschiedener Theorien um den jeweiligen Gegenstandsbereich zulassen müsse; da nicht nur eine einzige Theorie wahr sein kann, müsse man einen Theorienpluralismus dulden. Feyerabend bestreitet auch, daß es einen festgelegten Kanon von zulässigen Methoden geben könne, der ein für alle Mal festgeschrieben wird. Empirisch-experimentell arbeitende Wissenschaftler sehen dies anders, sie neigen dazu, die systematische Beobachtung und das Experiment als die einzig zulässigen wissenschaftlichen Methoden zu be-

12 Auch für Freud war bekanntlich der Bezug zur *Wahrheit* zentral: »Ich sagte Ihnen, die Psychoanalyse begann als eine Therapie, aber nicht als Therapie wollte ich sie Ihrem Interesse empfehlen, sondern wegen ihres Wahrheitsgehalts, wegen der Aufschlüsse, die sie uns gibt über das, was dem Menschen am nächsten geht, sein eigenes Wesen, und wegen der Zusammenhänge, die sie zwischen den verschiedensten seiner Betätigungen aufdeckt. Als Therapie ist sie eine unter vielen, freilich eine *prima inter pares*« (Freud, 1933, S. 169).

trachten. Für Feyerabend gilt bezüglich der Methoden hingegen sein berühmter Grundsatz: »Anything goes«. Sowohl in der Mutmaßung darüber, warum Empiristen meistens ahistorisch forschen, wie auch bezüglich des Vorschlags, zu ›machen, was man will‹, würde ich allerdings nicht so weit gehen wie Feyerabend in der polemischen Verteidigung seines ›anarchistischen‹ Programms:

»Wer sich dem reichen, von der Geschichte gelieferten Material zuwendet und es nicht darauf abgesehen hat, es zu verdünnen, um seine niedrigen Instinkte zu befriedigen, nämlich die Sucht nach geistiger Sicherheit in Form von Klarheit, Präzision, ›Objektivität‹, ›Wahrheit‹, der wird einsehen, daß es nur *einen* Grundsatz gibt, der sich unter *allen* Umständen und in *allen* Stadien der menschlichen Entwicklung vertreten läßt. Es ist der Grundsatz: *Anything goes (Mach, was du willst)«* (Feyerabend, 1976, S. 45).

Nun haben Kritiker Feyerabends eingewandt, »Mach, was du willst« sei keine Grundlage für eine Methodologie und keine Hilfe für einen Wissenschaftler, der ein bestimmtes anstehendes Problem zu lösen habe. Dabei meint Feyerabend natürliah nicht, daß ›alles‹ möglich sein soll; denn er schränkt sein ›anything goes‹ selbst ein:

»Ich meine dazu: ein Unwissender, der mit den ganz besonderen Bedingungen des zu lösenden Problems nicht vertraut ist, dürfte kaum etwas Nützliches zu sagen haben; sein aus der Unkenntnis entspringender Rat wird die Lösung des Problems sehr viel eher behindern als fördern. ... ›Wie kann man dann überhaupt mit der Behandlung eines bestimmten Problems anfangen‹? – Genau so wie jeder, der ein Problem zu lösen hat. Man zieht seine Fähigkeiten, sein Gedächtnis heran, beschäftigt sich mit den Vorschlägen anderer, aber nicht zuviel (das könnte Verwirrung stiften) und auch nicht zu wenig, man betrachtet allgemeine Regeln, *aber nur als Faustregeln,* die in einem Fall nützlich sein können, in einem anderen vielleicht gar nicht anwendbar, und schließlich kommt man zu einer Entscheidung« (ebd., S. 45).

Diesen Gedanken Feyerabends zu einer kreativen Problemlösungsstrategie kann man aus Sicht der Konzeptforschung allerdings beipflichten. Diese Zustimmung gilt auch einem anderen Aspekt seiner ›anarchistischen‹ erkenntnistheoretischen Position, bei der er den Begriff des Fortschritts nicht nur für Empiristen monopolisiert sehen möchte:

»Für einen Empiristen bedeutet also ›Fortschritt‹ den Übergang zu einer Theorie, die unmittelbare empirische Prüfungen für die meisten ihrer Grundannahmen ermöglicht. … Für andere könnte ›Fortschritt‹ Vereinheitlichung und Harmonie bedeuten, möglicherweise sogar auf Kosten der empirischen Stimmigkeit. … *Und meine These ist, daß der Anarchismus zum Fortschritt in jedem Sinne beiträgt, den man sich aussuchen mag.* Selbst eine ›Gesetz-und-Ordnungs‹-Wissenschaft wird nur dann Erfolg haben, wenn gelegentlich anarchistische Schritte zugelassen werden« (ebd., S. 44 f.).

Zustimmen könnte man ebenfalls einem Diktum aus *Wider den Methodenzwang*:

»Die moderne Wissenschaft … ist keineswegs so schwierig und so vollkommen, wie die wissenschaftliche Propaganda uns einreden möchte (S. 408). … Wie oft wird die Wissenschaft durch außerwissenschaftliche Einflüsse verbessert und in neue Bahnen gelenkt! (S. 409) … Eine Wissenschaft, die behauptet, über die einzig richtige Methode und die einzig brauchbaren Ergebnisse zu verfügen, ist Ideologie. … Man mag sie lehren, aber nur denen, die sich entschlossen haben, sich diesen besonderen Aberglauben zu eigen zu machen (ebd., S. 410).

Die hier nur in Kürze skizzierten und inzwischen klassischen wissenschaftstheoretischen Positionen bezüglich des Theorienwandels interessieren in dieser Arbeit vor allem in Hinblick auf ihre methodologischen Konsequenzen und dabei insbesondere in Hinblick auf die in der psychoanalytischen Forschung für ›zulässig‹ gehaltenen methodischen Zugänge. Festzuhalten bliebe zunächst: Viele Empiriker im Kontext der neueren quantitativen Psychotherapieforschung in der Psychoanalyse stehen ausschließlich den an Systematik und Logik orientierten Überlegungen nahe, wie sie von den Vertretern des Wiener Kreises oder den Anhängern Poppers zum ›rationalen Forschungsprozeß‹ formuliert wurden. Die Konzeptforschung hingegen fühlt sich auch den historisierenden Sichtweisen verpflichtet, die gesellschaftliche oder wissenssoziologisch zu fassende Einflüsse auf den Fortgang einer Wissenschaft einbeziehen möchten. Vielleicht ist die Konzeptforschung auch in spezieller Weise ›anarchistisch‹, als sie solchen kreativen Bedeutungsveränderungen auf die Spur zu kommen hofft, die in der Psychoanalyse überhaupt erst neue Sichten der Phänomene eröffnen; Freuds Extension des Begriffs des Sexuellen oder des Unbewußten waren hierfür Beispiele.

Ich möchte abschließend noch einmal darauf hinweisen, daß es jenseits der Betrachtungsweisen der Kuhnschen Paradigmen oder des anarchistischen Programms von Feyerabend natürlich noch weitere ähnlich historisierende Sichtweisen auf die Wissenschaften gibt, die ich leider immer nur kurz werde streifen können. So gelten etwa Foucaults Untersuchungen im Rahmen seiner ›Archäologie der Humanwissenschaften‹ auch weniger einer traditionellen *Geschichte* des Fortschreitens der Wissenschaften hin zu mehr Rationalität und Objektivität als eben vielmehr einer *Archäologie*, einer Herausarbeitung des epistemologischen Felds, von dessen Boden aus Theorien oder Erkenntnisse überhaupt erst möglich werden, gelten auch den Regeln, der ›Ordnung‹, nach der Wissen sich konstituiert hat. Foucault hat – in seinem Buch über *Die Ordnung der Dinge* (1971) – mit dem Begriff ›episteme‹ jene für jede Kultur charakteristischen historischen Voraussetzungen bezeichnet, die jeden wissenschaftlichen Diskurs und jede Produktion wissenschaftlicher Aussagen und Befunde erst ermöglichen. In seiner Foucault-Biographie charakterisiert Eribon dieses Konzept:

»Jede Epoche ist durch eine unterirdische Konfiguration charakterisiert, die ihre Kultur hervortreten läßt, einen Wissensraster, der jeden wissenschaftlichen Diskurs, jede Aussagenproduktion erst ermöglicht. Foucault bezeichnet dieses ›historische *a priori*‹ mit dem Namen *episteme*: Tiefenschichten, die definieren und umgrenzen, was eine Epoche denken – oder nicht denken – kann. Jede Wissenschaft entwickelt sich im Rahmen einer *episteme* und ist damit an die anderen Wissenschaften, die ihre Zeitgenossen sind, angeschlossen« (Eribon, 1991, S. 245).

Dabei wird – wenngleich natürlich von einer spezifischen wissenschaftstheoretischen Position aus – das Augenmerk auch auf einen Punkt gelenkt, der in der Psychoanalyse in ganz eigener Weise reflektiert wird und uns später noch einmal beschäftigen wird, nämlich auf »eine Ebene, die dem Bewußtsein des Wissenschaftlers entgleitet und dennoch Teil des wissenschaftlichen Diskurses ist« (Foucault, 1971, S. 13), und es wird somit auch vom »Wissenschaftler selbst« gesprochen, »nicht nur vom konkreten Individuum, das durch einen Eigennamen gekennzeichnet ist, sondern von seiner Arbeit und seiner speziellen Denkform« (ebd., S. 14).

2. Zum Forschungsanspruch im ›Junktim‹

Das Junktim zwischen Heilen und Forschen

In den Auseinandersetzungen um psychoanalytische Forschung, auch um den wissenschaftlichen Status der Psychoanalyse überhaupt, spielt – zumindest in Deutschland – die Vorstellung einer besonderen Verknüpfung von Theorie und Praxis eine wichtige Rolle. Die Weiterentwicklung der Theorie wird als in spezieller Weise an die psychoanalytische Praxis gebunden gesehen: Von Anfang an soll in der Psychoanalyse – so Freuds Feststellung – ein Junktim zwischen Heilen und Forschen bestanden haben. Aus heutigem Wissenschaftsverständnis heraus ist diese Feststellung jedoch erläuterungsbedürftig. Die Behauptung, z. B. ein praktizierender Arzt oder ein Gesprächstherapeut würden nicht nur helfen und heilen, sondern gleichzeitig auch wissenschaftlich forschen, würde für weite Bereiche der medizinischen und psychologischen Praxis als ungewöhnlich angesehen werden. In der Psychoanalyse wird dies bis heute anders gesehen. So betonen etwa Thomä und Kächele in ihrem *Lehrbuch der psychoanalytischen Therapie* die zentrale Rolle dieses Junktims: »Im Bereich der therapeutischen Anwendung der psychoanalytischen Methode ist die Frage, was die wissenschaftliche Psychoanalyse ausmacht, durch den Hinweis auf 3 grundlegende Thesen Freuds zu beantworten« (Thomä und Kächele, 1985, S. 7). Die drei Thesen sind genaugenommen gar keine ›Thesen‹ Freuds, sondern drei Freud-Zitate, aus denen man allerdings Thesen ableiten kann. In diesen Zitaten stellt Freud Überlegungen an zu eben jenem Junktim zwischen Heilen und Forschen (Freud, 1927, S. 293), zum Verhältnis von ärztlicher Bedeutung der Psychoanalyse und Förderung der wissenschaftlichen Erkenntnis (Freud, 1918, S. 32), sowie zum Wahrheitsgehalt der Psychoanalyse (Freud, 1933, S. 169). Die drei von Thomä und Kächele extrahierten Thesen sollen

»die wesentlichen Bestandteile eines kausalen Therapieverständnisses« (Thomä und Kächele, 1985, S. 2) enthalten, sie werden von den Autoren wie folgt resümiert und interpretiert:

»Freuds Überlegungen gelten der einen oder anderen Abweichung vom Junktim des Heilens und Forschens: der Analytiker kann sich nicht damit zufrieden geben, therapeutische Erfolge zu erzielen. Er will die Entstehung seelischer Leiden erklären, und er will v. a. wissen, wie sich diese in der Therapie verändern – und warum nicht. Die Mißerfolge bildeten stets die größte Herausforderung.[1] Die Bedingungen von Entstehung und Veränderung sowie das therapeutische Scheitern sind wissenschaftlich zu untersuchen – so fordert es das Junktim. … Ohne Aufklärung zu therapieren und nicht die Anstrengung auf sich zu nehmen, die gewonnenen Erkenntnisse zu verallgemeinern, käme einem Rückfall in gedankenlose Pragmatik oder in ›uferloses Experimentieren‹ (Freud 1933, S. 165) gleich. Freud äußerte die Sorge, ›daß die Therapie die Wissenschaft erschlägt‹ (Freud 1927, S. 291)« (ebd., S. 2).

In dieser Interpretation von Thomä und Kächele, der sich wohl etliche Psychoanalytiker anschließen würden, ist das Junktim nicht nur die Feststellung eines historischen Sachverhalts, sondern enthält die implizite Forderung nach einer stets wieder neu herzustellenden Verknüpfung von psychoanalytischer Praxis mit psychoanalytischer Forschung. Aus diesem Grund ist das Junktim sowohl aus methodologischer wie praktischer Sicht auch für die Konzeptforschung von besonderer Relevanz, denn es wird das Augenmerk auf einen für die Psychoanalyse ungemein interessanten Ort gerichtet: die Praxis, in der die Theorie entstehen kann und sich bewähren muß. Zwar behandelt Freud das Spannungsverhältnis zwischen Praxis und Theorie in seinen Schriften immer wieder, die einschlägige Bezugsquelle hinsichtlich des besagten Junktims – der Begriff ist im Gesamtregister (GW XVIII) übrigens nicht einmal aufgeführt – ist aber nur eine einzige kurze

1 Ein Gedanke im übrigen, dem Popper sofort zustimmen würde, kann man doch in seiner falsifikationistischen Konzeption von Wissenschaft vor allem aus Fehlern lernen.

Textstelle. In einer Passage des *Nachworts zur »Frage der Laienanalyse«* (1927) knüpft Freud den Begriff des ›Forschens‹ in der Psychoanalyse eng an die psychoanalytische Situation, er schreibt:

»In der Psychoanalyse bestand von Anfang ein Junktim zwischen Heilen und Forschen, die Erkenntnis brachte den Erfolg, man konnte nicht behandeln, ohne etwas Neues zu erfahren, man gewann keine Aufklärung, ohne ihre wohltätige Wirkung zu erleben. Unser analytisches Verfahren ist das einzige, bei dem dies kostbare Zusammentreffen gewahrt bleibt. Nur wenn wir analytische Seelsorge treiben, vertiefen wir unsere eben aufdämmernde Einsicht in das menschliche Seelenleben. Diese Aussicht auf wissenschaftlichen Gewinn war der vornehmste, erfreulichste Zug der analytischen Arbeit; dürfen wir sie irgendwelchen praktischen Erwägungen zum Opfer bringen?« (Freud, 1927, S. 293).

Laut Etymologie Duden ist ein Junktim die »notwendige Verflechtung mehrerer Dinge, die in ihrem Bestand einander bedingen«. Das Wort ›Junktim‹ hängt auch zusammen mit lateinisch ›iugum‹, d. h. Joch, was darauf aufmerksam macht, daß mehrere Dinge zusammengehalten werden sollen, die sonst auseinanderlaufen würden. In welcher Weise nun Forschen mit Heilen verflochten sein soll, ist aber zunächst unklar. Vielleicht kann eine Klärung des für unseren Kontext relevanten Begriffs des Forschens weiterhelfen, und zwar eine Klärung vor allem jenes Aspekts, der sich auf den Analytiker selbst oder die Psychotherapieforschung allgemein bezieht, und nicht auf den Patienten, was natürlich auch ein Aspekt des Forschens sein kann. Am Rande sei vermerkt, daß das Junktim – bezogen auf beide Akteure in der psychoanalytischen Situation – natürlich auch interessant ist im Hinblick auf den Begriff des Heilens und damit auch auf den implizierten Krankheitsbegriff. Für Freud ist nämlich die Krankheit, die es zu ›erkennen‹ gilt, eine, die durch eben diese ›Erkenntnis‹, durch Aufklärung und Einsicht zu heilen ist.[2]

2 Verknüpft mit der ebenfalls notwendigen Spezifizierung des Konzepts ›Heilen‹ kann eine Monographie unter dem Titel *What do psychoanalysts want? The problem of aims in psychoanalytic therapy*

Zum Begriff des Forschens im Junktim[3]

Bezüglich der Überlegungen darüber, was denn mit ›Forschen des Analytikers‹ im Junktim gemeint sein könnte, muß man beachten, daß dieser Begriff in der Psychoanalyse heute offenbar unterschiedlich, zumindest aber anders als zu Freuds Zeiten verwendet wird. Was für Freud noch einigermaßen unproblematisch schien, die Frage nämlich, was man – bezogen auf den Analytiker – unter Forschen versteht, ist aus heutiger Sicht ein Problem; gerade im Kontext der Psychoanalyse reklamieren vielfältige Aktivitäten für sich, jeweils Forschung zu sein. Aus Sicht der Konzeptforschung halte ich es für sinnvoll, zumindest drei Aspekte des Forschens zu unterscheiden, die einzeln oder in Kombination im Junktim angesprochen sein könnten:

- *Forschen als Nachforschen im Einzelfall:* Dieses Nachforschen bzw. das Erforschen des Einzelfalls geschieht in der psychoanalytischen Behandlung jedesmal an prominenter Stelle, wenn in der Biographie des Patienten nach Gründen und Ursachen beispielsweise von Traumatisierungen gesucht wird, denn – wie schon Freud betont hat – erst

(Sandler und Dreher, 1996; vgl. dazu auch Dreher und Sandler, 1997) gesehen werden, in der systematisch untersucht wird, welche jeweils möglichen Ziele psychoanalytischer Behandlung in den unterschiedlichen Stadien der Theorieentwicklung von Analytikern formuliert wurden, und in der ein Rahmen vorgeschlagen wird, innerhalb dessen das Konzept ›Behandlungsziele‹ angemessen erfaßt werden könnte.

3 In ihren Sachverzeichnissen führen Thomä und Kächele (1985; 1988) dieses Junktim übrigens unter der Bezeichnung »Junktim von Therapie und Forschung« auf, was bereits auf deren verändertes Verständnis hinweist. In der englischsprachigen Psychoanalyse spielt das Junktim nur eine untergeordnete Rolle. Strachey übersetzte das Junktim mit »an inseparable bond between cure and research«, das »kostbare Zusammentreffen« mit »precious conjunction« (SE 20, S. 256) – interessanterweise taucht in englischen Texten zuweilen dennoch auch der Begriff »conjunction between cure and research« auf.

diese Erkenntnis bringt den möglichen Erfolg. Das investigative Forschen des Psychoanalytikers ist hier dem des ärztlichen Diagnostikers oder dem des Detektivs durchaus verwandt. Zulässige Aussagen als Resultat des Nachforschens im Einzelfall sind also letztlich ideographische Aussagen, die zunächst in ihrem Geltungsanspruch nicht über den konkreten Einzelfall samt seiner individuellen Besonderheit hinaus generalisiert werden können.

- *Forschen als Entdecken von Neuem:* Freuds Bemerkung, »man konnte nicht behandeln, ohne etwas Neues zu erfahren«, hatte in den Anfangsjahren der Psychoanalyse zwei gleichberechtigte Interpretationen. Es kann ›Neues bezüglich des gerade behandelten Einzelfalls‹ gemeint sein und damit ein mögliches Resultat des oben angeführten Nachforschens. Dies ist auch heute noch ein bestimmendes Moment klinischer Praxis. Die zweite Interpretation kann ›Neues bezüglich des psychoanalytischen Wissensbestandes‹ meinen, dieses Moment dürfte damals, als die Psychoanalyse in ihrer klinischen Praxis ständig Neuland betrat und die Ausdifferenzierung der Praxis wie auch der Theorie noch in vollem Gange war, eine erheblich größere Bedeutung gehabt haben als heute. Im allgemeinen konzedieren wir neben Freud vielen Begründern psychoanalytischer Richtungen in ihren Behandlungsfällen – meist auf der Basis unsystematisch aggregierter Einzelfälle –, Neues entdeckt zu haben, beispielsweise Melanie Klein bezüglich der frühkindlichen Entwicklung, Kohut bezüglich des Narzißmus oder Kernberg bezüglich der Borderline-Patienten. In Hinblick auf diese Neuentdeckungen sind dann ebenfalls Aussagen vom Typ ›es gibt‹ zulässig, also sogenannte Existenzaussagen.
- *Forschen als modernes wissenschaftliches Forschen:* Offenbar hat Freud in seinem Junktim unter ›Forschen‹ eine spezielle Verbindung der beiden eben genannten Verwendungen gemeint, nämlich des Nachforschens und des Entdeckens im Einzelfall oder bei unsystematisch aggregierten Stichproben von Einzelfällen. Wenn heute der Begriff der Forschung im Kontext der Psychoanalyse auftaucht, so ist da-

mit allerdings meistens – insbesondere in der psychoanalytischen Psychotherapieforschung – eine systematische Form empirischer Forschung gemeint, deren Rationale in den Sozialwissenschaften bekanntlich im Gefolge von logischem Empirismus und kritischem Rationalismus und somit erst ab den dreißiger Jahren formuliert wurde. Ziel einer solchen Forschung ist in der Regel die Formulierung von gesetzesförmigen, d.h. nomothetischen Aussagen. Thomä und Kächele, die ihre empirische Forschung wohl in diesem Sinne als ›hypothesenprüfende Forschung‹ bezeichnen, schreiben denn auch zutreffend, daß in diesem Licht »die berühmte Junktimbehauptung eine Neufassung benötigt« (Thomä und Kächele, 1988, S. 1) und daß »die Vorgaben jedoch, die Freud selbst zur Erfüllung des Junktims macht, uns bezüglich der hypothesenprüfenden Forschung völlig unzulänglich [erscheinen]« (ebd., S. 5).

Und in der Tat: Unterstellt man einen solchen empirischen, an den Naturwissenschaften orientierten Forschungsbegriff, erscheint das Junktim nicht mehr als automatische oder gar notwendige Verknüpfung von Heilen und Forschen – nicht jeder, der heilt, forscht dann auch (und nicht jeder, der forscht, heilt auch). Im übrigen wäre Forschen als moderne wissenschaftliche Forschung von einzelnen Analytikern, gleichsam als Einzelkämpfern, praktisch auch gar nicht mehr zu leisten. Und dies nicht nur wegen des immensen Aufwandes unter anderem an Zeit und Geld, sondern auch deshalb nicht, weil kontrollierende und objektivierende Dritte in den Forschungsprozeß einbezogen werden müßten. Auch manche Projekte der Konzeptforschung werden sich als Forschungsprogramme darstellen, die zeitlich sehr aufwendig sind und stets die Beteiligung mehrerer psychoanalytischer Akteure in unterschiedlichen Rollen erfordern. Allerdings würde man hier – in der Interpretation des Forschungsbegriffs in der Junktim-Forderung – einer vorschnellen Einengung des ›Forschens‹ auf ›hypothesentestende Forschung‹ nicht zustimmen können. Man würde die Verwendungsweise des Begriffs Forschen nicht eingeschränkt wissen wollen auf gewisse empirische oder quantifizierende Prozeduren; auch die ersten beiden Formen praxisnahen und phänomenorientierten Forschens sollten in der Psychoanalyse ihren Platz behalten. Allerdings sind im Rahmen der Konzeptforschung selbst systematische und durchaus wissenschaftlichen Standards genügende Prozeduren, die über den Einzelfall hinausgehen, vorgeschlagen worden; sie werden später erläutert.

Psychoanalytiker, die für ihre Arbeit die Geltung des Junktims zwischen Heilen und Forschen reklamieren, sollten also zumindest spezifizieren, was sie unter Forschen verstehen. Dies würde dem häufigen Mißverständnis unter Klinikern vorbeugen, jeder praktizierende Analytiker sei allein schon deshalb, weil er ja die analytische Methode – eine Methode zur *Erforschung* des Unbewußten – anwende, automatisch ein über das Nachforschen im Einzelfall hinausgehender ›Entdecker von Neuem‹ oder gar ein empiristischen Standards genügender ›researcher‹. Man kann sich hier – ohne deren Reduktion des Forschungsbegriffs auf eine quantitative Psychotherapieforschung zu übernehmen – der von Thomä und Kächele zitierten Sicht von Shakow (nach Shakow und Rapaport, 1964) anschließen, der »die von Freuds Junktimbehauptung abgeleitete Sicht, daß jeder Analytiker per se ein Forscher sei, als ›naives Mißverständnis des Forschungsprozesses‹ [bezeichnet]« (Thomä und Kächele, 1988, S. 32).

Daten im psychoanalytischen Forschungsprozeß

Im Laufe der Geschichte der Psychoanalyse wurde dem Forschungsanspruch in Freuds ›Junktim‹ auf verschiedene Weise zu genügen versucht, um den Wissensbestand der Psychoanalyse zu sichern und zu mehren. Um nun einige dieser sehr unterschiedlichen Forschungstraditionen zu charakterisieren und vor diesem Hintergrund die Merkmale der Konzeptforschung weiter herauszuarbeiten, böten sich folgende Gesichtspunkte zur Klassifikation dieser Forschungsaktivitäten an:

- die *Ausgangsdaten*, jene Daten also, die als Ausgangsbasis eines jeden Forschungsprozesses anzusehen sind bzw. – technisch gesehen – in diesen als Input eingehen;
- die verwendeten *Methoden*, seien es datengenerierende oder datenverarbeitende Methoden (z. B. Beobachtung, experimentelle Untersuchungen, Einzelfallstudie, Interview, interpretative Verfahren, Literaturanalyse usw.);
- die *Ziele* (etwa die Untersuchung von klinischen Einzelfällen, die Aufstellung von Existenzhypothesen, Überprüfung gesetzesförmiger Hypothesen, Klärung des Gebrauchs von Konzepten, Verstehen und rationale Rekonstruktion von Sinn usw.).

Wollte man alle psychoanalytischen Forschungsaktivitäten in einiger Systematik nach diesen Kriterien analysieren und miteinander in Beziehung setzen, so hätte man wohl eine ›psychoanalytische Methodenlehre‹ zu schreiben – was nicht Sinn und Zweck meiner Diskussion der Konzeptforschung sein soll. Als Ordnungsgesichtspunkt für meine Überlegungen soll uns deshalb lediglich einer der Gesichtspunkte dienen, nämlich der der Ausgangsdaten.[4] Denn Grundlage jeder sich empirisch auffassenden Wissenschaft ist die Bestimmung dessen, was überhaupt relevante Ausgangsdaten sind. Wie schon in Kapitel 1 angedeutet, wäre aus Sicht der Konzeptforschung der allgemeinere Begriff des ›Indiz‹ eigentlich vorzuziehen, denn bei Empirikern kann der Begriff ›Datum‹ leicht zwei Fehldeutungen provozieren – zum einen, ein Datum sei eine Zahl oder ein Meßwert, zum anderen, ein Datum sei etwas in der Realität ›objektiv Gegebenes‹, welches ein Forscher gleichsam ›in der Natur‹, in unserem Fall also in der analytischen Situation, vorfindet oder entdeckt. Im Wissenschaftsbetrieb hat sich jedoch der Begriff ›Daten‹ in seiner funktionalen Bedeutung eingebürgert. Diesem Gebrauch werde ich mich weitgehend anschließen.

4 Die Konzeptforschung kann man bezüglich der beiden anderen Punkte kurz beschreiben: Als Ziel verfolgt sie die Klärung des Gebrauchs von Konzepten, und als Methoden verwendet sie z. B. Literaturanalyse, Einzelfallstudien, Interviews sowie interpretative Verfahren.

Die Frage nun, was man überhaupt mit forscherischem Interesse betrachtet, ist in jedem Forschungsprozeß den weiteren Fragen – etwa, wie und womit man am besten mißt, wie man aggregiert, klassifiziert, strukturiert, auswertet oder darstellt – vorgeordnet und soll deshalb ausführlicher behandelt werden; unter anderem auch deswegen, weil sich hier die Unterschiede der konzeptforscherischen Perspektiven zu anderen Forschungskonzeptionen gut beschreiben lassen. Zur Charakterisierung der in einen Forschungsprozeß eingehenden Daten ist es für unsere Belange wiederum nützlich, einige begriffliche Unterscheidungen zu treffen und die unterschiedlichen Daten nach dem Ort ihrer Generierung – und damit ihrer Nähe zum psychoanalytischen Geschehen – wie folgt zu klassifizieren:

1. *Originaldaten*, die direkt in der analytischen Situation entstehen und die für den Analytiker selbst die Grundlage seiner analytischen Arbeit darstellen;
2. *sekundäre (Original-)Daten*, d.h. vom Analytiker berichtete oder mittels technischer Hilfsmittel aufgezeichnete oder aufbereitete Teilmengen von Originaldaten, in der Regel in der Absicht, diese einer nachträglichen Auswertung zuzuführen, die auch von ›externen‹ Dritten, z. B. auswertenden Psychotherapieforschern geleistet werden kann;
3. *außerklinische Daten*, die nicht direkt in der analytischen Situation entstehen und die mittels analytischer (oder auch anderer) Methoden gewonnen werden, die allerdings ebenfalls der Weiterentwicklung der psychoanalytischen Theorie oder der Verbreiterung der psychoanalytischen Wissensbasis dienen sollen.

Diese Dreiteilung der Daten wird einer Zweiteilung in ›On line‹-Daten und ›Off-line‹-Daten vorgezogen, wie sie aus einer oft zitierten begrifflichen Unterscheidung von Moser (etwa in Moser, 1991) resultieren würde. Moser bezeichnet mit einer griffigen Metapher aus der Informatik die in der analytischen Situation gründende und auf Originaldaten basierende Forschung als ›On-line-Forschung‹ und nennt diese auch ›Junktim-Forschung‹. Die nachträgliche Untersuchung von aufbereiteten Originaldaten, seien dies Transkripte, Tonbänder, Videos, Tagebücher oder sonstiges, wird dann als ›Off-line-Forschung‹ bezeichnet. Grünbaum (1987) trifft eine ähnliche Unterscheidung, wenn er ›intraklinische‹ Forschung von ›extraklinischer‹ Forschung trennt. Moser hält beide Forschungsstrategien für gleichwertig und sich gegenseitig ergänzend. Allerdings verteilt er für die am Forschungsprozeß beteiligten Personen seiner Dichotomie entsprechende Rollen: »Der psychoanalytische Therapeut und Praktiker ist ... ein *On-line*-Wissenschaftler. (Psychotherapieforschung hingegen ist heute noch *Off-line*-Wissenschaft.)« (Moser, 1991, S. 318). Da Moser die Dichotomie jedoch zunächst nur technisch an dem Ort festmacht, an dem der Forschungsprozeß stattfindet, muß er diese Rollenzuweisung einschränken: »... verfährt [der psychoanalytische Therapeut] natürlich auch off-line, nämlich dann, wenn er sich außerhalb der Therapiestunde mit einer Therapie beschäftigt« (ebd., S. 322).[5] Allerdings kommt noch ein weiteres wichtiges Moment hinzu: »Off-line-Verfahren im weiteren Sinne sind jene, die das Datenmaterial einer Psychotherapie – abgehoben von der Therapie selbst und *ohne direkte Rückkoppelung* – benützen und weiterverarbeiten« (ebd., kursiv, die Verf.). Und eben der Umgang mit dieser ›Rückkoppelung‹ wird sich als eines der zentralen Unterscheidungsmerkmale der Konzeptforschung zu einer so verstandenen Off-line-Forschung herausstellen. Denn die Konzeptforschung versucht ja genau das Gegenteil, nämlich *nicht* abgehoben vom therapeutischen Geschehen und gerade unter sozusagen ›rückkoppelnder‹ Einbeziehung des Analytikers und seinem unmittelbaren Zugang zu den Originaldaten ihre Forschungsziele zu erreichen.

5 Genaugenommen sind dann wahrscheinlich alle psychoanalytischen Veröffentlichungen das Resultat von ›Off-line-Forschung‹, denn kaum ein Praktiker wird seine Fallberichte bereits ›on-line‹ in der Analysestunde schreiben.

ad 1. Originaldaten

Hiermit ist das gesamte relevante – verbale wie nonverbale – Material des Geschehens in der psychoanalytischen Situation selbst gemeint, welches nur den Interaktionspartnern und insbesondere dem behandelnden Analytiker selbst zugänglich ist. In der Geschichte der Psychoanalyse gab es allerdings unterschiedliche Auffassungen darüber, was unter ›relevante Indizien‹ alles zu subsumieren sei. Die Psychoanalyse als ›talking cure‹ hat natürlich besonderes Gewicht auf die Sprache gelegt. Dabei standen vor allem die verbalen Äußerungen des *Patienten* im Vordergrund, seien es die spontanen Äußerungen oder die Reaktionen auf Interventionen des Analytikers oder gar das Schweigen. Seit sich eine interaktionistische Sicht des psychoanalytischen Geschehens durchgesetzt hat, werden auch die verbalen Äußerungen des *Analytikers* mehr beachtet. Es wäre allerdings voreilig, lediglich diese ›verbalen Daten‹, die sich etwa in Verbatimprotokollen wiederfinden, als die eigentlich wichtigen Originaldaten anzusehen, worauf etwa Modell verweist, der unter ›primären Daten‹ eben nicht die Sprachproduktion allein versteht:

»Und die Wörter sind nicht die primären Daten der Psychoanalyse. ... Die Affekte sind die primären Daten der Psychoanalyse und sie verleihen den Worten ihre Bedeutung. Die Fähigkeit, den seelischen Zustand eines anderen Menschen zu erfassen, beruht auf der ursprünglichsten Form von Wahrnehmung, nämlich der Fähigkeit des Kindes, die affektive Lage der Mutter zu erfassen, und der entsprechenden Fähigkeit auf seiten der Mutter, die affektive Verfassung des Kindes zu ›erkennen‹. In diesem Sinn geht die Fähigkeit, die affektive Lage des anderen zu erkennen, dem Erwerb der Sprache voran und bleibt auch nach dem Spracherwerb erhalten. Deshalb kann man Affekt und Symbolisierung nicht voneinander trennen« (Modell, 1984, S. 221).

Nicht nur aus diesem Grund hat die Psychoanalyse auch immer schon nonverbales Material beachtet und berichtet, allerdings meist nicht systematisch und oft nur dann, wenn es von augenfälliger situativer Relevanz war. Dies betraf etwa Verhaltensauffälligkeiten des Patienten bei Begrüßung oder

Verabschiedung, ungewöhnliche Aspekte von Kleidung oder Geruch, grobmotorische Hinweise auf den Grad der Aktivität (nervös, unruhig, sediert usw.), Hinweise auf den hedonischen Tonus oder auf Episoden mit bedeutsamer affektiver Färbung oder gar Affektausbrüche (Trauer und Weinen, Freude, Schuld, Scham, Angst, Wut) usw. Aber auch nonverbales Verhalten des Analytikers wie etwa Unruhe, Gähnen, Einschlafen oder deutlich erkennbare Affekte sind Gegenstand der Beachtung gewesen. Allerdings sind meist nur solche nonverbalen Indizien beachtet und dann auch berichtet worden, die relevant waren für eine längere Interaktionsepisode, gelegentlich auch für eine ganze Analysestunde. Eine systematische und differenzierte Sicht des nonverbalen Materials, wie sie heute etwa in der Multikanal-Forschung (siehe Steimer-Krause, 1995) üblich ist, ist in der klinischen Psychoanalyse nur vereinzelt anzutreffen.[6]

Wenn durch den Begriff Originaldaten all jene Phänomene – und eben nicht nur beobachtbare Verhaltensdaten – umschrieben sind, die sich in der analytischen Situation ereignen, also das analytische Geschehen als Ganzes umfassen, so wird deutlich, daß in Bezug auf den Forschungsprozeß diese Daten in spezieller Weise ›flüchtig‹ sind, daß nur der Analytiker privilegierten Zugriff auf sie hat und daß sie Dritten zunächst nicht zugänglich sind, und wenn überhaupt, dann stets nur vermittelt.

ad 2. Sekundäre Daten

Unter ›sekundären Daten‹ werden alle nach außerhalb der analytischen Situation transportierten Anteile des analytischen Geschehens verstanden, sei der Transport durch den Analytiker selbst oder mittels technischer Medien (etwa Tonband, Video und anderes mehr) erfolgt. Die Psychoanalyse

6 Die Multikanal-Forschung unterteilt die Interaktion in verschiedene Kanäle, unterscheidet die ›Kanäle‹ parasprachliches Verhalten, kinetisches Verhalten, Blickverhalten sowie mimisches Verhalten und hat spezifische Registrier- und Auswertetechniken für jeden Aspekt des ›Verhaltensstroms‹ entwickelt.

wollte nie eine Geheimwissenschaft sein, deshalb war es ihr immer schon ein Anliegen, zu verschiedenen Zwecken – etwa der Information, der Kontrolle oder eben auch der Forschung – Indizien aus dem analytischen Geschehen Dritten so gut wie möglich zugänglich zu machen; ein generelles ›Beichtgeheimnis‹ wäre mit ihren aufklärerischen Intentionen unvereinbar. Die Frage ist nur, auf welche Weise welcher Öffentlichkeit welche Daten zugänglich gemacht werden sollen. Wenn der Analytiker selbst aus seinen Behandlungen mündlich oder schriftlich berichtet, kann der Begriff einer psychoanalytischen oder wissenschaftlichen Öffentlichkeit, die ein berechtigtes Interesse nachweisen mag, unterschiedlich weit ausgelegt werden: Supervisor oder Kontrollanalytiker, interessierte Kollegen, Gremien (etwa Forschungsgruppen oder Fallkolloquien), die Fachöffentlichkeit (etwa Zeitschriften, Vorträge usw.), die ›scientific community‹, die etwa auch Mediziner, Psychologen, Soziologen usw. umfassen kann, oder die interessierte Öffentlichkeit überhaupt.

In den Anfängen der Psychoanalyse haben ausschließlich Analytiker selbst den Transport der relevanten Indizien aus der analytischen Situation in einen Forschungskontext oder zu einer interessierten kollegialen Öffentlichkeit besorgt. Im Laufe der Geschichte haben sich als Rahmen für diesen Transfer sogar eigenständige Institutionen herausgebildet, etwa kasuistische Seminare, Kontrollanalyse, Supervisionsgruppen oder das Fallkolloquium. Aus Sicht einer an Objektivität, d.h. an intersubjektiver Nachprüfbarkeit interessierten Wissenschaft gibt es Kritik an dieser Vorgehensweise, man mißtraut den vom Analytiker schriftlich oder mündlich referierten Daten: Sie können unvollständig sein; sie können bereits im Lichte einer theoretischen Ausrichtung (z.B. der kleinianischen oder kohutianischen) ausgewählt sein; sie sind vielleicht – bewußt oder unbewußt – gefiltert und verzerrt, sei es durch Gegenübertragung, sei es wegen des Wunsches der Verdeckung eigener Fehler; sie unterliegen der »Gefahr der Suggestion« und der »mangelhafte[n] Überprüfbarkeit der Beobachtungen und Interpretationen durch Außenstehende« (Leuzinger-Bohleber, 1995, S. 447); sie sind bereits aggregiert und verdichtet, die Phänomene sind meistens bereits unter Begriffe (etwa ›phallische Mutter‹, ›ödipaler Konflikt‹, ›Übertragung‹ oder ›Widerstand‹) subsumiert. Kurzum, solche Daten gelten als ›epistemisch kontaminiert‹ (Grünbaum, 1988, S. 121) und damit als wenig objektiv und wenig reliabel. Einen der Gründe für diese methodologischen Probleme nennt Moser: »der Therapeut [kreiert] als Teil des Systems das System, das er beobachtet, und er verändert es ständig« (Moser, 1991, S. 318).[7] Aus konzeptforscherischer Sicht erscheint die Eliminierung des Analytikers aus dem Forschungsprozess aus Gründen einer an naturwissenschaftlichen Standards orientierten Objektivität vorschnell. Eine systematische Konzeptforschung nimmt sich der Probleme der möglichen Kontamination der Originaldaten an und versucht, mittels verschiedener Methoden das analytische Geschehen möglichst gut zu erfassen, ohne allerdings die analytische Situation selbst durch Meßinstrumentarien irgendwelcher Art zu beeinflussen oder – so könnte man mit Grünbaum sagen – durch Meßinstrumente zu kontaminieren.

Wenn man also den Verdacht hegt, der Indizientransport durch den Analytiker selbst sei ›biased‹, also möglicherweise systematischen Fehlern unterworfen, so muß man allerdings auch so fair sein anzuerkennen, daß auch der technische Transport von Originaldaten mit systematischen Fehlern behaftet sein kann. Aus methodologischer Sicht seien hier zwei nennenswerte Probleme bzw. Fragen genannt, denen nachzugehen wäre:

– Welche Verluste und welche Verzerrungen werden durch die Aufzeichnungsgeräte bzw. Aufzeichnungsmethoden selbst verursacht? Was wird überhaupt nicht aufgezeich-

7 Wer den Analytiker als nicht-objektive oder gar problematische Indizienquelle charakterisiert, müßte eigentlich einen Teil der kritischen Argumente auch gegen die Berichte von Patienten anführen. Aber im Kontext der quantitativen Psychotherapieforschung werden die Selbsteinschätzungen der Patienten zur Befindlichkeit, zur Behandlung oder zum Therapieerfolg als wissenschaftlich weitgehend unbedenklich angesehen.

net, was geht bei der möglichen Nachbearbeitung des Materials noch verloren, etwa auf dem Weg vom Tonband zum Transkript? Sogar Thomä und Kächele bemerken: »Zwar wird bei Tonbandaufzeichnungen der Dialog vollständig erfaßt; Gedanken und Gefühle, die unausgesprochen bleiben oder den sprachlosen Raum von Stimmungen und Affekten erfüllen, entgehen jedoch diesem technischen ›dritten Ohr‹« (Thomä und Kächele, 1988, S. 26).

- Inwieweit stört und/oder verfälscht die Anwesenheit des ›Dritten‹ – des Tonbands, der Videokamera, des Meßgeräts, allgemein: des Psychotherapieforschers – vorübergehend oder dauerhaft das psychoanalytische Geschehen? Thomä und Kächele sind hier optimistisch. Zum einem »[geben] Patienten mit wenigen Ausnahmen bereitwillig ihre Zustimmung dazu, daß das Gespräch aufgenommen, in Fachkreisen diskutiert oder wissenschaftlich ausgewertet wird«, zum anderen »nimmt der psychoanalytische Prozeß nach unseren eigenen Erfahrungen und nach der einschlägigen Literatur i. allg. einen Verlauf, bei dem das Tonband schließlich die möglichen unbewußten Bedeutungen ebenso verliert wie das Liegen auf der Couch« (ebd., S. 27).

Fragen dieser Art sind für die Konzeptforschung deshalb von Interesse, weil man natürlich die durch das technische Vorgehen erhofften Gewinne an Objektivität und Reliabilität gegen die möglichen Verluste an Validität und Nähe zum psychoanalytischen Geschehen abwägen müßte. Wie wir sehen werden, kommen Konzeptforschungsprojekte zu einer anderen Güterabwägung bezüglich der Wahl des Transportwegs – hier werden etwa Analytiker befragt. Erst ein Vergleich beider Transportwege – des technischen durch Hilfsmittel wie auch des traditionellen durch den Analytiker – könnte Aufschluß darüber geben, wie das Verhältnis der Vor- und Nachteile eigentlich aussieht. Allerdings ergibt sich bei dieser Frage für Empiriker die paradoxe Situation, daß praktisch kein ethisch vertretbares Untersuchungsdesign denkbar ist, mittels dessen man erforschen könnte, welches das bessere

Transportmedium ist. Denn man müßte dann in einem Design bei zumindest einer Vergleichsgruppe das Tonband heimlich laufen lassen, vielleicht müßte man auch eine Art ›Doppelblindversuch‹ durchführen, bei dem weder Patient noch Analytiker über den Mitschnitt informiert sind. Da diese Frage somit empirisch-experimentell kaum entscheidbar scheint, können diesbezüglich selbst empirische Psychotherapieforscher nur ihren subjektiven Überzeugungen folgen, die sie mit empirischen Befunden nicht belegen können.

Zu den sekundären Daten, die heute Beachtung finden, gehören auch Indizien, die dem Auge und dem Ohr des Analytikers normalerweise verborgen sind, etwa Teile des mimischen Ausdrucksverhaltens, die aber mittels hochauflösender Videokameras erfaßt und wiederum mittels spezieller Auswertetechnologien entschlüsselt werden können, so z. B. Primäraffekte mittels des EMFACS[8]. Solche Daten dienen zweifelsfrei der klinischen Grundlagenforschung, inwieweit sie dem Analytiker ›on-line‹ nutzbar gemacht werden können, bleibt abzuwarten. Wie schon Kächele richtig bemerkte, ist »der mimische Kanal nicht gerade der prominenteste für Liegungsanalysen« (Kächele, 1992, S. 275). Überhaupt dürfte die vollständige Zerlegung des psychoanalytischen Geschehens in technische ›Kanäle‹ mit jeweils eigener Datenerhebungstechnologie nicht unproblematisch sein, denn immerhin wird der psychoanalytische Prozeß auch als ein ganzheitlicher Prozeß aufgefaßt, beschreibbar in psychoanalytischen Begriffen wie etwa Übertragung und Gegenübertragung, und nicht als ein Geschehen, das man beliebig in meßbare Variablen zergliedern kann.[9]

8 Das EMFACS, das Emotional Facial Action Coding System von Friesen und Ekman (1984), ist eine Weiterentwicklung des FACS speziell für solche mimischen Muster, die potentiell mit Primäraffekten (Freude, Wut, Trauer, Ekel, Verachtung, Angst und Überraschung) in Verbindung stehen. Mittels dieses Systems wird versucht, anhand der innervierten Muskelgruppen die sich in der Mimik zeigenden Affekte zu identifizieren.

9 Wenn man diesen Ansatz konsequent zuende dächte, müßten bald auch Lügendetektor, Olfaktometer, bildgebende Verfahren

ad 3. Außerklinische Daten

Die Psychoanalyse hat schon immer versucht, außerhalb der analytischen Situation Indizien zur Ergänzung und Bestätigung der psychoanalytischen Theorie mittels psychoanalytisch orientierter Methoden zu erhalten, etwa wenn gewisse Alltagshandlungen untersucht werden, wie sie Freud z. B. als Fehlleistungen in seiner *Psychopathologie des Alltagslebens* (1901) gedeutet hat. So konnten auch gesellschaftliche und kulturelle Phänomene, wie sie in der psychoanalytischen Kulturtheorie thematisiert und z. B. mit ethnopsychoanalytischen Methoden untersucht werden, als für die psychoanalytische Theorie relevante Indizien verstanden werden.

Unter dem Begriff ›außerklinische Daten‹ werden hier allerdings auch solche Indizien subsumiert, die mittels anderer als psychoanalytischer Methoden gewonnen werden, die jedoch vor dem Hintergrund psychoanalytischer Theorien erhoben und interpretiert werden. ›Außerklinisch‹ meint natürlich nicht, daß die Auswertung dieser Daten inhaltlich für die klinische Psychoanalyse keine Bedeutung hätte. Typisch für solche Art von Indizien sind beispielsweise die Befunde neuerer psychoanalytischer Entwicklungspsychologen (siehe etwa Stern, 1992; Emde, 1988a, 1988b; Lichtenberg, 1989, und Lichtenberg und Kaplan, 1991), die mit speziellen Methoden – dem Vergleichs-Präferenz-Paradigma, dem Überraschungsparadigma oder dem Habituierungs-Paradigma (siehe Stern, 1992, S. 65 f.) – den Säuglingen ›Antworten‹ auf Reizkonfigurationen zu entlocken suchen. Zum großen Teil sind die von Stern angeführten Befunde durchaus kompatibel mit Befunden von Entwicklungspsychologen, die »in der Tradition der Beobachtungs- und Experimentalpsychologie [stehen]« (ebd., S. 16). Zumeist sind diese akademischen Entwicklungspsychologen jedoch ausschließlich an beob-

zur Erfassung von Hirnaktivitäten oder Meßgeräte etwa zur Registrierung sexueller Erregung eingeführt werden – die psychoanalytische Praxis ähnelte in ihrer apparativen Ausstattung dann einer Intensivstation.

achtbaren und meßbaren Phänomenen interessiert, während Stern darüber hinaus mittels psychoanalytisch begründeter Schlußfolgerungen – sogenannter »Inferenzsprünge« – das subjektive Selbsterleben der Säuglinge erschließen möchte. Allerdings, so Stern, »zur unverkürzten Darstellung dieses Erlebens bedürfen wir der klinischen Einsichten« (ebd., S. 29) und damit des klinisch rekonstruierten Säuglings, der in der analytischen Situation »aus Erinnerungen, Reinszenierungen in der aktuellen Übertragungssituation und Deutungen, wie sie die Theorie nahelegt, wiedererschaffen« wird (ebd., S. 30). Den Zweck dieses Integrationsversuchs sieht Stern darin, daß »der klinisch rekonstruierte Säugling dem beobachteten subjektives Leben [einhaucht], während der beobachtete Säugling auf allgemeine Theorien verweist, auf deren Grundlage man das subjektive Leben des rekonstruierten Säuglings nachträglich erschließen kann« (ebd.).[10]

Ein weiteres Beispiel solcher außerklinischer Indizien, die mit Methoden der Grundlagenforschung gewonnen wurden, sind etwa Affektdaten, die z. B. die Arbeitsgruppe um Krause aus experimentell hergestellten Gesprächssituationen zwischen normalen Versuchspersonen und psychisch gestörten gewinnt und dann neben einer statistischen Auswertung einer psychoanalytisch orientierten Interpretation unterzieht (Steimer-Krause, 1995; Krause und Wagner, 1990). Auch die in der Tradition der Kognitionswissenschaft stehenden Computer-Simulationsmodelle können Befunde über die mögliche Funktionsweise psychischer Phänomene wie etwa Affekte oder kognitiv-affektive Prozesse generieren (siehe Moser, 1991; Leuzinger-Bohleber, 1994). Als letztes wären hier Da-

10 In solchen Theorien zur Ontogenese des normalen Säuglings geraten im übrigen dann aber vertraute psychoanalytische Konzepte wie der ›primäre Narzißmus‹ sensu Freud, der ›primäre Autismus‹ oder die ›symbiotische Phase‹ sensu Mahler und die ›Teilobjektbeziehungen‹ sensu Klein unter Druck (siehe etwa Stern, 1992, oder Dornes, 1993, S. 49 ff., bzw. 1997). Stern begnügt sich nicht mit »Inferenzsprüngen«, sondern sucht seine Konzepte nun auch in der klinischen Praxis der ›mother-infant-psychotherapy‹ zu validieren (siehe Stern, 1995).

ten zu nennen, die mit Methoden der quantitativen und qualitativen Sozialforschung gewonnen werden, z. B. aus Fragebögen stammen, aus Selbst- und Fremdeinschätzungsbögen oder auch aus (Tiefen-)Interviews. Wie wir sehen werden, tragen zudem auch außerklinische Daten, seien sie das Ergebnis kritisch-historischer Analysen, seien sie andere Importe aus benachbarten Disziplinen, nicht unerheblich zum Wandel der Konzepte bei. Diese Daten finden im Rahmen der Konzeptforschung ebenfalls Beachtung und werden in Vorschläge zur Reformulierung von Konzepten zu integrieren gesucht.

Abschließend bleibt festzuhalten, daß die Konzeptforschung natürlich ebenfalls keinen direkten Zugriff auf die ›flüchtigen‹ Originaldaten der analytischen Situation hat – wie auch andere Forschungssettings nicht, in denen ›Dritte‹ am Forschungsprozeß teilhaben. Allerdings kann sie sich der lange aufrechterhaltenen, methodologisch unter Objektivitätsgesichtspunkten begründeten Enthaltsamkeit der quantitativen Psychotherapieforschung bezüglich der Teilnahme des Analytikers an der Auswertung der sekundären Daten nicht anschließen. Im Gegenteil, mit speziellen Interviews kann man versuchen, unter Einbeziehung des Analytikers näher an das psychoanalytische Geschehen sowie dessen Verarbeitung durch den Analytiker heranzukommen, als dies mit technisch aufbereiteten Originaldaten allein möglich wäre. Mittlerweile hat allerdings in der quantitativen Psychotherapieforschung diesbezüglich ein Umdenkungsprozeß begonnen, ja man könnte fast von der ›Wiederentdeckung des Analytikers‹ sprechen. Dessen Einbezug geschieht allerdings mit anderer Intention: Während es in der Konzeptforschung das Forschungsziel ist, den klinischen Gebrauch von Konzepten aufzuklären, wollen die Psychotherapieforscher näher an die Phänomene, das analytische Geschehen und den analytischen Prozeß in der psychoanalytischen Situation herankommen, es geht ihnen um eine Aufklärung dessen, ›was passiert ist‹.

Einige psychoanalytische Forschungsaktivitäten

Wenn man die gegenwärtigen Forschungsbemühungen in der Psychoanalyse betrachtet, bemerkt man ein weitgehend unverbundenes Nebeneinander sehr unterschiedlicher Ansätze. Den im folgenden angelegten Forschungsbegriff werde ich im Sinne der begrifflichen Unterscheidungen aus Kapitel 1 zunächst weit fassen. Auch werde ich nicht die oft aus methodologischen Gründen getrennt behandelten beiden Aspekte des Forschungsprozesses unterscheiden, den ›context of discovery‹, die Entdeckung des Neuen, und den ›context of justification‹, die Prozeduren zur Bewährungsüberprüfung von wissenschaftlichen Hypothesen. Denn diese auf Reichenbach zurückgehende und vor allem von Popper aufgegriffene Unterscheidung geht von der Annahme aus, daß nur der ›context of justification‹ als systematischer Forschungsprozeß strukturierbar ist, der ›context of discovery‹ sich jedoch einer systematischen Erforschung entzieht: »Unterscheidet man mit Reichenbach *Auffindungs- und Rechtfertigungsverfahren,* so muß man ihm zustimmen, daß das erste *nicht* rationalisierbar sein dürfte« (Popper, 1966, S. 257). In der Konzeptforschung wird die Annahme nämlich nicht geteilt, lediglich die Verfahren zur Bewährungsüberprüfung seien rationalisierbar und somit systematischen Forschungsprozeduren zugänglich; es werden hier Versuche unternommen, sich gerade auch der Entstehung des Neuen, insbesondere neuen Bedeutungs- und Verwendungsaspekten eines Konzepts, in systematischer – »rationalisierbarer« – und damit nachvollziehbarer Weise zu nähern.

Einige der in der aktuellen Diskussion und in Abgrenzung zur Konzeptforschung relevanten psychoanalytischen Forschungsaktivitäten sollen nun vorgestellt und diskutiert werden, um vor dieser Folie die uns interessierenden Gemeinsamkeiten und Unterschiede herauszuarbeiten. Weder wird Vollständigkeit in der Aufzählung angestrebt, noch wird eine Systematik angelegt.

Die *klassische* psychoanalytische Forschungsaktivität ist die Kasuistik, *die an Einzelfällen orientierte Darstellung von Kranken-*

geschichten und Behandlungsverläufen mit je eigener narrativer, selektiver und verdichteter Darstellungsform. Sie spielt bis heute in vielen psychoanalytischen Veröffentlichungen, insbesondere bei Kolloquiumsfällen, eine zentrale Rolle. Vorbild für diese Form sind natürlich Freuds berühmte Krankengeschichten[11] (Anna O., mit Breuer verfaßt; Dora; Wolfsmann; Rattenmann usw.), die dieser einerseits zur Ausdifferenzierung seiner Theorie und Begrifflichkeit und andererseits als illustrierenden empirischen Beleg seiner Überlegungen benutzte. Nicht zu unrecht wird diese von Freud gewählte Form mit den literarischen Gattungen der Novelle oder des Essays verglichen (Kächele, 1993; Meyer, 1994), spielen doch neben im heutigen Sinne ›wissenschaftlichen‹ Inhalten auch ästhetische und künstlerische Momente eine Rolle. Werden nur kleinere Episoden aus einer Behandlung berichtet, so entsteht die allseits bekannte Fallvignette, eine »Bonsai-Variante der Novelle« (Meyer, 1994, S. 78). In Diskussionen von Klinikern wird auch heute noch gelegentlich die Überzeugung geäußert, nur dies, nämlich Einzelfall- und Vignettendarstellung sowie geeignete Reflexionen darüber, seien ›genuin psychoanalytische Forschung‹; man beruft sich dabei gern auf die oben diskutierte Junktim-Forderung Freuds und sieht in diesen Einzelfalldarstellungen die einzig angemessene Form, eben dieses Junktim auszufüllen. Dieser spezielle psychoanalytische Typ von narrativ-illustrierender Novelle wird allerdings seit geraumer Zeit von quantitativen Psychotherapieforschern kritisiert, an seine Stelle soll eine prozeßorientierte Einzelfallanalyse (Kächele, 1992) bzw. eine sorgfältig dokumentierte Interaktionsgeschichte (Meyer, 1994) treten.

Aus methodologischer Sicht ist die Untersuchung eines Einzelfalls[12], sei dies nun eine einzelne Person, eine Gruppe

11 Freud hat diese Form der Einzelfalldarstellung natürlich nicht erfunden, vielmehr war es eine übliche Publikationsform in der Medizin des 19. Jahrhunderts. Auch die Psychologie, etwa Ebbinghaus in der Gedächtnispsychologie, hat sich dieser Form bedient.

12 Diese Untersuchungsform erscheint je nach Kontext unter ver-

oder eine Ethnie, ein altbekanntes Problem (vgl. etwa Petermann, 1989). Für empirische Forscher, die ansonsten gewohnt sind, große Stichproben aus noch größeren Populationen zu ziehen, ist der Einzelfall fast schon ein devianter Fall, der sich vor allem dadurch auszeichnet, daß allenfalls Existenzaussagen, nicht jedoch generalisierende Aussagen über Populationen aus ihm abgeleitet werden können. So ist für den nomothetisch orientierten Meyer »derjenige Teil unserer psychoanalytischen Methodik [veraltet und überholt], welcher mit klinischen Vignetten und hochverkürzten Einzelfalldarstellungen zwischen rivalisierenden Theoremen zu entscheiden sucht« (Meyer, 1990, S. 10). Und in der Tat: Wer die empirische Überprüfung gesetzesförmiger Hypothesen als Forschungsziel hat oder wer zwischen konkurrierenden Hypothesen entscheiden will, kann sich aus statistischen Gründen nicht mit der Analyse von Einzelfällen begnügen. Ob jedoch die Formulierung und Überprüfung gesetzesförmiger Hypothesen überhaupt das Ziel psychoanalytischer Forschung sein soll, sei erst einmal dahingestellt. Das Ziel der Konzeptforschung ist es jedenfalls nicht.

Im Kontext der neueren Psychotherapieforschung gewinnen auch qualitative Einzelfallstudien wieder zusehends an Bedeutung (siehe etwa Fischer, 1989; Grawe, 1988; Leuzinger-Bohleber, 1995), allerdings firmieren unter dem Label ›Einzelfall‹ dann in der Regel nicht mehr jene von Freud begründete Novellen- bzw. Vignettentradition, sondern systematische und prozeßorientierte Einzelfalluntersuchungen. Dies sollen dann »naturalistische Untersuchungen« sein, d.h. »Untersuchungen an ›realen Psychotherapien‹« (Leuzinger-Bohleber, 1995, S. 470), deren Daten entweder mittels ›a posteriori-quantifizierender‹ Verfahren respektive qualitativ-interpretierender Verfahren ausgewertet werden – den damit verbundenen Problemen werden wir uns im Kapitel 3 zuwenden.

schiedenen Bezeichnungen, einige sind etwa Einzelfallanalyse, N = 1-Forschung, Einzelfallbeschreibung, Einzelfallexperiment, qualitative oder quantitative Einzelfallforschung, verlaufsstrukturorientierte Einzelfallstudie usw.

Von diesem ersten Typ nicht klar zu trennen und historisch aus ihm abgeleitet ist der Typ der *›aggregierten Einzelfallforschung‹*, wie sie in unsystematischer Form etwa Kohut oder Kernberg bei der Ausarbeitung ihrer Narzißmus- bzw. Borderline-Konzepte praktizierten. Hierbei werden – allerdings meist ohne systematische Stichprobenüberlegungen und Versuchsplanung im vorhinein, ohne Kontrollen der meisten Einflußfaktoren und ohne statistische Auswertungen im nachhinein – etliche bezüglich des in Frage stehenden Phänomens als ähnlich eingeschätzte Einzelfälle zunächst meist nacheinander psychoanalytisch behandelt. Am Ende werden sie gleichsam übereinandergelegt mit dem Ziel, aus diesen kumulierten Fällen das Regelhafte und theoretisch Interessante – also so etwas wie ein gemeinsames Muster – herauszuarbeiten. Diesen Vorgang kann man sich vorstellen in Analogie zu übereinandergelegten Fotonegativen von Porträts einer Familie, bei denen sich die Familienähnlichkeiten in Form gemeinsamer Gesichtszüge dann einfach ›zeigen‹. Man könnte dies Vorgehen auch im Sprachspiel der Gestaltpsychologie beschreiben als das Herausarbeiten der Figur vor dem Hintergrund irrelevanter Faktoren. Der methodologische Status der Ergebnisse der aggregierten Einzelfallforschung unterscheidet sich jedenfalls insofern von dem der normalen Einzelfallforschung, als meistens eine zumindest implizit induktionistische Argumentation zugrunde liegt: Wenn sich Phänomene oder Zusammenhänge in etlichen Fällen zeigen, so sind wir doch vernünftigerweise berechtigt anzunehmen, daß sie sich noch in weiteren Fällen dieses Typs – vielleicht sogar in allen – zeigen werden. In vielen psychoanalytischen Arbeiten unterschiedlicher ›Schulzugehörigkeit‹ (z.B. auch in den Arbeiten von M. Klein, Winnicott, McDougall) werden von den Autoren, als Beleg für ihre Überlegungen, geeignete Einzelfälle oder Vignetten aus unterschiedlichen Behandlungsfällen gleichsam kumuliert und zur Illustrierung des vom Autor postulierten Sachverhalts oder Gedankens angeführt. Auch diese Forschungspraxis kann sich natürlich auf Freud berufen, denn schon im Vorwort der *Studien über Hysterie* schreiben Breuer und Freud:

»Wir schließen nun hieran *eine Reihe* von Krankenbeobachtungen, bei deren *Auswahl* wir uns leider nicht bloß von wissenschaftlichen Rücksichten bestimmen lassen durften« (Breuer und Freud, 1895, S. 77, kursiv, die Verf.).[13] Bezüglich ihres weiteren Vorgehens bemerken sie: »Den Krankengeschichten folgt eine Reihe theoretischer Erörterungen und in einem therapeutischen Schlußkapitel wird die Technik der ›kathartischen Methode‹ dargelegt« (ebd., S. 77 f.). Diese Dreiteilung in der Darstellung, zunächst die Vorstellung einer Reihe von illustrierenden Krankenbeobachtungen, dann die Entfaltung von theoretischen Argumenten und schließlich die Entwicklung therapeutischer Konsequenzen ist bis heute ein gängiges Muster vieler psychoanalytischer Veröffentlichungen.

In aller Regel erfolgt die Auswahl der Einzelfälle bei aggregierenden Studien insofern ›zufällig‹, als nur jene Fälle einbezogen werden, auf die man gerade Zugriff hat. Auch erfolgt der sukzessive Vergleich dieser Fälle unsystematisch, nach keinen explizierten Regeln, gleichsam ›im Kopf‹ der Autoren. Es sei darauf hingewiesen, daß Jüttemann mit seiner ›komparativen Kasuistik‹ – »einer qualitativ-vergleichenden Arbeitsweise« – ein »Konzept eines systematischen Vergleichs ähnlich gelagerter Einzelfälle zum Zwecke einer Erforschung des Entstehungszusammenhangs von psychischen oder psychisch relevanten (wie z.B. psychosomatischen) Effekten, Phänomenen, Zustandsbildern o. dgl.« (Jüttemann, 1990, S. 1) vorgelegt hat, mit dem auch aggregierte Einzelfallstudien systematisch durchstrukturiert werden könnten.

Den möglichen Nachteilen unsystematischer Stichprobenauswahl, mangelnder Versuchsplanung, unkontrollierter Untersuchungsdurchführung und fehlender statistischer Ergebnisauswertung möchte die *quantitative Psychotherapieforschung*

13 Die Rücksichten, von denen Breuer und Freud hier sprechen, beziehen sich auf die ärztliche Schweigepflicht, denn die »Erfahrungen entstammen der Privatpraxis in einer gebildeten und lesenden Gesellschaftsklasse und ihr Inhalt berührt vielfach das intimste Leben und Geschick unserer Kranken« (Breuer und Freud, 1895, S. 77)

begegnen, die sich systematischer empirischer, gelegentlich sogar experimenteller Methoden bedient, wie sie in den Sozialwissenschaften und insbesondere in der empirisch-experimentellen Psychologie üblich sind. Allerdings: Die strikte Übernahme der experimentellen Technologie, wie sie etwa Meyer 1981 im Hamburger Therapie-Vergleichs-Experiment vorgeführt hatte, gilt bereits wieder als überholt. So bemerkt etwa Kächele: »Die dritte Phase der Psychotherapieforschung überwindet das gruppenstatistische Experiment und wendet sich der naturalistischen Untersuchungsperspektive wieder zu, hält jedoch daran fest, daß prozessuale Faktoren kontrolliert in eine Studie einzubeziehen sind« (Kächele, 1992, S. 271). So ganz ohne Trauer gibt nun Kächele den experimentellen Ansatz nicht preis, denn »der experimentelle Ansatz ist zwar die korrekteste Methode zur Überprüfung von Hypothesen ...; er impliziert aber eine gewisse Manipulierbarkeit des Untersuchungsobjekts, die in der klinischen Situation nicht möglich ist« (ebd., S. 276). Und in der Tat, wer experimentiert, braucht einen Untersuchungsplan mit randomisierten, d.h. nach Zufall zusammengestellten, zumindest aber parallelisierten, d. h. in allen wesentlichen Merkmalen vergleichbaren, hinreichend großen Gruppen, der benötigt je nach Fragestellung vielleicht eine Kontrollgruppe, der muß alle möglichen therapieinternen und externen Faktoren kontrollieren, um damit die sogenannte interne Validität zu sichern, und der muß sich Gedanken machen bezüglich der Generalisierungsfähigkeit seiner Befunde, d.h. Gedanken über die sogenannte externe Validität (siehe Hager und Westermann, 1983). Am Schluß sollten die Daten noch in geeigneter Weise statistisch ausgewertet werden, d. h. man möchte bezüglich seiner in eine statistische Hypothese umgeformten wissenschaftlichen Hypothese zu einer statistischen Entscheidung gelangen (vgl. Ostmann und Wutke, 1994). An dieser Stelle muß man Kächele allerdings korrigieren: Der experimentelle Ansatz ist nicht die »korrekteste«, sondern die *einzig* korrekte Methode zur Überprüfung von Hypothesen, wenn mit Hypothesen gesetzesförmige Aussagen im Sinne der Nomothetik gemeint sind (siehe Herrmann, 1979): Wer gesetzesförmige Hypothesen überprüfen will, *muß* experimentieren.

Mit der Wende zur ›naturalistischen Untersuchungsperspektive‹ praktiziert die quantitative Psychotherapieforschung also erneut Einzelfallforschung, allerdings in der eben beschriebenen *systematischen* Variante, und in diesem Sinn »[stellt] die wissenschaftliche Erforschung des Einzelfalls m. E. die zeitgemäße Version der Junktimbehauptung dar« (Kächele, 1992, S. 277). Daß der Traum vom Experiment allerdings noch nicht ganz ausgeträumt ist, zeigt die Meinung von Moser: »Will die Psychoanalyse überdies Wissenschaft sein und glaubwürdige (nicht nur plausible) Aussagen machen, dann muß sie ihre Hypothesen überprüfen oder überprüfen lassen« (Moser, 1989, S. 171). Und der Ort dieser Überprüfung ist für Moser neben der »therapeutischen Situation« das »experimentelle Design« sowie die »Computersimulation« – eine Überzeugung, die von Leuzinger-Bohleber übernommen und ausführlich diskutiert wird (Leuzinger-Bohleber, 1995, S. 450 f.) und die das Wissenschaftsverständnis der modernen kognitiven Psychologie reflektiert: Dort wird entweder experimentiert oder modelliert.

Neben dieser zuletzt beschriebenen Art psychoanalytischer Psychotherapieforschung gibt es auf dem Gebiet der *empirischen Grundlagenforschung* weitere, zwar von Psychoanalytikern durchgeführte, jedoch außerklinische Forschungsaktivitäten, die sich aus Kontakt und *Zusammenarbeit mit Nachbardisziplinen* ergeben. Beispiele hierfür sind etwa die schon erwähnte neuere Affektforschung, die ebenfalls bereits skizzierte Kleinkindforschung und etwa auch die erwähnten Computer-Simulationsmodelle psychischer Phänomene. Alle diese Ansätze versuchen auf jeweils unterschiedlichen Zugangswegen unter Zuhilfenahme von empirischen Methoden und Befunden aus Nachbardisziplinen die Entwicklung und die Funktionsweise des psychischen Apparats aufzuklären, direkte Bezüge zur Klinik können teilweise hergestellt werden, müssen es aber wegen der Ausrichtung auf Grundlagenforschung nicht unbedingt. Für die Konzeptforschung sind diese Aktivitäten deshalb von Interesse, weil neben der

Generierung neuartiger empirischer Befunde, die für die psychoanalytische Theorie interessant sein können, insbesondere auch begriffliche Überlegungen und Vorschläge gemacht werden, die sich für die Psychoanalyse als nützlich erweisen können. Die Ausdifferenzierung der sechs bis acht Primäraffekte und deren systematische Zusammenhänge mit klinischen Störungen (siehe etwa Krause, 1994), die lern- und gedächtnispsychologisch orientierte Formulierung des Prozesses der Repräsentanzenbildung durch Stern (1992) sowie etwa der Vorschlag von Lichtenberg (1989), die duale Triebtheorie durch die Annahme von dann insgesamt fünf Motivationssystemen zu ergänzen, stellen ja nicht nur eine Erweiterung der empirischen Indizienbasis dar, sondern könnten ebenso das begriffliche Inventar der Psychoanalyse bereichern, wenn diese Konzepte sich klinisch bewähren sollten.

Eine weitere große Klasse von teils *grundlagentheoretischen*, teils *konzeptuellen und* teils auch *empirischen* Arbeiten, die sich systematisch mit psychoanalytischen Methoden und Konzepten beschäftigen, sei es auf dem Wege des Transfers psychoanalytischen Denkens in *Nachbardisziplinen*, sei es durch den Versuch der Nutzbarmachung anderer humanwissenschaftlicher Theorien für die Psychoanalyse, darf nicht unerwähnt bleiben. So kontrovers diese Arbeiten gelegentlich auch diskutiert werden und so viele Fragen dabei auch ungeklärt geblieben sind, haben diese interdisziplinären Diskussionen doch die oft beklagte und auch beklagenswerte Abkapselung der psychoanalytischen Gemeinschaft durchbrochen. Zu denken wäre hier zunächst etwa an Diskussionen im Gefolge erkenntnistheoretischer und methodologischer Arbeiten, die sich mit dem wissenschaftlichen Status der Psychoanalyse beschäftigen, des weiteren an sozialisationstheoretische Arbeiten, an ethnologische Studien im Kontext ethnopsychoanalytischer Ansätze, an literaturwissenschaftliche Studien, nicht zuletzt auch an Ansätze, die eine analytische Sozialpsychologie zu begründen versuchen. Viele dieser Arbeiten aus Psychoanalyse sowie Nachbardisziplinen haben das psychoanalytische Denken mindestens ebenso nachhaltig beeinflußt wie die hier ausführlicher behandelten quantitativ-empirischen Beiträge; leider kann ihnen in dieser Arbeit kein systematischer Stellenwert eingeräumt werden.

Zur psychoanalytischen Konzeptforschung im besonderen

In den letzten Abschnitten wurde skizziert, auf welch vielfältige Weise für die klinische Psychoanalyse relevantes Wissen zusammengetragen werden kann. Dabei haben uns vor allem etliche Formen empirisch orientierter – auch interdisziplinärer – Ansätze beschäftigt. Aber ist jedwede Forschung stets empirisch? Wohl genausowenig, wie jedwede Empirie stets schon Forschung ist. Erinnern wir uns an das Kant entlehnte Motto, welches ja auf ein dialektisches Wechselspiel zwischen Anschauung, also Wahrnehmung empirischer Phänomene, und Begriffen, also hier den psychoanalytischen Konzepten, hinweist. Für unser Thema könnte man erneut paraphrasieren: Psychoanalytische Wahrnehmung ohne geeignete psychoanalytische Konzepte ist blind, psychoanalytische Konzepte ohne Beachtung psychoanalytisch relevanter Phänomene sind leer. Deshalb will die Konzeptforschung mit ihren beiden miteinander verschränkten Dimensionen, der konzeptuellen und der empirischen, sowohl eine Ausdifferenzierung psychoanalytischer Konzepte, als auch eine Erweiterung der an der klinischen Erfahrung orientierten empirischen Indizienbasis anstreben.

Vorläufer solch konzeptueller Untersuchungen finden sich im historischen Rückblick bereits bei Freud, der – wie in Kapitel 1 gezeigt – beispielsweise am Konzept ›sexuell‹ eine Integration von empirischer Untersuchung und begrifflicher Ausdifferenzierung praktizierte. Begriffliche Überlegungen haben eine lange Tradition in der Psychoanalyse, erwähnt seien hier nur einige Arbeiten, etwa die Untersuchung von McIntyre (1968), der wegen der Gefahr eines ontologischen Mißverständnisses vom substantivischen Gebrauch ›des Unbewußten‹ abriet und statt dessen einen adjektivischen Gebrauch, etwa ›unbewußte Prozesse‹, vorschlug. Auch eine Arbeit von Pulver kann man beispielhaft anführen, der vor einer inflationären Verwendung des Begriffs ›Narzißmus‹ warnte und aufgrund einschlägiger Konzeptüberlegungen einen Vorschlag machte:

»Die Lösung, die ich am befriedigendsten finde, ist eine neue Begriffsbildung, wie sie sich im Sachwörterbuch findet. Sie erfordert, daß wir anerkennen, daß Freuds ursprüngliches Konzept des Narzißmus zu seiner Zeit höchst nützlich und produktiv war, aber heute unvollständig und teilweise irreführend ist. ... Unter dieser Voraussetzung würden wir einer Reihe von Erscheinungen, die augenblicklich ›narzißtisch‹ genannt werden, neue Bezeichnungen geben, nämlich all jenen, bei denen die Zentrierung des seelischen Interesses auf das Selbst nur ein minimaler Faktor ist. Für eine solche Revision wäre an erster Stelle die Anwendung des Begriffs Narzißmus zur Beschreibung eines Entwicklungsstadiums und zur Beschreibung unreifer Objektbeziehungen zu nennen« (Pulver, 1972, S. 54).

Nicht zu vergessen sind in diesem Kontext auch prominente Wörterbücher zur Psychoanalyse wie etwa die von Laplanche und Pontalis (1972) oder von Moore und Fine (1990), die jeweils das Resultat sorgfältiger begrifflicher Analysen durch Forschergruppen dokumentieren. In diskursiver Form haben sich auch immer wieder sogenannte Panels mit der Verwendung psychoanalytischer Konzepte beschäftigt, vornehmlich allerdings in der anglo-amerikanischen Psychoanalyse; in Deutschland ist diese ›Streitkultur‹ über psychoanalytische Konzepte leider nicht sehr verbreitet. Dies mag eine Folge der Geringschätzung systematischer konzeptueller Überlegungen bei uns sein, vielleicht auf eine allgemein andere, kulturell verankerte Bewertung des Stellenwerts solcher Unternehmungen verweisen. Eine Betrachtung dieser Panels zeigt jedenfalls, wie ideenreich und klärend solche Untersuchungen sein können, die man durchaus als Variante der Konzeptforschung charakterisieren kann. Erwähnt seien hier nur Panels über das Konzept ›Einsicht‹ (Blacker, 1981), über den ›Effekt entwicklungspsychologischer Konzepte auf den Begriff der Übertragung‹ (Escoll, 1983), sowie über das Konzept ›Deutung‹ (Rothstein, 1983). Der Ablauf solcher Panels folgt in der Regel einem bestimmten Schema:

- Zu Beginn steht ein historischer Rückblick auf die bisherigen Verwendungsweisen des in Frage stehenden Konzepts mit einem Hinweis auf aktuelle Unklarheiten oder Widersprüchlichkeiten;
- danach stellen Vertreter meist unterschiedlicher theoretischer Ausrichtungen ihren Gebrauch des Konzepts, vor allem auch in ihrer klinischen Praxis, vor;
- Kernstück des Panels bildet eine Panel- oder Plenumsdiskussion über die unterschiedlichen Positionen bezüglich der Verwendung dieses Konzepts;
- abschließend versucht die ›Chairperson‹ ein Fazit aller Argumente zu ziehen;
- durch eine Veröffentlichung des Panelreporters werden diese Diskussionen der wissenschaftlichen Öffentlichkeit zugänglich gemacht.

Diese Panels entsprechen in ihrer Intention durchaus dem, was in der Konzeptforschung angestrebt wird, nämlich eine Konzeptklärung unter direktem Einbezug klinischer Erfahrung; sie behandeln das in Frage stehende Problem diskursiv, konsensuelle und dissensuelle Aspekte von Konzepten resümierend. Im übrigen werden die Ergebnisse der Panels von psychoanalytischen Autoren, die sich der Relevanz konzeptueller Fragen bewußt sind, gerne zitiert. Trotz der ähnlichen Zielsetzung unterscheiden sich Panels jedoch im methodischen Vorgehen von anderen in dieser Arbeit vorgestellten Konzeptforschungsansätzen, die Unterschiede betreffen vor allem die Dauer und die Gründlichkeit der Untersuchung, die Art des Einbezugs erfahrener Kliniker und die Art der eingesetzten Methoden.

Über diese Panels hinaus hat die systematische Beschäftigung mit psychoanalytischen Konzepten in der US-amerikanischen Psychoanalyse überhaupt Tradition. An verschiedenen psychoanalytischen Instituten gibt es ›concept-study groups‹, die ihre Arbeit zum größten Teil eben als ›study‹ begreifen: Sie dient der Klärung der eigenen Konzeptverwendung, führt aber nicht in jedem Fall zur Publikation. Aus der Literatur bekannt ist allerdings die renommierte »Kris Study Group« des »New York Psychoanalytic Institute«, die seit den fünfziger Jahren besteht und in den Neunzigern unter der Leitung von Brenner und Calder fortgeführt wird.[14] Beispielhaft sei deren methodischer Zugang beschrieben anhand einer Monographie, herausgegeben von Fine, Joseph und Waldhorn (1971) über *Recollection and Reconstruction* sowie *Reconstruction in Psychoanalysis.* Ausgangsdaten waren für zwei Arbeitsgruppen, jeweils Untergruppen der »Kris Study Group«, »the examination of its own current clinical material« (Vorwort). Eine zunächst fertiggestellte Übersicht über die relevante Literatur brachte das in Frage stehende Konzept auf den Punkt und kennzeichnete Probleme in seinem Gebrauch. Beides – klinisches Material und Literatur – wurden in Diskussionen der jeweiligen Arbeitsgruppe aufeinanderbezogen: »In fact, throughout the sessions topics came up for consideration, were dropped, only to reappear in another session in some other context. The interaction between members of the Group facilitated this process« (Fine et al., 1971, S. 56). Die Gruppen bereiteten einen Abschlußreport zur Präsentation im Plenum der gesamten »Kris Study Group« vor. Dieser später veröffentlichte Bericht enthält eine vorläufige Definition des Konzepts einschließlich theoretischer Schlußfolgerungen aus der Diskussion der behandelten Probleme. Der Bericht endet mit einem für uns interessanten Punkt: »The Group felt at the end of its deliberations that it had raised more questions than it answered. However, in clarifying the current knowledge and theory concerning reconstruction, the Group felt it had acquired sufficient

14 Vgl. hierzu die »Monograph Series« der Kris Study Group. Eine neuere aus dem Kontext einer Untersuchung des Borderline-Konzepts hervorgegangene Veröffentlichung von Abend, Porder und Willick (1994) zur *Psychoanalyse von Borderline-Patienten* faßt zwar nicht die teilweise kontroversen Diskussionen der Study Group zusammen, basiert jedoch auf diesen Diskussionen. Üblich waren im übrigen monatliche Treffen und zusätzlich ganztägige Diskussionen, teilweise unter Hinzuziehung von ›Experten‹, etwa von Kernberg für das Borderline-Konzept.

knowledge to permit individual members to pursue the topic further both in their analytic work and in future study groups« (ebd., S. 80). Das heißt, in einem gewissen Sinn bleibt die »Kris Study Group« auf der Ebene der Beschreibung, enthält sich jedweder eigener Vorschläge und macht selbst keinen Integrationsversuch, der die Richtung angäbe, in die das Konzept sich weiterentwickeln könnte – sie ist also nicht präskriptiv.

Insgesamt unterscheiden sich alle bislang aufgeführten Konzeptforschungsaktivitäten – vor allem die ›Panels‹ und ›study groups‹ – nur unwesentlich in ihren Absichten und in ihrem Vorgehen, sie sind den Diskursregeln bei der Suche nach Konsens verpflichtet, erheben jedoch nicht unbedingt eigene Daten, etwa mittels Interviews, wie es jene Konzeptforschungsprojekte unternehmen, die in Kapitel 4 und 5 vorgestellt werden. Solche Ansätze bleiben aber dennoch eher vereinzelt und erheben nicht den Anspruch, eine psychoanalytische *Forschungsrichtung* mit entsprechender, explizit formulierter methodologischer Rechtfertigung zu repräsentieren.

Selbst bei dieser unvollständigen und teilweise skizzenhaften Aufzählung psychoanalytischer Forschungsaktivitäten dürfte deutlich geworden sein, daß eine methodologisch begründete *Normierung* psychoanalytischer Forschung als Variante empirisch-experimenteller Forschung weder wünschenswert noch sinnvoll ist. Schon was überhaupt unter Forschung verstanden wird und welche Indizien – hier etwas technisch mit Datenarten bezeichnet – in den Forschungsprozeß einbezogen werden, bedarf letztlich einer Begründung. Für viele Vertreter der neueren quantitativ-empirischen Psychotherapieforschung in der Psychoanalyse folgt aus dem Primat der Empirie auch der Primat empiristischer Methoden. Zulässig scheint nur noch, was im empiristischen Sinne ›systematisch‹ ist und was als Ergebnis der Forschungsbemühungen ›Zahlen‹ produziert – warum dies aus psychoanalytischer Sicht unbefriedigend ist, wird im nächsten Kapitel zu begründen versucht.

3. Forschung mit und ohne Zahlen

In der gegenwärtigen Diskussion über die ›richtige‹ Art, psychoanalytisch zu forschen, wird vor allem in der Psychotherapieforschung – meistens implizit und undiskutiert – die Annahme gemacht, jede zeitgemäße Forschung könne zwar mit Worten beginnen (zum Beispiel auch mit Transkripten), müsse aber mit Zahlen enden (siehe hierzu etwa Kächele, 1992; Grawe, Donati und Bernauer, 1993; Leuzinger-Bohleber, 1995). Diese Überzeugung steht für »ein wissenschaftliches Ideal, das Messen und Zählen immer noch weit über der rein deskriptiven und begrifflich-konzeptuellen Bearbeitung der unmittelbaren klinischen Erfahrung ansiedelt« (Tress, 1994, S. 38). Am Ende eines so konzipierten Forschungsprozesses sind demnach quantitative Aussagen erwünscht, sei es in Form von Meßwerten, Häufigkeiten oder Korrelationen, die dann gegebenenfalls noch weiter statistisch aufbereitet oder analysiert werden. ›Forschung ohne Zahlen‹ – Konzeptforschung beispielsweise – gilt vielen überhaupt nicht als Forschung, sondern allenfalls als der ›eigentlichen‹ Forschung vorausgehende Heuristik. Tress beschreibt dieses Überlegenheitsgefühl mancher empirischer Forscher zutreffend:

»Diese weit offene Schere zwischen empirisch-operationalisierender Grundlagenforschung mit ihrer statistischen Methode hier und der theoretisch-begrifflichen Durchdringung der klinischen Praxis dort wird nun oft – und meines Erachtens völlig zu Unrecht – interpretiert als das Verhältnis von wahrer Wissenschaft zu intuitivem klinischen Alltagshandeln, einschließlich seiner impliziten ›naiven‹ Theoriebildung« (ebd., S. 38).

Die Forderung, einen Forschungsprozeß so anzulegen, daß mittels geeigneter Operationalisierungen quantitative Meßwerte generiert werden können, ist eng verbunden mit dem Wunsch, den Forschungsprozeß als Ganzes zu formalisieren und zu systematisieren. So schreibt etwa Kächele im Vorwort zu Luborsky und Kächele:

»Es läßt sich festhalten, daß großes Interesse an psychoanalytischen Forschungsansätzen besteht, die komplexe klinische Konzepte auf faßbare, klinisch angemessene und doch konsistente Weise untersuchen. Ich denke, die ZBK-Methode[1] gehört zu jenen Verfahren, die die von Grünbaum (1984) geforderte systematische Durchdringung des therapeutischen Prozesses auf ihre spezielle Weise einzulösen vermag« (Luborsky und Kächele, 1988, S. 4).

Dies soll sich durchaus in einer Weise vollziehen, wie es auch den im ersten Kapitel vorgestellten logischen Empiristen und kritischen Rationalisten als Ideal vorgeschwebt hat. Mit der vollständigen prozeduralen Strukturierung des Forschungsprozesses und mit der formalisierten Einordnung von Daten in, wie wir noch sehen werden, nur scheinbar klare Kategorien will man sowohl die Voraussetzungen schaffen für die Objektivität der Ergebnisse, für deren Replizierbarkeit als auch für die Erreichung des eigentlichen Ziels solcherart Forschung: Hypothesen empirisch zu testen und gesetzesförmige Aussagen abzuleiten. Ob diese einseitige Ausrichtung auf Systematik und Quantifizierung für die Psychoanalyse jedoch nützlich und fruchtbar ist, bezweifle ich. Ich will versuchen, an zwei Beispielen, zuerst an einem fiktiven Beispiel zur Gegenübertragung, sodann an dem erwähnten aktuellen Beispiel aus der quantitativ-empirischen Psychotherapieforschung, der ZBKT-Methode, zu zeigen, wie unergiebig es für die Psychoanalyse sein kann, wenn – entgegen dem Motto dieser Arbeit – empirische Untersuchungen und konzeptuelle Überlegungen nicht in dialektischer Wechselbeziehung zueinander stehen. Bevor also in den nächsten Kapiteln der konstruktive Aspekt der Konzeptforschung im Mittelpunkt steht, wird hier zunächst ihr kritisches Potential demonstriert, welches sich aus eben ihrer Perspektive bei der Beurteilung anderer Forschungsaktivitäten ergeben kann.

1 Die Methode des ›Zentralen-Beziehungs-Konflikt-Themas‹ nach Luborsky stellt einen Versuch dar, ›Übertragung‹ zu messen. Diese Methode wird später im Kapitel kritisch diskutiert.

Ein fiktives Beispiel: Gegenübertragung

An einer inzwischen dreißig Jahre zurückliegenden Debatte kann man zeigen, daß es in der Psychoanalyse Fragen gibt, die nicht ausschließlich empirisch beantwortet werden können, sondern bei denen systematische konzeptuelle Überlegungen nicht nur als Voraussetzung, sondern auch als Ergänzung jedweder Art von Empirie notwendig sind. In seinem Buch *Borderline-Störungen und pathologischer Narzißmus* (1978) macht sich Kernberg Gedanken zum Konzept der Gegenübertragung:

»Hinsichtlich des Begriffs der Gegenübertragung lassen sich zwei gegensätzliche Auffassungen feststellen. Wir wollen die erste Auffassung die ›klassische‹ nennen und ihr Konzept von Gegenübertragung definieren als die unbewußte Reaktion des Psychoanalytikers auf die Übertragung des Patienten. Diese Auffassung hält sich eng an [Freuds] Empfehlung, der Analytiker müsse seine Gegenübertragung überwinden. ... Die zweite Auffassung wollen wir als ›ganzheitliche‹ [›totalistic approach‹] bezeichnen; aus dieser Sicht stellt sich die Gegenübertragung dar als die gesamte emotionale Reaktion des Psychoanalytikers auf den Patienten in der Behandlungssituation« (ebd., S. 68).

Es kommt für unsere Argumentation zunächst nicht darauf an, daß sich heute bezüglich der Gegenübertragung diese einfache Dichotomie nicht mehr in gleicher Weise stellt (Erläuterungen hierzu siehe in Sandler, Dare und Holder, 1996, S. 112-115). Auch kann man unbeachtet lassen, daß sich die erste Position unter anderem auf Freud beruft und die zweite Auffassung von Kernberg selbst favorisiert wird, der sie – insbesondere in Hinblick auf Borderline-Patienten – dann auch noch ausdifferenziert. Zudem soll hier ebenfalls nicht interessieren, daß beide Auffassungen im klinisch-psychoanalytischen Kontext unterschiedliche Implikationen bezüglich des analytischen Arbeitens hätten. Wichtig ist hier für uns zunächst eine ganz andere Frage: Welche Konsequenzen hätten diese beiden Auffassungen jeweils gehabt, wenn damals ein quantitativ-empirischer Forscher ›Gegenübertragung‹ im

Rahmen seiner Psychotherapieforschung hätte messen oder operationalisieren wollen?

Nun, bezüglich der ersten Auffassung hätte der Empiriker Freuds Empfehlung bedenken müssen, »der Analytiker müsse seine Gegenübertragung überwinden« (Kernberg, 1978, S. 68), und Kernbergs Folgerung beachten sollen: »Aus dieser Perspektive wird der Ursprung der Gegenübertragung hauptsächlich in neurotischen Konflikten des Analytikers gesehen« (ebd.). Alle möglichen empirisch ermittelten Maße für Gegenübertragung nach dieser ersten Konzeption würden also zumindest drei Eigenschaften aufweisen müssen:

- Sie müßten, wie auch immer, Meßvorschriften zur Erfassung der unbewußten Reaktionen des Analytikers enthalten, sowie Instrumente zur Erfassung seiner neurotischen Konflikte;
- sie müßten Meßvorschriften zur Erfassung der Übertragung des Patienten enthalten, denn die Gegenübertragung des Analytikers ist ja definiert als Reaktion auf eben diese Übertragung;
- sie müßten gleichsam den Wert Null annehmen können: Wenn ein Patient, aus welchen Gründen auch immer, keine Übertragung entwickeln würde, könnte es auch keine Gegenübertragungsreaktionen des Analytikers geben.

Die Implikationen für eine mögliche Messung der Gegenübertragung gemäß der zweiten, der ganzheitlichen Auffassung sind komplexer, Kernberg charakterisiert letztere wie folgt:

»Die Vertreter dieser Auffassung glauben, daß die bewußten und unbewußten Reaktionen des Analytikers auf den Patienten in der Behandlungssituation sich sowohl auf die Realität des Patienten wie auf seine Übertragung und sowohl auf die realitätsgerechten Bedürfnisse des Analytikers wie auch auf seine neurotischen Bedürfnisse beziehen. Der zweite Ansatz impliziert weiterhin, daß diese verschiedenen Anteile der emotionalen Reaktionen des Analytikers eng miteinander verbunden sind und daß die Gegenübertragung zwar gewiß letzten Endes aufgelöst werden muß, aber auch von großem Nutzen sein kann, um mit ihrer Hilfe ein besseres Verständnis vom Patienten zu erlangen. Kurzum, dieser zweite Ansatz geht von einer weiter gefaßten Definition der Gegenübertragung aus und befürwortet eine aktivere technische Nutzung der Gegenübertragung« (ebd.).

Jenseits der hier nicht zu erörternden Frage, wie eine geeignete empirische Meßtechnologie denn überhaupt im Detail aussehen könnte, welche ein derart komplex konzeptualisiertes Gegenübertragungsgeschehen zu erfassen in der Lage wäre, ist aber folgendes festzustellen:

- Man würde jetzt Meßverfahren sowohl zur Erfassung der unbewußten wie auch der bewußten Reaktionen des Analytikers benötigen, bei denen man zudem beachten müßte, daß die emotionalen Reaktionen des Analytikers jeweils eng verbunden sind (dies würde dann im Sprachspiel der Empiristen wohl verstanden werden als ›hoch korreliert‹);
- man müßte jetzt Daten sowohl für die neurotischen wie die realitätsgerechten Bedürfnisse des Analytikers sammeln;
- man brauchte Meßverfahren zur Erfassung sowohl des Übertragungsverhaltens des Patienten wie auch für sein ›reales‹ Verhalten, welches nicht Übertragungsverhalten ist;
- man müßte in der Lage sein zu erfassen, auf welche Weise vom Analytiker Gegenübertragungsphänomene zum besseren Verständnis des Patienten eingesetzt werden und in welchem Ausmaß diese Prozesse auch therapeutisch wirksam sind.

Wohlgemerkt, es geht hier nicht darum, ob man sich der einen oder der anderen oder einer möglichen dritten Auffassung des Konzepts Gegenübertragung anschließen sollte, sondern es geht um die Frage, wie zwei – nur vorgestellte – Empiriker verfahren würden, von denen sich der eine der klassischen Auffassung, der zweite sich jedoch der weitaus umfassenderen Auffassung verpflichtet fühlt. Ich würde behaupten, beide könnten sich kaum auf ein einheitliches empirisches Vorgehen zur Messung der Gegenübertragung und der damit in Beziehung stehenden Konzepte einigen, eine Verständigung zwischen ihnen wäre kaum möglich:

- Sie würden erheblich andere Daten sammeln wollen. Während der eine nur die ›unbewußten Reaktionen‹ des Analytikers zu erfassen suchte, möchte der andere ja zusätzlich

noch die ›bewußten‹ und die ›emotionalen‹ Reaktionen erfassen;
- während der eine eher die passiven, die ›reaktiven‹ Aspekte beim Analytiker als Gegenübertragung auffaßt, sieht der andere ja auch die ›aktiven‹ und insbesondere die ›interaktiven‹ Aspekte und damit eine neue Qualität des empirischen Geschehens, insbesondere wenn er die technische Nutzung der Gegenübertragung im therapeutischen Prozeß ebenfalls im Auge hat;
- in möglichen Veröffentlichungen ihrer Befunde würden zwar beide von Quantitäten und Qualitäten jeweils ›ihrer‹ Gegenübertragung reden und dies vielleicht in Beziehung setzen zu anderen psychoanalytischen Konzepten (etwa in Form von Korrelationen mit anderen Phänomenen wie Abwehr oder Einsicht), aber sie würden mit ihren Aussagen natürlich etwas entschieden Anderes meinen, denn der jeweils verwendete Begriff ›Gegenübertragung‹ hätte eben bei beiden erheblich andere Extensionen und würde jeweils durch erheblich andere Meßverfahren erfaßt.

Der Vergleich der möglichen Befunde bezüglich der ›klassischen‹ Gegenübertragung sowie der ›ganzheitlichen‹ Gegenübertragung könnte so sinnvoll sein wie der Vergleich von Äpfeln und Birnen, beide Male hätten die empirischen Forscher jeweils teilweise unterschiedliche Phänomene erfaßt und auf andere Zusammenhänge geachtet. Was man diesen beiden Empirikern sagen würde, wäre natürlich, daß es relativ sinnlos ist, Befunde miteinander zu vergleichen, wenn empirische Phänomene jeweils unter Begriffe subsumiert sind, die zwar denselben Namen tragen, die jedoch inhaltlich kaum vergleichbar sind. Würde man also darauf verzichten, konzeptuelle Überlegungen in Form begrifflicher Klärungen *vor* der Planung und Durchführung empirischer Untersuchungen anzustellen, könnte der Psychoanalyse sozusagen eine zweite babylonische Sprachverwirrung drohen: diesmal nicht wegen der unterschiedlichen Verwendungen der Begriffe im Kontext der verschiedenen psychoanalytischen Schulen, sondern wegen der unterschiedlichen Operationalisierungen und den damit verbundenen unterschiedlichen Meßverfahren durch verschiedene Empiriker, die unterschiedliche Auffassungen von einem Konzept haben. Der mögliche Weg, diesen – gedachten – Streit solcher Empiriker zu schlichten, ginge demnach nicht über eine wie auch immer geartete Erhebung empirischer Daten, sondern über einen rationalen Diskurs bezüglich einer konzeptuellen Klärung und einer dann folgenden angemessenen Verwendung des in Frage stehenden Konzepts – ein Diskurs, der durchaus empirisch erhobene Daten nutzt. Einen Weg übrigens, wie ihn Kernberg in der damaligen Arbeit dann auch bezüglich seines Konzepts der Borderline-Störungen unter gleichzeitiger Berücksichtigung psychoanalytischer Vergleichsdaten aus dem Menninger-Projekt[2] einschlägt.

Ein aktuelles Beispiel: Übertragung

Dieses fiktive Beispiel zur Gegenübertragung erscheint aus heutiger Sicht gar nicht als so sehr weit hergeholt. In der aktuellen quantitativen Psychotherapieforschung steht allerdings nicht das Konzept der Gegenübertragung im Mittelpunkt des Forschungsinteresses, sondern oft das Konzept der Übertragung. Kächele, Luborsky und Thomä kommentieren das anhaltende Interesse der Empiriker an der Untersuchung von Übertragungsphänomenen:

»Die empirische Untersuchung des Übertragungskonzeptes (Freud, 1912) ist bislang nur mit wenig Erfolg betrieben worden. Luborsky und Spence (1978) haben die bis dahin vorliegende Literatur mit dem kritischen Kommentar zusammengefaßt, ›daß quantitative Forschung zur übertragungsbedingten Reaktion des Patienten auf den Analytiker dürftig geblieben ist, obwohl die Kliniker die Übertragung in den Mittelpunkt der angestrebten Veränderung in einer wirksamen psychoanalytischen Behandlung setzen. … Ein Großteil

2 Das »Menninger Foundation Research Project« gilt als eine der prominentesten psychoanalytischen Langzeitstudien zum Effekt von Psychoanalyse und supportiver Psychotherapie (siehe Wallerstein, 1986).

der vorliegenden Forschung muß im Hinblick auf seine Repräsentativität für das klassische Konzept als problematisch betrachtet werden‹ (S. 343)« (Luborsky und Kächele, 1988, S. 8).

Hildenbrand etwa zählt eine ganze Reihe von aktuellen empirischen Technologien in der – so der Autor – ›dynamischen Psychotherapie‹ auf, die Bezug nehmen auf Übertragungsphänomene als »typische, sich wiederholende, maladaptive Muster zwischenmenschlichen Verhaltens, die sich reliabel, präzise und dennoch einfach beschreiben lassen« (Hildenbrand, 1993, S. 21). Er nennt, neben anderen, beispielsweise die Methoden zur Bestimmung des zyklisch-maladaptiven Musters nach Strupp und Binder (1984) oder die Methode zur Bestimmung des zentralen Themas des Beziehungskonflikts, ZBKT-Methode nach Luborsky (1990), die Methode der SASB-geleiteten rekonstruktiven Therapie nach Benjamin (1991), die Methode zur Bestimmung der Erfahrungen des Patienten mit seiner Beziehung zum Therapeuten nach Hoffmann und Gill (1983) und das Plan-Diagnose-Verfahren nach Weiss und Sampson (1986). Bis Mitte der neunziger Jahre war die ZBKT-Methode zur Analyse repetitiver Beziehungsmuster in Deutschland das wahrscheinlich meistdiskutierte Verfahren, mit dem etliche Arbeitsgruppen, so zum Beispiel in Ulm, Frankfurt, Saarbrücken und Berlin, arbeiteten. Und obwohl in letzter Zeit die therapieform-übergreifende SASB-Methode viel Aufmerksamkeit erlangt hat, werde ich hier die ZBKT-Methode als *Musterbeispiel* diskutieren, weil sich an ihr die defizitäre Behandlung psychoanalytischer Konzepte in der empirischen Forschung gut demonstrieren läßt.

Die ZBKT-Methode

Luborskys CCRT-Methode[3], im Deutschen üblicherweise ZBKT-Methode oder ZBK-System genannt, ist eine Auswerte-

3 CCRT ist die Abkürzung für ›central core relationship theme‹. Die Ulmer Variante dieser Methode nennt sich ›Zentrales Beziehungsmuster‹ oder ZBM-Methode, siehe etwa Dahlbender und Kächele, 1994.

technologie, die mit dem Anspruch antritt, Übertragung zu messen. So lautet denn auch der anspruchsvolle Titel des von Luborsky und Crits-Christoph herausgegebenen Buches *Understanding Transference* (1990). Seligmann behauptet im Vorwort zu diesem Buch: »Lester Luborsky, Paul Crits-Christoph, and their colleagues and students have taken the notion of transference, objectified it, and shown us how and why it works« (in Luborsky und Crits-Christoph, 1990, S. XI). Und dies sei ein »powerful act of demystification« (ebd., S. XII). Diesen nicht gerade geringen Anspruch teilen auch Kächele, Luborsky und Thomä, für die es sich bei dem zu bestimmenden Beziehungsmuster um eine »basale Struktur« handelt, die sie zunächst als »Übertragungspotential« bezeichnen. Für die Autoren liefert das ZBK-System »sowohl eine qualitative Beschreibung als auch ein quantitatives Maß für die verschiedenen Inhalte der Übertragung« (in Luborsky und Kächele, 1988, S. 19). Sie schreiben:

»Die Grundannahme des Verfahrens beruht auf der Vorstellung, daß die Schilderung von Beziehungserfahrung für den Patienten prototypische und charakteristische Subjekt-Objekt-Handlungsrelationen enthält, die in den narrativen Episoden deshalb zum Vorschein kommen, weil sie dort wie eingebrannte Klischees sichtbar gemacht werden können« (ebd., S. 14).

Es darf nicht unerwähnt bleiben, daß die ZBKT-Methode selbst ständig verändert und erweitert wird. Hier wird im wesentlichen die von Luborsky und Crits-Christoph (Luborsky et al., 1990) vorgelegte Fassung diskutiert; das in diesem Buch enthaltene CCRT-Manual ist von der Ulmer ZBKT-Arbeitsgruppe übersetzt und ergänzt worden (siehe Luborsky, 1991). Dort ist auch ein ›Arbeitsbuch‹ in deutscher Sprache herausgegeben worden (Luborsky et al., 1988). Bei der Auswertung nach beiden Fassungen des Manuals wird aus – wie die Autoren meinen – Gründen der Objektivität der Analytiker selbst gänzlich aus den Auswerteprozeduren ausgeschlossen. Diese Nicht-Einbeziehung des Analytikers ist typisch für das Vorgehen der meisten quantitativ-empirischen Forscher, die an ›Aposteriori‹-Quantifizierung interessiert sind. Bevor dieses Verfahren nun einer konzeptuellen Betrachtung unterzogen und insbesondere bezüglich des verwendeten Übertragungskonzepts kritisiert wird, soll kurz das praktische Vorgehen in der ZBKT-Methode in aller gebotenen Kürze lediglich in den Aspekten skizziert werden, die für das Verständnis der Kritik unerläßlich sind.

Aspekte der Auswertung

Wie Luborsky – leider etwas unklar – formuliert, »erwuchs die ZBK-Methode aus Beobachtungen zu klinischen Schlußfolgerungsprozessen bei der Erfassung des zentralen Beziehungskonfliktes, welches im speziellen Fall die Übertragung darstellt. Die Methode stellt also eine Formalisierung klinischer Inferenzvorgänge dar« (Geleitwort zur deutschen Übersetzung des Manuals in: Luborsky et al., 1988, S. 6). Empirische Grundlage der Methode sind Transkripte von Therapiesitzungen, sog. Verbatimprotokolle, die von zwei Auswerteteams systematisch analysiert werden. In einem anfänglichen Schritt werden von einem ersten Auswerteteam, dem Beurteilerteam, ›narrative Episoden‹ identifiziert, das heißt es werden jene narrativen Passagen von einiger Ausführlichkeit markiert, in denen der Patient explizit Beziehungsepisoden zu Vater, Mutter, Geschwistern, Partner/-in, zum Therapeuten sowie zu sich selbst erzählt. Daraus resultieren dann drei Typen von Beziehungsepisoden (sog. BEs):

1. Am häufigsten finden sich in den Transkripten nach Aussage der Autoren die Episoden mit anderen Personen (genannt ›BE: Andere Personen‹);
2. als zweites sind die Episoden mit dem Therapeuten aufgeführt (›BE: Therapeut‹), die noch unterschieden sind in Typ A (Narrative über eine vergangene Interaktion) und Typ B (Transkript einer aktuellen Interaktion). Die deutschen Übersetzer merken allerdings an, daß es »eine noch weiter zu untersuchende Frage [ist], ob aktuelle und erzählte Interaktionen in gleicher Weise in die ZBKT-Beurteilung einbezogen werden sollten« (Luborsky, 1991, S. 5);

3. als letztes werden die – meist nur wenigen – erzählten Interaktionen mit sich selbst als ›BE: Selbst‹ codiert, reine Selbstbeschreibungen gelten nach Auskunft der Autoren allerdings nicht als ›Beziehungsepisoden mit sich selbst‹.[4]

Im zweiten Auswerteschritt hat dann ein zweites Team, das sogenannte ZBK-Beurteiler-Team, die Aufgabe, auf der Basis dieser vorselegierten Narrative das zentrale Beziehungskonflikt-Thema dieses Patienten zu identifizieren. Durch diese Aufteilung der Auswertung auf zwei getrennt arbeitende Teams »wird das methodisch immer schwierige Problem der Bestimmung der ›unit of observation‹ klar von der Messung des Konzepts selbst getrennt« (in Luborsky et al., 1988, S. 14). Für diesen zweiten Schritt hat Luborsky eine umfängliche Auswertetechnologie entwickelt, die zweifellos Kächeles Forderung nach ›formalisierter Auswertung‹ nachkommt und die von Kächele, Luborsky und Thomä wie folgt beschrieben wird:

»Die in unregelmäßiger Folge auftretenden Beziehungsepisoden (BE) werden dann in folgender Weise ausgewertet und zusammengefaßt: Der ZBK-Beurteiler liest die BEs in einem Transkript und identifiziert in jeder BE drei folgende Komponenten: a) die Wünsche, Bedürfnisse und Absichten des erzählenden Subjektes an die andere Person des Narrativs (Kategorie W), b) die Reaktionen dieser anderen Person (Kategorie RO) und c) die Reaktionen des Subjekts (Kategorie RS)« (S. 14 f.). »Luborsky kann aber empirisch zeigen, daß sich stets ein Prototyp finden läßt, der um vieles häufiger vorkommt als andere typische Aussagen. Das Vorgehen transformiert auf diese Weise Haufigkeit und zwar qualifizierte Häufigkeit in eine Qualität« (ebd., S. 16 f.).

Die Hauptkategorie W wie auch die beiden anderen werden natürlich noch weiter unterteilt in jeweils an den Einzelfall

4 Was genau mit diesen Selbst-BEs erfaßt werden soll, bleibt vielen unklar. So sieht sich etwa die Saarbrücker Arbeitsgruppe zu einer Modifikation dieser Kategorie gezwungen: »[Wir definieren] die Selbst-BEs neu als Ausdruck innerer Konflikte entweder in Form zweier unvereinbarer, sich gegenseitig ausschließender Wünsche oder aber als Wunsch mit dazu negativer Eigenreaktion des Patienten« (Anstadt et al., 1996).

angepaßte maßgeschneiderte (»taylor-made«) Kategorien oder in verschiedene Systeme von Standardkategorien. Ein solch einfaches System unterteilt etwa die Wünsche in acht teilweise überlappende Cluster: »the wish to be independent and have individuality (cluster 1); the wish to hurt and control others (cluster 2); its counterpart, the wish to be controlled and hurt (cluster 3); the wish to withdraw (cluster 4); its counterpart, the wish to be close (cluster 5); the wish to be loved and understood (cluster 6); the wish to feel good (cluster 7); and the wish to achieve (cluster 8)« (in Luborsky et al., 1990, S. 40 f.). Es gibt allerdings auch erweiterte Listen mit bis zu 34 Wünschen.

Die zwei Klassen von RO (Reaktionen des Objekts) und RS (Reaktionen des Subjekts) kommentiert Luborsky wie folgt: »These two components are often in conflict with each other. The first class is the wish class: wishes, needs, and intentions. Psychoanalytic theorists would call these drive derivatives. The second class is the response class: responses from others and responses of self. Psychoanalytic theorists would generally call these control, executive, or ego functions« (ebd., S. 85). Es sei ergänzt, daß die Reaktionen des Objekts (Kategorie RO) sowie die Reaktionen des Subjekts, das heißt des Erzählers (Kategorie RS), noch unterteilt werden in ›positive‹ und ›negative‹ Reaktionen, je nachdem, ob sie für die Erfüllung des Wunschs als förderlich oder hinderlich angesehen werden.

Das aus diesen Klassifizierungen und anschließenden Auszählungen resultierende endgültige zentrale Beziehungs-Konflikt-Thema »besteht aus dem häufigsten Wunsch, der häufigsten Reaktion des Objekts und der häufigsten Reaktion des Subjekts« (Luborsky, 1991, S. 12), wobei bezüglich der Reaktionen die positiven wie negativen Reaktionen berücksichtigt werden. Wie gesagt, Details dieser Auswertetechnologie mit all ihren klassifikatorischen, technischen, versuchsplanerischen und statistischen Problemen, zu denen auch noch die Probleme des Auswerter-Trainings gehören, sollen uns hier nicht interessieren. Hier interessiert vielmehr die Frage, was die Autoren denn eigentlich messen, wenn sie vorgeben, das Konzept Übertragung zu erfassen. Diese Frage ist im übrigen nicht nur aus der Sicht der Konzeptforschung zulässig, sondern auch aus der Sicht der empirischen Forschung selbst geboten. Für empirische Forscher ist es bekanntlich wichtig, die Objektivität, die Reliabilität *und* die Validität ihrer Meßprozeduren zu sichern. Aus der Sicht der klinischen Praktiker interessiert dabei natürlich insbesondere der Aspekt der Validität, und dies deshalb, weil bei der möglichen Umsetzung von Ergebnissen in die Praxis weniger die Meßgenauigkeit – etwa in Form einer Reliabilitätsangabe – von Belang ist, als vielmehr die klinische Angemessenheit der Konzepte. Wir wollen deshalb den Angaben der Autoren vertrauen und die Auswerteobjektivität und die Reliabilität der ZBKT-Methode als gesichert ansehen. Luborsky – »the level of reliability is satisfactory« (in Luborsky et al., 1990, S. 268) – wie auch Kächele, Luborsky und Thomä sind mit der Einhaltung dieser Kriterien zufrieden, letztere bemerken hierzu:

»In der Durchführung der Kodierung legt Luborsky großen Wert auf die Einhaltung formaler Prozeduren, um den Objektivitätsgehalt der Kodierungen reklamieren zu können (S. 17). ... [Es] zeigte sich, daß beträchtliche Interrater-Übereinstimmungen erzielt werden konnten (S. 18). ... Der ZBK verfügt über eine sehr reliable Methode der Identifizierung von Inhalten« (in Luborsky et al., 1988, S. 21).

Als Evidenzen dafür, daß die Methode des Erschließens des zentralen Beziehungskonflikts aus Narrativen auch valide ist, führt Luborsky empirische Befunde seiner Forschergruppe an (in Luborsky et al., 1990, S. 272 f.). Unter anderem hält er es für belegt, daß das ZBKT sich bei einem Patienten als ähnliches Muster in den Narrativen bezüglich verschiedener Personen zeigt. Zudem sollen sich ähnliche Konfliktmuster aus den Narrativen zum Therapeuten (BE: Therapeut) und den Narrativen zu anderen Personen (BE: Andere Personen) ableiten lassen. Auch aus dem Vergleich von Traum-Narrativen, also aus Traumberichten extrahierten Beziehungskonflikten, mit Wach-Narrativen sollen sich hohe Übereinstimmungen im zentralen Beziehungskonflikt ergeben. Aus der

Sicht der Konzeptforschung, die es aus guten Gründen mit den verwendeten Begriffen etwas genauer nimmt, stellt sich hier aber eine wichtige Frage:

- Mißt die ZBKT-Methode das zentrale Beziehungskonflikt-Thema eines Patienten, wie es hauptsächlich aus den inhaltlichen und strukturellen Merkmalen der manifesten Narrative extrahiert werden kann, oder
- mißt die ZBKT-Methode Übertragung?

Der ersten Behauptung, daß mittels der ZBKT-Methode Hinweise für *›das‹* zentrale Beziehungskonflikt-Thema eines Patienten – wenn es denn eines und nur eines gibt[5] – erhalten werden können, wird man zustimmen können. Die kritische Frage ist jedoch, ob und in welcher Weise man mittels der ZBKT-Methode klinisch relevante Aussagen über das Übertragungsgeschehen machen kann. Um hierzu Stellung nehmen zu können, muß man das von Luborsky verwendete Konzept der Übertragung näher betrachten.

Kritik am verwendeten Übertragungsbegriff

Nach Kächele, Luborsky und Thomä soll mittels der ZBKT-Methode die Struktur der Übertragung erfaßt werden, wobei diese als ein »relativ invariantes Beziehungsmuster« (in Luborsky et al., 1988, S. 8) angesehen wird.[6] Zentraler Bezugs-

5 In neueren empirischen Studien gibt es Hinweise, daß es auch Patienten mit komplizierteren Beziehungskonflikt-Themen gibt, so daß von ›dem einen zentralen‹ Thema, abgeleitet aus den jeweils häufigsten Wünschen und Reaktionen, dann nicht mehr gesprochen werden könnte. So bemerkt etwa die Saarbrücker Arbeitsgruppe: »Auch die von *Luborsky* vorgeschlagene Beschränkung auf die absolut häufigste Komponente einer jeden Kategorie haben wir dahingehend erweitert, daß wir die jeweils 3 häufigsten Formulierungen in der ZBKT-Zusammenfassung aufführen. Es hat sich nämlich gezeigt, daß Konflikte häufig nicht zwischen den Kategorien, sondern innerhalb einer, v. a. zwischen verschiedenen Wünschen, zu finden waren« (Anstadt et al., 1996).

6 Die Erforschung des Verlaufsaspekts der sich entwickelnden

punkt aller Überlegungen zum Konzept der Übertragung ist ein Verweis auf Freud, der in seiner Arbeit ›Zur Dynamik der Übertragung‹ (1912) untersuchen wollte, wie die Übertragung während einer psychoanalytischen Kur notwendig zustande kommt und wie sie zu der bekannten Rolle während der Behandlung gelangt:

»Machen wir uns klar, daß jeder Mensch durch das Zusammenwirken von mitgebrachter Anlage und von Einwirkungen auf ihn während seiner Kinderjahre eine bestimmte Eigenart erworben hat, wie er das Liebesleben ausübt, also welche Liebesbedingungen er stellt, welche Triebe er dabei befriedigt, und welche Ziele er sich setzt. Das ergibt sozusagen ein Klischee (oder auch mehrere), welches im Laufe des Lebens regelmäßig wiederholt, neu abgedruckt wird, insoweit die äußeren Umstände und die Natur der zugänglichen Liebesobjekte es gestatten, welches gewiß auch gegen rezente Eindrükke nicht völlig unveränderlich ist« (Freud, 1912, S. 364 f.).

Zweifellos ist ein Aspekt der Übertragung jenes repetitive Moment, welches Freud mit der Metapher vom ›regelmäßig neu abgedruckten Klischee‹ anspricht und welches von Moore und Fine als »an automatic, unconsciuos repetition« (Moore und Fine, 1990, S. 197) bezeichnet wird. Diesen Aspekt der Übertragung als Klischee[7] oder als über die Zeit relativ invariantes Beziehungsmuster, als repetitives Verhaltensmuster, übernimmt Luborsky als Grundlage seiner Methode, gleichsam als Arbeitsdefiniton, von Freud (1912): »One of his main conclusions was that the transference template is a central relationship pattern that serves as a proto-

Übertragung sehen die Autoren abgedeckt durch die PERT-Methode nach Gill und Hoffman (1982). PERT ist das Akronym für ›Patient's Experience of the Relationship with the Therapist‹. Die Autoren betonen, daß eine Integration von CCRT (ZBKT) und PERT »ein brauchbares Instrument zur Erfassung von Übertragung« ergeben würde (in Luborsky et al., 1988, S. 21).

7 Luborsky schlägt vor, den Begriff ›Klischee‹ im Englischen mit ›template‹ zu übersetzen – »this word is a more easily understood translation of the German word than ›stereotype plate‹, rendered by Strachey in his translation of Freud« (in Luborsky et al., 1990, S. 252).

type, a schema for shaping subsequent relationships« (in Luborsky et al., 1990, S. 252). Dieser Auffassung von Übertragung schließen sich auch die Ulmer Forscher an:

»Der ZBK identifiziert eine basale Struktur, welche Freud (1912) als durchgängig vorherrschend in engen persönlichen Beziehungen betrachtete, entsprechend derjenigen, die in der therapeutischen Situation sich bildet. Da das Muster, welches mit dem ZBK bestimmt wird, ein durchgängiges Beziehungsmuster ist, umgreift es jene gemeinsamen Elemente, die sowohl in dem Beziehungsmuster zum Therapeuten als auch in den Beziehungsmustern zu anderen wichtigen Personen in der Gegenwart wie auch der Vergangenheit vorgeherrscht haben« (in Luborsky et al., 1988, S. 20).

Das Problem ist allerdings, ob man Übertragung lediglich als die reale Wiederholung eines ›Klischees‹, eines ›Musters‹, eines ›Prototyps‹ oder eines ›Schemas‹ auffassen kann und was man überhaupt mit ›Wiederholung‹ meinen könnte. Nun wollen wir unterstellen, daß die kritisierten Autoren ›Übertragung‹ nicht gleichsetzen mit eben diesem Klischee, sondern durchaus sehen, daß das repetitive Moment lediglich einen Aspekt der Übertragung ausmacht. Diese den Geltungsanspruch ihres verwendeten Konzepts einschränkende Überzeugung wird an mehreren Stellen deutlich. So schreiben etwa Fried, Crits-Christoph und Luborsky: »In dieser Arbeit wird der Gebrauch einer objektiven, wiederholbaren Methode zur Messung eines bestimmten Aspektes der Übertragung während Psychotherapiestunden aufgezeigt. Sie untersucht die Hypothese, daß sich Parallelen finden lassen zwischen der Beziehung des Patienten zum Therapeuten und der zu anderen Personen« (in Luborsky et al., 1988, S. 81).

Zunächst muß man einem empirischen Forscher, der psychoanalytische Phänomene mittels Meßinstrumenten zu erfassen sucht, durchaus konzedieren, die verwendeten Konzepte in einer Weise zu formulieren, daß sie überhaupt operationalisierbar sind, so daß man geeignete Meßvorschriften entwickeln kann. Nur darf diese Operationalisierung aus Sicht des klinischen Praktikers natürlich keine wesentlichen Aspekte ausklammern, denn in der klinischen Praxis ist man mit dem ›Gesamtphänomen Übertragung‹ konfrontiert und nicht nur mit einem einzelnen Aspekt. Dieses Defizit in der Begriffsbestimmung, offenbar bedingt durch den Wunsch zur Operationalisierung, das heißt zu messen und damit quantitative Aussagen zu ermöglichen, gestehen auch Dahlbender und Kächele ein: »Beide Varianten [ZBKT- und ZBM-Methode] können daher als Operationalisierung eines strukturellen Übertragungsbegriffes ... verstanden werden, der theoretisch allerdings nicht scharf herausgearbeitet, vielmehr implizit durch das methodische Vorgehen abgesteckt wird« (Dahlbender und Kächele, 1994, S. 243), was ja bedeutet, daß die Meßmethode das Konzept bestimmt und nicht das Konzept die Meßmethode.

›Übertragung ist, was meine Methode mißt‹! Jenseits aller – hier nicht zu diskutierenden – wissenschaftstheoretischen Probleme mit operationalen Definitionen muß bei einer solchen Sicht der Dinge vor allem vor einem möglichen ›Pars-pro-toto‹-Fehler gewarnt werden, dem Fehler, einen einzelnen meßbaren Aspekt eines Konzepts als das ganze Konzept anzusehen. So käme beispielsweise in der Persönlichkeitspsychologie niemand auf die Idee, die Fähigkeit zum deduktiven Denken mit ›Intelligenz‹ gleichzusetzen, obwohl dies zweifellos ein Aspekt der Intelligenz ist. Was berechtigt also dazu, das Klischee als ›Übertragung‹ anzusehen? Ich denke, nichts, und ich glaube auch, daß Luborsky diesem Fehler nicht genügend Beachtung schenkt und bei seiner Verwendungsweise das Konzept der Übertragung in unzulässiger Weise verkürzt. Im 18. Kapitel von *Understanding Transference* (Luborsky et al., 1990, S. 251 f.) unterzieht er zwar – durchaus in der Art einer Begriffsanalyse – den Freudschen Übertragungsbegriff einer systematischen Betrachtung, unter besonderer Beachtung der Arbeit aus dem Jahre 1912, und arbeitet immerhin 22 unterschiedliche Facetten des Konzepts heraus, die er »Freud's observations«[8] nennt. Luborsky verbindet sei-

8 Der Begriff ›observation‹ kann hier zu einer empiristischen Fehldeutung führen. Zwar sind mit diesen 22 Facetten durchaus auch klinische Beobachtungen – im Freudschen Sinne – gemeint, aber ebenso Freuds entsprechende theoretische und begriffliche Überlegungen.

ne Analyse der Verwendung des Übertragungsbegriffs durch Freud auch implizit mit einem Anspruch: »Freuds many concrete observations about transference have never before been brought together in one place« (ebd., S. 251), konzentriert sich bei der Entwicklung der ZBKT-Methode dann aber nur auf einen einzigen Aspekt des Konzepts, nämlich »transference template ... as a prototype, a schema« (ebd., S. 252) anzusehen. Hätte er alle inhaltlichen Überlegungen Freuds allein in der Arbeit von 1912 genügend beachtet, so wären ihm weitere Aspekte aufgefallen:

- Bereits im obigen Freud-Zitat mit der Klischee-Metapher wird deutlich, daß Freud gesehen hat, daß diese Klischees über die Zeit eben nicht konstant sein müssen (»nicht völlig unveränderlich gegen rezente Einflüsse«) und daß es von der Situation (»die äußeren Umstände«) und vom Interaktionspartner (»der Natur der zugänglichen Liebesobjekte«) abhängt, ob und in welcher Weise es zu einem Wiederabdruck kommt;
- die Übertragung betrifft nicht nur bewußtseinsfähige, sondern auch – und gerade – unbewußte Prozesse beim Patienten: »Wessen Liebesbedürftigkeit nun von der Realität nicht restlos befriedigt wird, der muß sich mit libidinösen Erwartungsvorstellungen jeder neu auftretenden Person zuwenden, und es ist durchaus wahrscheinlich, daß beide Portionen seiner Libido, die bewußtseinsfähige wie die unbewußte, an dieser Einstellung Anteil haben« (Freud, 1912, S. 365);
- es gibt nicht ›*die*‹ Übertragung, man muß vielmehr ihren ambivalenten Charakter berücksichtigen: »Man merkt endlich, daß man die Verwendung der Übertragung zum Widerstande nicht verstehen kann, solange man an ›Übertragung‹ schlechtweg denkt. Man muß sich entschließen, eine ›positive‹ Übertragung von einer ›negativen‹ zu sondern, die Übertragung zärtlicher Gefühle von der feindseliger, und beide Arten der Übertragung auf den Arzt gesondert zu behandeln. Die positive Übertragung zerlegt sich dann noch in die solcher freundlicher oder zärtlicher Gefühle, welche bewußtseinsfähig sind, und in die ihrer

Fortsetzungen ins Unbewußte. Von den letzteren weist die Analyse nach, daß sie regelmäßig auf erotische Quellen zurückgehen, so daß wir zur Einsicht gelangen müssen, alle unsere im Leben verwertbaren Gefühlsbeziehungen von Sympathie, Freundschaft, Zutrauen und dergleichen seien genetisch mit der Sexualität verknüpft und haben sich durch Abschwächung des Sexualzieles aus rein sexuellen Begehrungen entwickelt. ... Bei den heilbaren Formen von Psychoneurosen findet [die negative Übertragung] sich neben der zärtlichen Übertragung, oft gleichzeitig auf die nämliche Person gerichtet, für welchen Sachverhalt *Bleuler* den guten Ausdruck *Ambivalenz* geprägt hat (ebd., S. 371 f.);

- die Vergangenheit aktualisiert sich in der Analyse in Erinnerungen oder in der agierten Übertragung: »Die unbewußten Regungen wollen nicht erinnert werden, wie die Kur es wünscht, sondern sie streben danach, sich zu reproduzieren, entsprechend der Zeitlosigkeit und der Halluzinationsfähigkeit des Unbewußten. ... [Der Kranke] will seine Leidenschaften agieren, ohne auf die reale Situation Rücksicht zu nehmen« (ebd., S. 374).

Durch diese Zitate sollte angedeutet werden, daß man allein durch sorgfältige Textanalyse der Freudschen Arbeit von 1912 einen ungleich komplexeren Übertragungsbegriff hätte extrahieren können. Aber diese kritische Anmerkung allein wäre aus Sicht der Konzeptforschung noch nicht einmal ausreichend. Es ist nämlich auch verwunderlich, daß eine empirische Forschungstechnologie, die den Anspruch erhebt, modern und zeitgemäß zu sein, auf jene Fassung eines Konzepts zurückgreift, die im Jahre 1912 formuliert wurde. Man kann das Konzept der ›Übertragung als Klischee‹ doch nicht unabhängig vom *damaligen* Stand der psychoanalytischen Theorie sehen, wie etwa Sandler, Dare und Holder bemerken:

»Um spätere Entwicklungen in die richtige Perspektive zu rücken, müssen wir darauf hinweisen, daß Freud den Übertragungsbegriff in jenen Jahren ausarbeitete, als er und seine Anhänger das psychische Geschehen weitgehend in Begriffen der Triebschicksale und der ihnen zugrunde liegenden Energien auffaßte. Sexuelle Wünsche gegenüber einer bedeutsamen Figur der Kindheit erklärte Freud als ›Besetzung‹ der Vorstellungsrepräsentanz dieser Person (des ›libidinösen Objekts‹) mit sexueller Triebenergie (›Libido‹). Bei der Übertragung handelte es sich um eine Verschiebung der Libido von der Erinnerung an das ursprüngliche Objekt auf die Person des Analytikers, der dadurch zum neuen Objekt der sexuellen Wünsche des Patienten wurde, ohne daß sich der Patient dieses Verschiebungsvorgangs von seiner Vergangenheit her bewußt war. ... Die Entwicklungsgeschichte des Übertragungsbegriffs ist ein Musterbeispiel für die Probleme, die sich immer dann einstellen, wenn ein Begriff aus einer früheren Phase der Psychoanalyse in seiner ursprünglichen Form beibehalten wird, während bereits Weiterentwicklungen der Theorie stattgefunden haben« (Sandler, Dare und Holder, 1996, S. 53).[9]

Freud hat, wie auch Luborsky betont, seine Fassung von 1912 nicht als endgültig angesehen, und das heutige psychoanalytische Verständnis von Übertragung, etwa durch die Ausdifferenzierung der vielfältigen Übertragungsformen durch Kohut und Kernberg, hat sich natürlich verändert. Die psychoanalytische Theoriegeschichte bezüglich des Konzepts der Übertragung endet ja nicht mit Freud, auf den allein sich zu berufen heute nicht mehr ausreicht. Was mag Luborsky bewogen haben, lediglich diesen einen Aspekt, die Klischee-Metapher, als konzeptuelle Grundlage seiner gesamten Auswertetechnologie zu nehmen? Man kann nur Vermutungen hierüber anstellen, aber offenbar hat er bei der Auswahl eines für seine Methode ›passenden‹ Übertragungskonzepts bereits bedacht, daß er übertragungsrelevante Phänomene ›off-line‹ und ›a posteriori‹ durch sogenannte unabhängige Rater identifizieren und quantifizieren will und daß sich auf der Datenbasis von Transkripten eine systematische und formalisierte Auswertung eben nur mit einem solcherart ver-

9 In der aktualisierten Fassung dieses Buchs ist die weitere Theoriegeschichte des Übertragungskonzepts bis zu den neunziger Jahren dokumentiert (siehe Sandler, Dare und Holder, 1996, S. 49 f.)

kürzten Konzept durchführen läßt. Man sucht etwas, was in den Verbatimprotokollen als immer in gleicher Weise wiederkehrende Struktur manifester Erzählungen sich zeigen soll, und hofft, dieses eine Muster durch geeignete Aggregierung und Kategorisierung auch erkennen zu können.

Überlegungen aus Sicht der Konzeptforschung

Folgt man den Überzeugungen vieler Empiriker, besteht in der Psychoanalyse vor allem ein Defizit an empirischen Daten bzw. an empirisch bestätigten Hypothesen. Daß es auch Defizite an konzeptuellen Überlegungen geben kann, wird vielfach übersehen. Dies ist insofern erstaunlich, als niemand ernstlich bezweifeln würde, daß die Fortschritte der Psychoanalyse sich seit ihren Anfängen vor hundert Jahren nicht nur durch eine Ausweitung ihrer empirischen Indizienbasis, sondern ebenso durch eine Ausdifferenzierung ihres Begriffsapparats vollzogen haben. Und ähnlich wie empirische Befunde als überholt gelten können, können einzelne Bedeutungsaspekte von Konzepten verlorengehen. Konzepte können auch wieder ganz aus dem Gebrauch kommen; hier sei nur der Begriff des ›Ichinteresses‹ erwähnt, wie ihn Freud beispielsweise 1914 in seiner Narzißmus-Arbeit verwendet hat. Wenn die Konzeptforschung sich mit heute relevanten Konzepten beschäftigt und nach der aktuellen Verwendung fragt, sollen jedoch auch jene Bedeutungsaspekte eines Konzepts nicht verlorengehen, die sich als sinnvoll und tragfähig erwiesen haben. Damit unterscheidet sich die Konzeptfoschung sowohl von einer reinen Begriffsgeschichte, bei der man möglichst *alle* jemals diskutierten Aspekte aufführen möchte, als auch von einer – möglicherweise orthodox motivierten – reinen Textexegese etwa von Freuds Schriften, bei der zuweilen *die* klassische Verwendung festgeschrieben werden soll. Es ist demnach für psychoanalytische Forschung, die ›Übertragung verstehen‹ will, eben nicht nur wichtig, danach zu fragen, was die Psychoanalyse schon *empirisch* bezüglich der Übertragung weiß; es ist ebenso wichtig, sich zu fragen, was wir schon *konzeptuell* von Übertragung wissen. Und hier eben liegen die entscheidenden Defizite des Ansatzes von Luborsky. Es lohnt sich, einige von ihnen genauer zu betrachten.

Welche Dimensionen des Übertragungskonzepts nun müßte man stärker bzw. in anderer Weise als Luborsky beachten, wenn man an einer Untersuchung klinischer Übertragungsphänome interessiert ist? Als erstes muß man natürlich auf ein methodologisches Problem bezüglich des psychoanalytischen Übertragungsbegriffs hinweisen, dessen Nichtbeachtung fatale Folgen hätte: Es gibt keine Verhaltensweisen oder verbalen Äußerungen eines Patienten, die gleichsam von selbst Übertragung *sind*. Daß wir gewisse Phänomene ›als Übertragung‹ bezeichnen, resultiert immer aus Deutungen bzw. psychoanalytischen Interpretationen und hängt deshalb immer vom Kontext ab sowie von der Person, die diese Deutung macht. Dem widerspricht natürlich nicht, daß es typische Phänomene gibt, bei denen man üblicherweise vermuten kann, es könne sich um Übertragungsphänomene handeln. Dieses Problem der Abgrenzung von Übertragung und Nicht-Übertragung ist altbekannt und führt zu der im Einzelfall gar nicht leicht zu beantwortenden Frage, »ob eine in der Behandlung gemachte Äußerung dieser Realität angepaßt oder nicht angepaßt ist, ob sie Übertragungscharakter hat oder nicht« (Laplanche und Pontalis, 1972, S. 551). Diese Autoren bemerken nämlich zutreffend:

»Schließlich, wenn Freud von der Wiederholung früherer Erfahrungen in der Übertragung spricht, von Verhaltensweisen den Eltern gegenüber etc., darf diese Wiederholung nicht in einem realistischen Sinne verstanden werden, der die Aktualisierung auf *effektiv* erlebte Beziehungen beschränkte. Auf der einen Seite ist es vor allem die psychische Realität, die übertragen wird, das heißt im Grunde der unbewußte Wunsch und die damit verknüpften Phantasien. Auf der anderen Seite sind die Übertragungsäußerungen nicht buchstabengetreue Wiederholungen, sondern symbolische Äquivalente dessen, was übertragen wird« (ebd., S. 556).

Dies unterstützt noch einmal, daß man übertragungsrelevante Daten ohne interpretativen Prozeß, in dem gewisse Phänomene *als* Übertragungsphänomene gedeutet werden, gar nicht bekommen kann. Schließt man sich zudem einer interaktionistischen Sicht des therapeutischen Geschehens an, dergemäß Übertragung und Gegenübertragung jeweils aufeinander einwirken und miteinander verschränkt sein können, so wird deutlich, daß man die ›units of observation‹, die Daten also, auf denen eine mögliche Auswertung basieren könnte, ohne systematische Beteiligung des behandelnden Analytikers eigentlich gar nicht erhalten kann. Der vermeintliche Objektivitätsgewinn, die ›units of observation‹ als narrative Episoden lediglich durch ein Beurteilerteam im Transkript markieren zu lassen, erweist sich aus psychoanalytischer Sicht als Fehler.

Aber bezüglich der ›units of observation‹ gibt es bei der ZBKT-Methode noch ein zweites Problem. Zur Auswertung sollen ja nur – meist an die zehn – relativ vollständige Beziehungsepisoden herangezogen werden; die Autoren behaupten, durch das Weglassen unvollständiger Episoden ergäbe sich keine Verzerrung bei der Bestimmung des zentralen Beziehungskonflikts. In ihrer Sicht der Dinge – für die Bestimmung des ZBKT – mögen sie recht haben, aber bezüglich der Identifizierung der Übertragung liegt hier ein Problem. Ziel soll ja das Herausarbeiten des Prototyps eines Beziehungsmusters sein, und zu diesem Zweck legen die ZBK-Beurteiler des zweiten Teams die selegierten Episoden gleichsam übereinander, um daran dann das Wesentliche und Charakteristische, das Muster eben, zu sehen. Die Autoren behaupten nun aber: »Die Schritte der ZBK-Methode sind dem üblichen klinischen Schlußfolgerungsprozeß nachgebildet; ob sie eine Formalisierung desselben in einem strengen Sinn bedeuten, dürfte wohl noch nicht geklärt sein« (in Luborsky et al., 1988, S. 17). Stimmt diese Aussage denn bezogen auf die Identifizierung der Übertragungsstruktur durch den behandelnden Analytiker in der Analyse? Sicher wird in etlichen klinischen Fällen die Übertragung vom Analytiker kumulativ mittels ›immer wieder auf ähnliche Weise‹ auftretender Phänomene identifiziert, entsprechend dem enumerativ-induktiven Vorgehen – das heißt das repetitive Moment *kann* wesentlich zum Verständnis der Struktur der Übertragung beitragen. Doch es gibt in der klinischen Praxis auch andere Fälle, vor allem in der Phase der sich entwickelnden Übertragung. Hier kann es sein, daß der Analytiker nicht lediglich ›im Geiste Episoden übereinanderlegt‹ und daraus ›klinisch schlußfolgert‹, sondern daß er gleichsam einzelne Puzzle-Teile zusammenfügt, daß er kombinieren muß: Es kann nämlich sein, daß sich für den Analytiker das Muster der Übertragung aus verschiedenen ›kleinen‹ Indizien verschiedener, verstreuter Episoden erst erschließt, und diese können über viele Stunden verteilt sein. Hier geht der Analytiker nicht systematisch und kumulativ, sondern kreativ und assoziativ vor nach dem Muster des intuitiv-induktiven Vorgehens, wie Freud es schon in der *Traumdeutung* vorgeführt hat. Und hier erweist es sich denn auch als Fehler, daß »die Beurteiler entscheiden [müssen], welche BEs zu skizzenhaft und unvollständig sind, um für die Erstellung des ZBK herangezogen werden zu können« (in Luborsky et al., 1988, S. 29). Es zeigt sich erneut: Die zur Sicherung von Auswerteobjektivität und Reliabilität vorgenommene Maßnahme, nur vollständige Episoden als Datenbasis zu nehmen und diese unabhängig vom Analytiker zu erheben, erweist sich aus analytischer Sicht als in manchen Fällen kontraproduktiv. Es kann nämlich sein, daß man auf diese Weise die gewünschten Hinweise auf übertragungsrelevante Phänomene vollständig übersieht.

Ein weiteres, für die Konzeptualisierung des psychoanalytischen Prozesses grundsätzliches Problem betrifft die Frage, auf welche Weise sich ›Übertragung‹ dem behandelnden Analytiker in der Analyse überhaupt zeigt. Freud hat diesbezüglich gemeint: »Ein anderer Vorteil der Übertragung ist noch, daß der Patient uns in ihr mit plastischer Deutlichkeit ein wichtiges Stück seiner Lebensgeschichte vorführt, über das er uns wahrscheinlich sonst nur ungenügende Auskunft gegeben hätte. Er agiert gleichsam vor uns, anstatt uns zu berichten« (Freud, 1940, S. 101). Allerdings ist hier im Zusammenhang mit der Übertragung bei der Verwendung des Begriffs ›Agieren‹ Vorsicht geboten, wie Laplanche und Pontalis zutreffend bemerken: »Der Ausdruck ›agieren‹ ist doppelsinnig, wie in diesem Fall auch Freuds Denken: er vermengt die *Aktualisierung* in der Übertragung und die Zuflucht zur *motorischen Aktion*, die nicht notwendig zur Übertragung gehört« (Laplanche und Pontalis, 1972, S. 46 f.). Ich will deshalb diesbezügliche übertragungsrelevante Phänomene als ›aktualisierte Muster‹ oder – in Anlehnung an einen Vorschlag von Lorenzer – als ›Szenen‹ bezeichnen; »Szenen sind ›Darstellung von Beziehungsstrukturen im realen Spiel‹« (Lorenzer, 1974, S. 102). Luborsky selbst bezeichnet diese Phänomene zutreffend als ›enactment‹, in der deutschen Fassung des Manuals wird dieser Vorgang mißverständlich mit »ausagieren« übersetzt (Luborsky, 1991, S. 2).

In der ZBKT-Methode wird bezüglich der ›BE Therapeut‹ ja unterschieden zwischen den narrativen Episoden vom Typ (A), in denen der Patient über vergangene Interaktionen mit dem Therapeuten berichtet – den ›relationship episodes: Therapist (narrative)‹ – und den Interaktionsepisoden vom Typ (B), in denen sich der Patient in der Stunde in aktuellen konflikthaften Interaktionen mit dem Therapeuten befindet – den ›relationship episodes: Therapist (enactment)‹. Bezüglich letzterer bemerken Luborsky und Mitarbeiter, daß solche Episoden eher »Handlungselemente als nur eine Erzählung von Interaktion darstellen« (in Luborsky et al., 1988, S. 27). Neben der Problematik einer solchen Unterscheidung – auch narrative Episoden können natürlich inszeniert sein – soll hier jedoch vor allem auf die Probleme einer möglichen Auswertung solcher Textpassagen mit ›Handlungselementen‹ hingewiesen werden. Denn beim Thema Auswertung wird ein wichtiges konzeptuelles Problem berührt: Welche Daten werden durch welche Auswerter unter welche Konzepte zu subsumieren versucht? In der ZBKT-Methode wird angenommen, daß übertragungsrelevante Phänomene als *manifeste Textpassagen* vorliegen, denn es »genügen Transkripte zur Identifizierung des ZBK« (ebd., S. 26).

Zum Aufzeigen der aus psychoanalytischer Sicht *inhaltlichen* Auswerteprobleme bietet sich nun eine von Lorenzer vorgeschlagene Unterscheidung der unterschiedlichen Arten des Verstehens im psychoanalytischen Prozeß an, denn zweifellos handelt es sich um Interpretationen, wenn Äußerungen des Patienten etwa ›als Wunsch‹ oder ›als Reaktion‹ einsortiert werden. Zur jeweiligen Funktion und gleichzeitigen Verwobenheit des *logischen*, des *psychologischen* und des letztlich *szenischen Verstehens* schreibt Lorenzer: »Kern des Untersuchungsgegenstandes der Psychoanalyse sind die Sprachfiguren des Patienten, die der Analytiker im logischen Verstehen aufnehmen muß« (Lorenzer, 1974, S. 106). Dieses *logische Verstehen* der Texte können sicher auch geschulte Auswerter an Verbatimprotokollen vollziehen, denn hier kommt es darauf an, die Lautäußerungen des Patienten als semantisch sinnvolle Aussagen einer gemeinsamen Sprache zu erkennen, gegebenenfalls den propositionalen Gehalt zu extrahieren und somit die Texte zunächst nur ›als Texte‹ zu verstehen. Schwieriger wird es schon mit dem *psychologischen Verstehen*, denn hier »[werden] die Gedankenfiguren [des Patienten] als Momente der aktuellen Befindlichkeit des Sprechers verstanden. Das Verstehen des Gesprochenen steht im Dienste des ›Verstehens des Sprechers‹« (ebd., S. 108). Neben dieser unterschiedlichen Zielsetzung beider Arten des Verstehens – dort nur das Verstehen des Texts, hier zusätzlich das Verstehen des Sprechers – wird beim psychologischen Verstehen auch noch ein zweites Moment wichtig, nämlich die Wahrnehmung der die Sprachäußerung begleitenden Gestik durch den Analytiker:

»Die ›fahrige Bewegung der Hände‹ oder irgendwelche averballautlichen Äußerungen sind dem Analytiker verständlich nur, indem ihm solche Verhaltensfiguren evident werden als ›ihm bekannte sinnvolle Gesten‹. Ob der Seufzer Ausdruck eines traurigen Empfindens oder der Langeweile ist, wird (vergleichbar dem logischen Verstehen des Satzes) vom momentanen Handlungsgefüge her bestimmbar. Die Gestik eines vorzüglichen Schauspielers und eine ›aufrichtige‹ Darbietung lassen sich dabei so wenig wie Lüge und wahrhaftige Äußerungen durch das Evidenzerlebnis des Analytikers scheiden. Es geht also darum, Momente einer Erlebnisfigur ohne Ansehen der Faktenwahrheit zu sammeln« (ebd., S. 109).

Erst das Zusammenwirken beider Verstehensprozesse ermöglicht es, die »Mitteilung als Aussage über Erlebnisse zu verstehen« sowie deren »Sinnzusammenhänge« aufzudecken (Lorenzer, 1976, S. 139). Wie externe Auswerter jedoch dem Analytiker vergleichbare Evidenzerlebnisse haben können ohne konkrete, sinnliche Erfahrung mit dem Patienten, ohne Kenntnis des momentanen Handlungsgefüges und ohne detaillierte Wahrnehmung seiner Gesten, muß offenbleiben. Aber dies ist nicht das einzige Defizit, denn es fehlt zum psychoanalytischen Verständnis des aktualisierten Musters noch das Verstehen der ›Szene‹, eben das *szenische Verstehen*:

»Hauptweg des psychoanalytischen Verstehens ist das ›szenische Verstehen‹. Es stützt sich auf die Mitteilungen des Patienten, nimmt also vor allem ›logisches Verstehen‹ in seinen Dienst. ... So wie das logische Verstehen in der formalen Rezeption des Satzes, so wurzelt das szenische Verstehen im Erfassen der ›Szene‹. Die verstandene Szene entspricht einem Erwartungsmuster im Analytiker, dem ›Interaktionsmuster‹ – das der Interaktionsstruktur des Patienten entspricht. Die ›Bedeutungen‹, nämlich die ›Rollenbedeutungen‹, werden auch hier erst probeweise eingesetzt« (ebd., S. 148).

Und beim konkreten Vorgang des szenischen Verstehens durch den Analytiker bedarf es zunächst einer »evidenten Erfassung einer ›szenischen Gestalt‹ innerhalb des Flusses der dargebotenen Bilder«, es geht darum, »die minutiöse Szene, die im Bericht enthalten ist, zu erfassen und mit anderen Szenen zu verbinden« sowie zu erkennen, daß diese szenischen Episoden Teil eines dramatischen Entwurfs sind, »der als Ganzes von der Interaktionsstruktur des Individuums abhängt« (Lorenzer, 1974, S. 110). Und in der konkreten analytischen Situation wird das szenische Verstehen begleitet von einem »szenischen Mit-Agieren« des Analytikers, dem »Mitspielen in einer vom Analysanden angebotenen Position«, der »Bewegung des Analytikers in Übertragung, Gegenübertragung, empathischem Zusammenspiel« (ebd., S. 141).[10] Allerdings, »was das szenisch verstandene Interakti-

10 Vgl. hierzu auch die Arbeiten von Klüwer zum »Agieren und Mitagieren« (1983) und Sandlers Konzept der Bereitschaft zur Rollenübernahme (1976).

onsgefüge im Rahmen der Lebenssituation dieses Patienten *bedeutet*, weiß der Analytiker vorderhand nicht« (ebd., S. 111). Es wird nun deutlich, daß die ›monadische‹ Sicht der Übertragung, gestützt nur auf den manifesten Text des Patienten, unzureichend ist, erst eine ganzheitliche Sicht wie zum Beispiel die Lorenzers macht das analytische Wirkgefüge deutlich:

»Drängen szenisches Verstehen und Anlage der analytischen Situation per se in Richtung einer Wiederbelebung alter Positionen, so wird dieser Zug verschärft, wenn unter den Bedingungen der Analyse sich das entfaltet, was als stärkster Motor der analytischen Arbeit anzusehen ist: Übertragung und Gegenübertragung. Übertragung und Gegenübertragung treten zum szenischen Verstehen hinzu, wobei sich das Zusammenspiel mit dem szenischen Verstehen als zangenartig ergänzend bezeichnen läßt. Szenisches Verstehen und Übertragung suchen den Spalt der strukturellen Widersprüche, den Widerspruch zwischen symbolischen und desymbolisierten Interaktionsformen zu schließen« (ebd., S. 143).

Daß es zudem aus psychoanalytischer Sicht bei einer konflikthaften Interaktion ja gerade nicht nur auf den manifesten Konflikt, der im manifesten Text repräsentiert ist, sondern insbesondere auf den latenten Konflikt ankommt, sei dann nur noch ergänzend erwähnt. Ebenfalls nur ergänzend soll darauf hingewiesen werden, daß es auch aus einem anderen Grund unzureichend ist, nur die ›conflictual interactions‹ zu selegieren, weil dann beispielsweise Phänomene im Sinne der Kohutschen idealisierenden Übertragung vollständig übersehen werden könnten. Allerdings ist mit der Unterscheidung in manifeste und latente Konflikte auch eine andere aus psychoanalytischer Sicht zentrale Frage angesprochen: Sind Übertragungsphänomene das Resultat bewußter oder unbewußter psychischer Prozesse? Schon Freud war bekanntlich der Meinung, daß »beide Portionen [der] Libido, die bewußtseinsfähigen wie die unbewußten«, an der Übertragung beteiligt sind, und gleichgültig, wie man die Relationen beider Anteile zueinander einschätzt, das Moment der »automatic, unconsciuous repetition« (Moore und Fine), »der unbewußte Wunsch« (Laplanche und Pontalis), bleiben für das psychoanalytische Verständnis der Übertragung konstitutiv. Aber wie extrahiert man aus Texten unbewußte Wünsche? Unabhängig davon, welche Auswerteverfahren[11] man auch anwendet – ›unbewußte‹ Inhalte liegen nicht in propositionaler Form im Text vor, sondern werden immer nur das Resultat eines Deutungs- bzw. Interpretationsprozesses durch kompetente Interpreten sein. Und hieran mangelt es der ZBKT-Methode. Als Auswerter fungieren zwar auch psychodynamisch erfahrene Kliniker, jedoch ebenfalls ›fortgeschrittene Studenten‹, die nicht einmal klinische Erfahrungen zu haben brauchen, »da die Aufgabe weder eine psychotherapeutische Ausbildung noch eine bestimmte therapeutische Orientierung erfordert« (Luborsky, 1991, S. 22). Es sind Zweifel angebracht, ob Rater, die dem psychoanalytischen Denken fernstehen oder die wegen ihrer behavioristischen Überzeugungen beispielsweise nichts von ›unbeobachtbaren‹ unbewußten Wünschen halten, diese jemals werden zutreffend identifizieren können. Es sei hier an das Diktum Poppers erinnert, daß Daten immer nur im Lichte einer Theorie gesehen werden können – es gibt also keine ›unbewußten Indizien‹ unabhängig von der Akzeptanz einer Theorie unbewußter Prozesse.

Des weiteren werden von Luborsky als Wünsche nur »direkte oder fast direkt geäußerte (explizite) Wünsche« und »implizite Wünsche, die nicht direkt geäußert, aber einigermaßen klar abgeleitet werden können« (ebd., S. 13) gewertet. Letztere, die impliziten Wünsche, beruhen auf einer »Schlußfolgerung des Raters« (ebd.), allerdings soll sich dieser nur »eines gemäßigten Grades an Schlußfolgerung« (ebd.), eines »moderate level of inference« (ebd., S. 10) bedienen. Und was mit diesen schlußgefolgerten ›impliziten Wünschen‹ gemeint sein könnte, bleibt auch den deutschen Übersetzern des Manuals unklar, denn sie bemerken, »einiges an dem Vorgehen [bleibt] weiterhin schwer verständlich«

11 Es gibt einige Verfahren, die aus Texten ›unbewußte‹ Aspekte zu extrahieren suchen, siehe etwa Argelander (1982) oder Oevermann et al. (1979).

(ebd.). Solcherart erfaßte explizite oder implizite Wünsche mögen viel mit manifesten Beziehungskonflikten zu tun haben, mit Übertragung haben sie weniger zu tun. Denn was aus psychoanalytischer Sicht fehlt, sind die Deutungen des unbewußten Materials, welche die manifesten Inhalte im ›Hier und Jetzt‹ erst in Verbindung bringen mit dem ›Dort und Damals‹.[12] Und die in der klinischen Praxis oft entscheidende Frage wird bei der Auswertung zum ZBKT gar nicht gestellt: Warum erzählt der Patient genau diese spezifische Konfliktepisode und warum genau zu diesem Zeitpunkt? Die von Lorenzer angeführte komplexe Verschränkung von szenischem Verstehen, Übertragung, Gegenübertragung, Widerstand und analytischer Situation insgesamt wird von Luborsky also gar nicht erst zu erfassen versucht.

Ich denke, es ist deutlich geworden, daß es, um »Übertragung verstehen« zu können, einer weit größeren Nähe zum klinischen Geschehen bedarf, als dies von ZBKT-Auswertern eingelöst werden kann. Dies sehen die quantitativen Psychotherapieforscher mittlerweile auch. So bemerkt etwa Meyer:

> »Für eine Basisdokumentation sind automatisch-elektronische Registrierungen zwar unerläßlich, aber nicht ausreichend, weil sie hinsichtlich Analytiker systematische akustische ... Lücken aufweisen. ... Die systematische akustische Lücke besteht darin, daß [der Analytiker] alles von seinen emotionalen Gegenreaktionen, psychodynamischen Hypothesen und Interventionsoptionen für sich behält. ... Um diese beiden Lücken zu füllen, sind Retroreports, also Sitzungs- oder Liegungs-Rückblicke unerläßlich. ... [Nie fehlen sollte] der frei-assoziative Retroreport, wobei der Analytiker direkt nach der Liegung oder Sitzung berichtet, was immer ihm zu dieser einfällt« (Meyer, 1994, S. 92).

Allerdings sieht Meyer auch die Gefahr solcher oder gar noch aufwendigerer Verfahren. Sie »produzieren eine Informations-Überflut« (ebd.), denn neben das Video oder die Tonbandaufnahme der Analysestunde gesellt sich jetzt noch

12 Im Manual wird berichtet, daß eine Auswerteanleitung zum Erschließen unbewußter Wünsche in Arbeit ist. Man darf gespannt sein.

das Tonband mit dem Retroreport des Analytikers, auf dem dieser wahrscheinlich reichlich psychoanalytische Konzepte in seiner individuellen Verwendungsweise benutzt. Deshalb lautet die Aufgabe für Meyer: »Gegen die Informations-Überflut sind beobachterübereinstimmende und valide Verdichtungs-Operationalisierungen zu entwickeln« (ebd., S. 93). Nun, ich denke, das Problem, vor das Meyer die Forschung gestellt sieht, ist nicht neu. Als vor 40 Jahren in der Londoner Hampstead-Klinik klinisches Material für Forschungszwecke aufbereitet werden sollte, wurden Wege zu einer solchen Verdichtung gesucht. Ein Fazit dieser Arbeiten sei im Vorgriff genannt: Man kommt nicht umhin, vor der wie auch immer gearteten Messung empirischer Phänomene konzeptuelle Fragen zu klären. Denn es gibt in der Psychoanalyse bereits etablierte Resultate solcher von Meyer geforderten ›Verdichtungs-Operationalisierungen‹: psychoanalytische Konzepte, unter die empirische Phänomene dann subsumiert werden können. Wie in der Hampstead-Klinik versucht wurde, solche Konzepte ›beobachterübereinstimmend‹ zu formulieren, will ich nun beschreiben.

4. Konzeptforschung im Hampstead-Index-Projekt

Theoriegeschichtlicher Kontext

Obgleich zunächst gar nicht in der Absicht konzipiert, Konzeptforschung zu betreiben, wurde das Hampstead-Index-Projekt der erste systematische Versuch, in einem Forschungskontext historische Entwicklung und Verwendung zentraler psychoanalytischer Konzepte zu klären; es soll deshalb als wichtiges historisches Beispiel ausführlich vorgestellt werden. Da sowohl das Hampstead-Projekt selbst als auch die dort untersuchten Konzepte eingebettet sind in einen spezifischen theoretischen Kontext, will ich zunächst einige Entwicklungslinien der psychoanalytischen Theorie wie auch das entsprechende institutionelle Umfeld bis zum Zeitpunkt des Projektbeginns skizzieren.

Im Zentrum psychoanalytischer Theorie und Praxis steht nach wie vor Freuds theoretischer Entwurf, den er jedoch mehrfach Revisionen unterzogen hat – für ihn war dies nicht anders denkbar, entsprach es doch dem »*Charakter der Psychoanalyse als empirische[r] Wissenschaft*« (Freud, 1923, S. 229). Auf einen so grundlegenden Begriff wie den des Triebs angewandt, hieß das beispielsweise für ihn:

»Wir haben oftmals die Forderung vertreten gehört, daß eine Wissenschaft über klaren und scharf definierten Grundbegriffen aufgebaut sein soll. In Wirklichkeit beginnt keine Wissenschaft mit solchen Definitionen, auch die exaktesten nicht. Der richtige Anfang der wissenschaftlichen Tätigkeit besteht vielmehr in der Beschreibung von Erscheinungen, die dann weiterhin gruppiert, angeordnet und in Zusammenhänge eingetragen werden. Schon bei der Beschreibung kann man es nicht vermeiden, gewisse abstrakte Ideen auf das Material anzuwenden, die man irgendwoher, gewiß nicht aus der neuen Erfahrung allein, herbeiholt. Noch unentbehrlicher sind solche Ideen – die späteren Grundbegriffe der Wissenschaft – bei der weiteren Verarbeitung des Stoffes. Sie müssen zunächst ein gewisses Maß von Unbestimmtheit an sich tragen; von einer klaren Umzeichnung ihres Inhaltes kann keine Rede sein. Solange sie sich in diesem Zustande befinden, verständigt man sich über ihre Bedeutung durch den wiederholten Hinweis auf das Erfahrungsmaterial, dem sie entnommen scheinen, das aber in Wirklichkeit ihnen unterworfen wird. Sie haben also strenge genommen den Charakter von Konventionen, wobei aber alles darauf ankommt, daß sie doch nicht willkürlich gewählt werden, sondern durch bedeutsame Beziehungen zum empirischen Stoffe bestimmt sind, die man zu erraten vermeint, noch ehe man sie erkennen und nachweisen kann. Erst nach gründlicherer Erforschung des betreffenden Erscheinungsgebietes kann man auch dessen wissenschaftliche Grundbegriffe schärfer erfassen und sie fortschreitend so abändern, daß sie in großem Umfange brauchbar und dabei durchaus widerspruchsfrei werden. Dann mag es auch an der Zeit sein, sie in Definitionen zu bannen. Der Fortschritt der Erkenntnis duldet aber auch keine Starrheit der Definitionen. Wie das Beispiel der Physik in glänzender Weise lehrt, erfahren auch die in Definitionen festgelegten ›Grundbegriffe‹ einen stetigen Inhaltswandel. Ein solcher konventioneller, vorläufig noch ziemlich dunkler Grundbegriff, den wir aber in der Psychologie nicht entbehren können, ist der des *Triebes*« (Freud, 1915, S. 210 f.).

Freud hat im Laufe seines Lebens einige dieser psychoanalytischen Grundbegriffe ›gründlicher erforscht‹, ›schärfer erfaßt‹ und ›fortschreitend abgeändert‹. In der zeitgenössischen psychoanalytischen Literatur werden gewöhnlich, einem Vorschlag Rapaports (1959) folgend, die von Freud vorgenommenen theoretischen Änderungen in folgenden Phasen der Theorieentwicklung charakterisiert:

- Phase 1: das Affekt-Trauma-Modell (gültig etwa bis zur Jahrhundertwende). Dieses Modell geht von der Annahme aus, daß der an ein reales traumatisches Ereignis geknüpfte Affekt zusammen mit der Erinnerung an das Ereignis selbst vom Bewußtsein dissoziiert wird, pathogen wirkt und somit neurotische Symptome zeitigt. Die Therapie, ein vornehmlich auf Suggestion gründendes Verfahren, soll die vergessenen Erinnerungen bewußt machen und auf dem Weg der Katharsis eine Affektabfuhr ermöglichen.
- Phase 2: das topische oder topographische Modell (ausfor-

muliert etwa während der ersten beiden Jahrzehnte dieses Jahrhunderts). Nachdem Freud zusätzlich zur pathogenen Wirkung realer Ereignisse die Rolle der Phantasie in der Entstehung einer Neurose herausgearbeitet hatte, wird nun die Annahme einer spezifischen Dynamik innerer Vorgänge – bewußter, vorbewußter und unbewußter – betont, die entsprechenden Systemen, nämlich psychischen Orten im seelischen ›Apparat‹, zugeordnet werden (zum Beispiel dem ›System Unbewußt‹). Therapieziel ist es nun, Unbewußtes bewußt zu machen.

– Phase 3: die Strukturtheorie (gültig ab ca. 1923). Die Revision des topischen Modells hatte sich aus gewissen Widersprüchlichkeiten ergeben: Die Ausarbeitung der Theorie vom Konflikt und von *unbewußten* Abwehrmechanismen, die Freud zunächst im ›*bewußten* Ich‹ angesiedelt hatte, sowie die Entdeckung eines *unbewußten* Strafbedürfnisses waren nämlich nicht mehr ohne weiteres zu integrieren in das Konzept eines Ichs mit lediglich den Systemen ›Vorbewußt‹ und ›Bewußt‹. Freud legte daraufhin 1923 in *Das Ich und das Es* ein Strukturmodell vor, daß von einem psychischen Apparat mit den drei Instanzen Es, Ich und Über-Ich ausging, wobei den Instanzen Ich und Über-Ich nicht nur bewußte, sondern nun auch unbewußte Qualitäten zugeordnet werden können: ›bewußt/unbewußt‹ wird also nicht länger in Termini von inneren Lokalitäten, sondern in solchen von Qualitäten konzeptualisiert (wenngleich das Modell der ›Instanzen‹ in gewisser Weise auch eine ›zweite Topik‹ darstellt). Als Therapieziel wird nun formuliert: »Wo Es war, soll Ich werden«. Die dann folgende theoretische Ausgestaltung dieses Modells des psychischen Apparats betrifft hauptsächlich das Wesen und die Funktionen des nun postulierten komplexeren Ich: »Die Analyse soll die für die Ichfunktionen günstigsten psychologischen Bedingungen herstellen; damit wäre ihre Aufgabe erledigt« (Freud, 1937, S. 96).

Die Theorieentwicklung bis zum Beginn des Zweiten Weltkriegs könnte man durch verschiedene Strebungen charakterisieren, denen man die Termini ›Sicherung des Terrains‹

und ›Pionierarbeit‹, sowie ›Ausweitung der Theorie‹ zuordnen könnte. So ging es zunächst vornehmlich um die Sicherung, ja um die Verteidigung des geltenden freudianischen Theoriekorpus insbesondere gegenüber den ersten Abspaltungen durch Jung, Adler und Stekel. Gleichzeitig wurde die zunehmende Ausdifferenzierung der herrschenden Freudschen Theorie begonnen – eine Pionierarbeit, die von den ›frühen Freudianern‹, etwa von Abraham und Sachs und später in den Dreißigern auch von Fenichel, A. Freud und Hartmann geleistet wurde; dies umfaßte aber auch theoretische Ansätze *innerhalb* der Psychoanalyse, welche die Theorie über freudianische Konzeptionen hinaus ausgestalten wollten, beispielsweise die Arbeiten von Reich, Ferenczi und Balint.

Durch die notwendig gewordene Flucht vor nationalsozialistischer Verfolgung und durch die Emigration vieler Analytiker hauptsächlich nach USA und England verlagerte sich von Beginn der vierziger Jahre an eines der Zentren der Theorie- und Praxisdiskussion nach Nordamerika. Die nach USA emigrierten Psychoanalytiker – zumindest der sogenannte ›mainstream‹ der klinisch tätigen Psychoanalytiker – sahen sich zunächst konfrontiert mit dem Anspruch des dortigen medizinisch-psychiatrischen Systems, den Nachweis der therapeutischen Wirksamkeit der psychoanalytischen Behandlungsmethode zu erbringen.[1] Fenichels grundlegendes Lehrbuch

1 Ein weiterer Anspruch bestand darin, daß man in den USA den Beruf des Psychoanalytikers nur als Arzt bzw. Psychiater ausüben konnte. Zunächst gab es für Emigranten eine Ausnahmeregelung, denn viele Analytiker aus Europa gehörten anderen Berufsgruppen an, waren sogenannte Laienanalytiker. Für einen ›Laien‹ war es dennoch möglich, sich für Forschungszwecke zum Analytiker ausbilden zu lassen. Man konnte dann aber nur Mitglied der lokalen psychoanalytischen Gesellschaft, nicht Mitglied der »American Psychoanalytic Association« werden (so beispielsweise Kris, Rapaport, Schafer). Die Situation änderte sich erst in den Achtzigern. Heute ist es auch in USA möglich, mit einer staatlichen ›licence to practice‹ zum Beispiel als Psychologe oder etwa auch als Sozialarbeiter Mitglied der amerikanischen und damit der internationalen psychoanalytischen Vereinigung zu werden.

der allgemeinen und speziellen Neurosenlehre erschien 1945, ebenfalls in den vierziger Jahren gab es erste Arbeiten über Prozeß und Ziele der Behandlung sowie erste Evaluationsstudien, beispielsweise von Knight (1942) oder Oberndorf, Greenacre und Kubie (1948) – bereits 1930 war im übrigen die erste empirische Studie der Deutschen Psychoanalytischen Gesellschaft in Berlin erschienen. Arbeiten dieser Art wurden begleitet von diagnostischen Ausdifferenzierungen bis hin zu der Einschätzung, die Psychoanalyse sei als Behandlungsmethode nicht nur indiziert für die sog. klassischen Neurosen wie Hysterie und Zwangsneurose, sondern auch für narzißtische Störungen und Borderline-Persönlichkeitsstörungen. Diese Diskussionen werden üblicherweise zusammengefaßt unter dem Titel »discussions of the widening scope«, benannt nach einem Panel der amerikanischen psychoanalytischen Vereinigung im Jahre 1954, dessen Hauptreferenten A. Freud, Jacobson und Stone waren.

In Europa war England zunächst das Zentrum psychoanalytischer Theoriediskussion. Freud war 1938 zusammen mit seiner Familie nach London emigriert. Anna Freud hatte zwei Jahre zuvor die ganz im Rahmen der Strukturtheorie angesiedelte klassische Arbeit *Das Ich und die Abwehrmechanismen* vorgelegt, die mit der Ausdifferenzierung des Konzepts ›Ich‹ befaßt war. Anna Freud und die mit ihr vom Kontinent emigrierten Kollegen fühlten sich den Essentials psychoanalytischer Theorie und deren Bewahrung verpflichtet, Essentials, wie sie Freud in einem berühmten Zitat festgehalten hatte: »Die Annahme unbewußter seelischer Vorgänge, die Anerkennung der Lehre vom Widerstand und der Verdrängung, die Einschätzung der Sexualität und des Ödipus-Komplexes sind die Hauptinhalte der Psychoanalyse und die Grundlagen ihrer Theorie, und wer sie nicht alle gutzuheißen vermag, sollte sich nicht zu den Psychoanalytikern zählen« (Freud, 1923, S. 223). Insbesondere schienen diese »Hauptinhalte« gefährdet durch die Theorien der kleinianischen Schule, die sich in England etabliert hatte. M. Klein war bereits 1926 nach London gekommen und hatte eine Reihe von interessanten Hypothesen formuliert – leider zuweilen von ihr und ihren Anhängern als unbezweifelbare ›Wahrheiten‹ verteidigt –, die wenig kompatibel mit freudianischen Konzepten waren.[2] Die Differenzen zwischen beiden Gruppierungen vor allem in den Vorstellungen von der frühkindlichen Entwicklung wie auch die unterschiedlichen Auffassungen darüber, wie im psychoanalytischen Prozeß die Deutung gehandhabt werden sollte, führten in den dreißiger und vierziger Jahren zu zahlreichen Kontroversen innerhalb der Britischen Psychoanalytischen Gesellschaft (vgl. hierzu die ausführliche Dokumentation von King und Steiner über diese »Controversial Discussions«, 1991). Eine erste Folgeerscheinung war zunächst die Gründung einer neuen Gruppierung, der ›mittleren‹ Gruppe. Schließlich kam es zu einer Art Schlichtungsvereinbarung zwischen den drei Gruppierungen, die heute ›Contemporary Freudians‹, ›Independents‹ und ›Kleinian Group‹ heißen und zusammen die Britische Psychoanalytische Vereinigung bilden. Interessanterweise ging diese Vereinbarung als ›gentlemen's agreement‹ in die psychoanalytische Literatur ein, wenngleich das Abkommen eines zwischen Anna Freud, Melanie Klein und Sylvia Payne (für die mittlere Gruppe) war – ein ›ladies' agreement‹ also. Der damals ausgehandelte Kompromiß regelte die Bedingungen von Weiterbildung und Lehre und verpflichtet bis heute zu regelmäßigem wissenschaftlichen Austausch. Man kann vermuten, daß es gerade diese intensiven Auseinandersetzungen der drei Orientierungen über einzelne Konzepte

2 So zum Beispiel die dominante Rolle angeborener Aggression, das Konzept des angeborenen Neids, die Idee des schon im Säuglingsalter auftretenden gegen das Objekt gerichteten Sadismus, die Annahme eines frühzeitigen Ödipuskomplexes vor dem Hintergrund (unbewußter) ausgestalteter Phantasietätigkeit schon in den ersten Lebensmonaten, die sich vornehmlich bezieht auf innere Teilobjekte wie zum Beispiel die gute und die böse Brust. Im übrigen wäre es durchaus wert zu untersuchen, ob und wie einzelne dieser kleinianischen Hypothesen gerade an Schwachstellen freudianischer Konzepte ansetzen bzw. bislang nicht hinreichend beachtete klinische Phänomene zu berücksichtigen suchen.

waren, die Abspaltungen vermeiden halfen und die schließlich zur Ausdifferenzierung einer Position führten, die international als ›britische Objektbeziehungstheorie‹ bekannt ist. Ein wesentliches Moment dieser Position war die Erweiterung des Motivationskonzepts; dem ›pleasure seeking‹ wurde das ›object seeking‹ (Fairbairn) zur Seite gestellt, die Libidotheorie wurde neu akzentuiert: »Sie diente nicht mehr so sehr der Erfassung und Beschreibung der Quellen des Trieblebens, sondern wurde in ihrer determinierenden Funktion bei der Objektorientierung betont. Das bedeutete, daß man bei der klinischen Arbeit der im Rahmen der Übertragung zu beobachtenden Objektbeziehung sehr viel größere Bedeutung beimaß« (Dare, 1982, S. 545). Im Klima dieser lebhaften Kontroversen sahen sich alle drei Gruppierungen genötigt, ihre Praxis wie auch ihre Theorie zu überdenken. Die freudianische Gruppe wählte sich für diese Aufgabe einen systematischen Zugang, das Hampstead-Index-Projekt.

Das Hampstead-Index-Projekt

Aus den Hampstead War Nurseries, die Anna Freud in London während des Zweiten Weltkriegs gegründet hatte, ging Anfang der fünfziger Jahre die Hampstead Child Therapy Clinic, heute Anna Freud Centre, hervor (Gründung 1952). Ein erster Ausbildungsgang in Kinderpsychoanalyse war bereits 1947 eingerichtet worden, nach und nach wurde die Klinik zu einem Zentrum von kinderanalytischer Ausbildung und Forschung im Bereich Kindesentwicklung. Forschungsschwerpunkte waren etwa Borderline-Erkrankungen bei Kindern und die Entwicklung bzw. Entwicklungsförderung von Kindern mit schweren Gebrechen, zum Beispiel Blindheit. Anna Freud begann sogleich in den fünfziger Jahren zusammen mit Mitarbeitern der Klinik ein Forschungsprojekt, bekannt als ›Hampstead-Index‹. Die Leitung übernahm zunächst D. Burlingham, dann ab 1956 bis in die siebziger Jahre J. Sandler; das Projekt wurde bis zu diesem Zeitpunkt von privaten Institutionen und Stiftungen mit Forschungsgeldern gefördert. Die Index-Arbeitsgruppe blieb über Jahre eine feste Institution innerhalb der Klinik, wenngleich mit wechselnder Besetzung. Die folgende Darstellung des Hampstead-Index-Projekts folgt in groben Zügen den Arbeiten von Sandler (*From safety to superego*, 1987) und Nagera (*Psychoanalytische Grundbegriffe*, 1974). Sie wird ergänzt durch Recherchen, die ich selbst bei der Lektüre von im Anna Freud Centre archivierten Protokollen der Projektarbeitssitzungen, Index-Charts, Manualen, Ausarbeitungen zu einzelnen Konzepten bzw. in Gesprächen mit Joseph Sandler und der damaligen Leiterin des Anna Freud Centre, Anne-Marie Sandler (Interimsleitung der Klinik 1993-1996), machen konnte.[3]

Die Indexierung

In der Hampstead-Klinik wurden (und werden) Kinder ab dem Alter von zwei Jahren an behandelt, welche die unterschiedlichsten Störungen aufweisen, von neurotischen Entwicklungsstörungen bis hin zu psychotischen Erkrankungen. Darüberhinaus können Kinder mit schweren körperlichen Behinderungen therapeutisch betreut werden. Die in den fünfziger Jahren in der Hampstead-Klinik von Kindertherapeuten und Kinderanalytikern[4] – für zunächst noch nicht spezifizierte Forschungszwecke – aufgezeichneten und gesammelten Fallberichte sollten damals durch die Konstruktion eines Index so organisiert werden, daß sie für Forschung und Lehre leicht zugänglich und nutzbar sein würden. Ziel

3 In den siebziger Jahren wurde das hier beschriebene Index-Projekt beendet, allerdings wurde unter der neuen Leitung der Klinik durch Julia Fabricius (seit 1996) angeregt, die Indexierung wieder systematisch aufzunehmen.

4 Präzise müßte es ›analytische Kindertherapeuten‹ heißen; es gab eine Absprache mit dem »British Institute of Psychoanalysis«, die Bezeichnung ›Analytiker‹ und ›Analyse‹ nur für die Behandlung erwachsener Patienten zu verwenden. Im übrigen ist es in England bis heute möglich, mit jedem Universitätsabschluß die psychoanalytische Ausbildung zu beginnen.

war es, durch eine schematische Aufbereitung von analytischem Material ein umfassendes Klassifikationssystem bereitzustellen, etwa einem ausführlichen Schlagwortregister vergleichbar. Nicht im praktischen Vorgehen, aber in der Intention entspricht dies im übrigen durchaus den Absichten der Initiatoren der Ulmer Textdatenbank, nämlich über ›keywords‹ Inhalte leichter zugänglich zu machen. Zugleich wollte man jedoch erreichen, »daß zwar jeder Fall sich in einen allgemeinen theoretischen Rahmen einfügen ließ, aber seine Einmaligkeit und Individualität trotzdem gewahrt blieb« (Bolland und Sandler, 1977, S. 14). In Anna Freuds Worten im Vorwort dieser Arbeit:

»Wir hoffen mit dieser mühsamen Methode so etwas wie ein ›kollektives analytisches Gedächtnis‹ zu schaffen, einen Speicher für analytisches Material, der dem einzelnen Forscher und Autor eine von vielen Kollegen zusammengetragene Faktenfülle zur Verfügung stellt. Dadurch soll der enge Bereich individueller Erfahrung erweitert und die Gelegenheit zu erkenntnisreicher Forschung auf konstruktive Fallvergleiche, Schlußfolgerungen, Generalisierungen und nicht zuletzt Übertragungen therapeutischer Klinikarbeit in die Theorie ausgedehnt werden« (ebd., S. 12).

In der Hampstead-Klinik war es für die dort behandelnden Analytiker Pflicht, ihre tägliche Analysearbeit zu dokumentieren. Täglich bedeutete fünf mal die Woche, eine Behandlungsfrequenz, die auch für Kinderanalysen bis heute in England üblich ist. Die Dokumentation geschah zunächst in Form eines phänomennahen, möglichst in Alltagssprache abgefaßten, schriftlichen Wochenberichts sowie zusätzlich in Form einer Zusammenfassung des bisherigen Behandlungsverlaufs jeden zweiten Monat. Eine Arbeitsgruppe ›Index‹ begann nun mit der Klassifizierung des vorliegenden Materials in folgender Weise: 50 Fallberichte von Kinder-Patienten in täglicher analytischer Therapie wurden ausgewählt. Die Therapien dauerten teilweise noch an, hatten aber bereits vor mindestens einem Jahr begonnen. Die Indexierung war so geplant, daß jeder Fall in Abständen von einem weiteren Behandlungsjahr fortlaufend indexiert werden sollte, um den weiteren Verlauf zu dokumentieren.

Die behandelnden Therapeuten, darunter auch Analytiker in Ausbildung, wurden nun angehalten, ihren eigenen Fallbericht in einzelne Materialteile – die ›units of observation‹ – zu zergliedern. Entgegen den bei Luborsky diskutierten vollständigen narrativen Beziehungsepisoden, die von externen Ratern ausgewählt wurden, sind hier mit ›units of observation‹ all jene für den behandelnden Analytiker relevanten Episoden gemeint, die dieser subjektiv für klinisch bedeutsam hielt. Die Auswahl geschah mit Unterstützung von erfahrenen Analytikern, ›senior analysts‹, die neben den Therapeuten ebenfalls Mitarbeiter der ›Index Group‹ waren. Eine erste Orientierung sollte dabei die Perspektive sein, in der die Therapeuten selbst ihren Fall gesehen und bewertet hatten. Vornehmlich klinisch-deskriptiv wurde etwa festgehalten, ob es sich im vorliegenden Fall um eine Passage handelte, die eine Äußerung von ›Widerstand‹ erkennen ließ, oder etwa um eine narrative Sequenz, die deutlich geprägt war vom zwanghaften Abwehrmodus des Patienten. Oder man fragte sich etwa, ob das Material Aufschluß gab über innere Konflikte des Kindes, über die Art, wie ihre Bewußtwerdung abgewehrt wurde, über Größenphantasien und Träume, oder wie damit in der Behandlungssituation umgegangen worden war, aufdeckend-deutend oder eher stützend. Die mögliche Rückwirkung dieser Diskussionen auf die noch laufenden Behandlungen wurde gelegentlich registriert, aber nicht systematisch ausgewertet. Im übrigen wurden die Diskussionen von behandelndem Analytiker und zugeordnetem Supervisor leider nicht gesondert protokolliert und dokumentiert – dies ist ein kritischer Punkt, den ich später noch einmal aufgreifen werde. Unter Bezug sowohl auf psychoanalytische Metapsychologie als auch auf Behandlungstheorie sollten dann gemeinsam von Therapeut und Supervisor Kategorien konstruiert werden als Basis für die Einordnung des klinischen Materials. Die anfangs als Kategorien verwendeten Konzepte waren eine Mischung aus dem Fundus der in der Hampstead-Klinik vorherrschenden, im wesentlichen an der Theorie Anna Freuds orientierten Konzepte und aus dem Resultat einer gründlichen Literaturrecherche. Auf Projektebene erstellte man dann ein Eintragungsschema mit einer Reihe von Kategorien,

»das die Flexibilität der Therapeutenberichte zu erhalten sucht und gleichzeitig ein allgemein umfassendes Klassifizierungssystem darstellt. ... Mit Rücksicht auf die Parallelität analytischen Materials und die Notwendigkeit seiner sehr sorgfältigen Bestimmung mußte dafür gesorgt werden, daß jeder psychoanalytische Befund unter mehreren Gesichtspunkten klassifiziert werden konnte. Um diesen unterschiedlichen Gesichtspunkten einerseits ihre individuelle Bedeutung zu lassen, sie andererseits aber zu einer Einheit zusammenzuschließen, wurde ein System von Querverweisen entwickelt. So können zum Beispiel bei einem Detail des Übertragungsverhaltens, das auf orale Abhängigkeit schließen läßt, auch die dynamischen Aspekte (oral-libidinöse und aggressive Ziele) verfolgt werden; oder die Ich- und Über-Ich-Aspekte; oder die Form, in der das Detail – innerhalb wie außerhalb der Übertragung – in Objektbeziehungen wiederkehrt. Das System der Verweiskarten soll die Suche nach einem solchen Materialstück und eine von unterschiedlichen Begriffen ausgehende Betrachtung erleichtern« (Bolland und Sandler, 1977, S. 14-16).

Die zu klassifizierenden Daten konnten schließlich jeweils unter zwei Hauptgruppen (main headings) gebracht werden:

1. ›*allgemeines Fallmaterial*‹, unterteilt in die
   Kategorie ›*Hintergrund*‹ (Informationen zur Familiengeschichte, zur kindlichen Umwelt allgemein, insoweit als sie für die Entwicklung des Kindes möglicherweise bedeutsam waren) und
   die Kategorie ›*Biographische Daten*‹ (Lebensgeschichte des Kindes), wobei Quellen hierzu die diagnostischen Interviews als auch Gespräche mit den Eltern, Gutachten von Ärzten, Behörden wie zum Beispiel der Schule waren;
2. ›*psychoanalytisches Material*‹, unterteilt in mehrere klinisch und metapsychologisch bedeutsame Kategorien, samt ihrer Ausdifferenzierung in Unterkategorien; Hauptkategorien waren zum Beispiel Ich/allgemein (eine der Unterkategorien hieß hier: Identifizierung), Ich/Angst, Ich/Abwehr, Triebmaterial, Objektbeziehungen, Phantasien, Über-Ich, Symptome, Behandlungssituation und -technik (eine der Unterkategorien hier: Behandlungsziele).

In der letztgenannten Kategorie ›Behandlungssituation und -technik‹ hieß beispielsweise die dazu ausgearbeitete Anweisung zur Indexierung der Unterkategorie ›Behandlungsziele‹:

»Nennen Sie die anfänglichen Behandlungsziele in bezug auf die Psychopathologie des Kindes, wie sie im diagnostischen Stadium erkannt wurde, und beziehen Sie alle anderen relevanten Umstände mit ein. Beschreiben Sie spezifischere Ziele als das allgemeine der Rückführung des Kindes auf den Weg der normalen Entwicklung (zum Beispiel Verringerung der Abhängigkeit von der Mutter, Lösung des Aggressionskonflikts). Notieren Sie Modifikationen der Ziele mit fortschreitender Behandlung unter Angabe der Gründe. Geben Sie an, welchen Einschränkungen die Ziele durch die spezifische Pathologie des Kindes (zum Beispiel Ich-Defekt, Hirnschaden, Blindheit) unterlagen« (Sandler, Kennedy und Tyson, 1982, S. 305).

Das Ergebnis der gesamten Indexierung eines Behandlungsfalls sah im Prinzip wie folgt aus: Es war ein zusammengehefteter Satz beschrifteter großer Karteikarten, die jeweils eine dieser Hauptkategorien samt den entsprechenden Unterkategorien sowie Querverweise auf andere Kategorien enthielten (zum Beispiel kann sich in einem Kartensatz die Hauptkategorie ›Ich/allgemein‹ finden, die Unterkategorie ›Identifizierung‹ und etwa der Querverweis zur Kategorie ›Abwehr‹); sodann enthielt der Kartensatz als Erläuterung der in Frage stehenden Kategorie ein Stück klinisches Material in Form einer Vignette; weiter Hinweise auf die entsprechenden Seiten im Fallbericht – und nicht zuletzt, und das ist der in unserem Zusammenhang interessante Punkt, enthielt er ›problem charts‹.

Probleme und Lösungsversuche

An den umfangreichen Protokollen der Sitzungen der gesamten Index-Arbeitsgruppe kann man verfolgen, daß bei der Indexierung der Fallberichte verschiedenste Schwierigkeiten auftraten. Bereits zu Beginn war es nicht einfach zu klären und sich darauf zu einigen, was denn eigentlich eine ›unit of psychoanalytic observation‹ sei. Nachdem man dann eine Auswahl relevanter Episoden vorgenommen hatte, begannen die Therapeuten, diese ausgewählten, auf Karten festgehaltenen Materialeinheiten in die erarbeiteten metapsychologischen und behandlungstheoretischen Kategorien einzusortieren. Sie versuchten also, die relevanten Episoden unter *psychoanalytische Konzepte* zu subsumieren – was ebenfalls nicht ohne Probleme abging. Wenn man diese ›Einsortierprobleme‹ dann diskutiert und sich erneut geeinigt hatte, mußten zuweilen die ›units of psychoanalytic observation‹ geändert werden, das heißt die Therapeuten hatten gegebenenfalls das klinische Material wieder in verschiedene Segmente zu zergliedern, die dann unter nun angemesseneren Kategorien neu indexiert werden mußten. Die Wechselwirkung von klinischen Beobachtungen und theoretischem Bezugsrahmen stellte sich als wesentlich komplexer heraus, als man zunächst bedacht hatte. So war es beispielsweise äußerst schwierig, zwischen den verschiedenen Verwendungen des Begriffs der ›Identifizierung‹ – einer Unterkategorie von ›Ich/allgemein‹ – zu unterscheiden: Die Index-Anweisung hierzu in der Hauptgruppe ›psychoanalytisches Material‹ in der Kategorie ›Ich/allgemein‹ lautete:

»Der Begriff der Identifizierung schwankt in der Literatur und umfaßt auch Vorgänge der Verinnerlichung und Einverleibung. Wir definieren ihn hier als die Aneignung psychischer oder physischer Merkmale der Objektwelt, gleich ob real oder phantasiert, durch das Individuum, die dauernd oder vorübergehend zu einem Teil des Selbst oder des idealen Selbst werden oder als solcher behandelt werden. Obwohl die Identifizierung ein Prozeß ist, der im allgemeinen der Ich-Entwicklung dient, kann sie auch zu spezifischen Abwehrzwecken herangezogen werden. Dies geschieht, wenn mit Hilfe von Aneignungen aus der Außenwelt äußere oder innere Drohungen oder Gefahren vermieden oder abgeschwächt werden sollen. In diesem Falle gehört die Eintragung unter das entsprechende ABWEHR-Stichwort. … Angesichts der Tatsache, daß Identifizierungsprozesse sowohl bei der Ich- als auch bei der Über-Ich-Entwicklung stattfinden, bemühen wir uns zur Zeit, neue Kriterien für die Klassifizierung zu finden. Einstweilen sollten alle Karten, die ausgesprochenes Identifizierungsmaterial aufweisen, hier eingeordnet werden. Anzumerken wäre auch, ob die Identifizierung vorübergehend oder dauerhaft ist und welche Rolle aktives und bewußtes Nachahmen spielt« (Bolland und Sandler, 1977, S. 125 f.).

Einen Einblick, welches Fallmaterial dann in eben diese Kategorie ›Identifizierung‹ etwa einsortiert wurde, kann die – wenngleich gekürzte – Aufzeichnung aus einer Fallstudie über die Psychoanalyse des zweijährigen Kindes Andy vermitteln, an der Bolland und Sandler die Hampstead-Methode demonstrieren:

»Zu Beginn der Behandlung waren Andys Identifizierungen unbeständig. Bald ließ sein Verhalten eine Identifizierung mit der Mutter als Hausfrau, Mutter oder Gattin, bald mit dem Vater als Ehemann, Arbeiter und Vater erkennen – Varianten, die von Tag zu Tag wechselten. Später identifizierte er sich dann hauptsächlich mit dem Vater als einem aktiven Fahrer großer Lastwagen. Als diese Identifizierung zum ersten Mal vorkam, entstand von dem Vater insofern ein zwiespältiges Bild, als er einerseits der aktive Lastwagenfahrer war, andererseits aber mütterliche und beschützende Züge aufwies. Zuletzt überwog der aktive Aspekt der Identifizierung bei weitem. (Wochenberichte Nr. 7, 8, 9, 12, 24, 27, 28)« (ebd., S. 126).

Lange wurden die bei der Konstruktion des Index auftauchenden konzeptuellen Schwierigkeiten lediglich als technische Hindernisse angesehen, die es zunächst praktisch zu überwinden galt. Der Index sollte ja hauptsächlich umfassend und detailliert genug sein, so daß jedes Mitglied auch künftiger Forschergruppen selbst bei einer speziellen Fragestellung ausreichend Fallmaterial in ihm finden konnte. Je genauer man sich aber jede einzelne Vignette des im Index gesammelten Materials ansah, desto mehr offene Fragen blieben, Lücken wurden entdeckt, der Report schien zuweilen ungenügend differenziert. Die Diskussionen zwischen den Therapeuten, die ihren Fallbericht zur Indexierung vorgelegt hatten, und den erfahrenen Analytikern, den ›Experten‹ (advisers), führten wiederholt zur Gründung von ›ad-hoc research groups‹, Untergruppen der Indexgruppe, die sich mit der Klärung bestimmter Konzepte befassen sollten. Schließlich beschloß man, daß sich zusätzlich zur ›index-group‹ eine ›concept-group‹ mit dieser Aufgabe der Konzeptklärung befassen sollte. Dabei ergab es sich mit der Zeit, daß sich diese eigenständige ›concept-group‹ unter Leitung von Nagera im wesentlichen mit der historischen Rekonstruktion der Entwicklung vor allem Freudscher Konzepte beschäftigte.

In der von Anna Freud geleiteten regelmäßigen Klinikkonferenz, der ›Wednesday Conference‹ – wohl an die alte Wiener Tradition der Mittwochsgesellschaft anknüpfend – trafen die beiden ansonsten getrennt arbeitenden Gruppierungen[5] mit den übrigen Klinikmitarbeitern, mit den an der Klinik auszubildenden Therapeuten, zuweilen auch mit wissenschaftlichen Gästen zusammen. Zu Konzepten, bei denen während der Indexierung Schwierigkeiten aufgetaucht waren, wurde eine Übersicht der relevanten Literatur vorgelegt und auf deren Basis Fragen bezüglich einer angemessenen Verwendung des Konzepts diskutiert. Gemeinsam entschied man sich schließlich dafür, Listen, sogenannte ›manuals‹ zusammenzustellen, die umfassende Definitionen psychoanalytischer Konzepte bereitstellen sollten, um die Schwierigkeiten der Therapeuten bei der Indexierung des Materials zu minimieren. Es stellte sich dabei für die ›index-group‹ heraus, daß es konstant notwendig blieb, nicht nur, wie oben beschrieben, eine Re-Indexierung weiter Teile des Fallmaterials vorzunehmen, sondern auch die Definitionen der in den Manualen festgehaltenen Konzepte immer wieder so zu überarbeiten, daß sie präziser den Bedeutungsgehalt der aufgezeichneten ›units of psychoanalytic observation‹ erfaßten.

Diese genannten Probleme bei der Indexierung waren zunächst eher eine ständige Quelle von Frustration für die Mitarbeiter. Als jedoch die Manuale und damit die in ihnen gefaßten Konzepte langsam Kontur gewannen, realisierte man, daß das, was so lange lediglich als zuweilen lästige Vorarbeit

5 Aus heutiger Sicht würde man den Umstand, daß es keine gleichzeitigen Mitgliedschaften in beiden Gruppierungen gab, wohl eher bedauern.

und Nebenprodukt des Index erschien, seinerseits einen substantiellen Beitrag zur psychoanalytischen Theorieentwicklung darstellte. »We had been doing research without knowing it!« (Sandler, 1987, S. 321). Die auftauchenden Schwierigkeiten – aufgezeichnet in den ›problem charts‹ – wurden somit letztlich ein Anreiz zur genaueren Untersuchung einiger zentraler psychoanalytischer Konzepte. Und nicht nur das: Wenn es etwa notwendig wurde, die bisher akzeptierte, gängige Definition *eines* Konzepts, zum Beispiel des Über-Ichs zu erweitern oder zu ändern, wurde es – um weitere Konfusion zu vermeiden – zugleich auch notwendig, genauere Definitionen von bedeutungsnahen Konzepten wie dann etwa Ich-Ideal oder Ideal-Selbst zu geben; es ging also nicht nur um die Bedeutung einzelner Konzepte, sondern um die Strukturierung ganzer Konzeptfelder. Dabei erwies es sich zunehmend als unabweisbar, daß die Konstruktion eines Index für Fallmaterial ein fortlaufender Prozeß sein muß, »a sort of progressive spiral« (ebd., S. 317). Je genauer man beobachtet hatte, desto schärfer und pointierter wurden die verwendeten Konzepte – dies wiederum schärfte dann in guter hermeneutischer Tradition die Wahrnehmung für die Beurteilung des klinischen Materials. An dem also, was zunächst lediglich ein zu bewältigendes Hindernis schien, hatte sich eine – durchaus im Kuhnschen Sinne – kreative Problemlösungsstrategie entwickelt. Und bemerkenswert ist die Umzentrierung: War zunächst die konzeptuelle Arbeit als Ergänzung zur Indexierung gedacht, lieferte nun die Index-Arbeit die Ausgangsdaten für die Konzeptarbeit.

Nebenprodukte und Konsequenzen

Ein erstes Nebenprodukt dieser kontinuierlichen Überprüfung der Konzept-Manuale samt des ebenfalls kontinuierlichen Rückbezugs auf die klinischen Beobachtungseinheiten war eine Anzahl von wissenschaftlichen Arbeiten der Index- bzw. der Konzeptgruppe; die meisten wurden damals in *Psy-*

choanalytic Study of the Child publiziert.[6] Die im folgenden angeführten sind zusammengefaßt veröffentlicht in *From safety to superego* (Sandler, 1987), einer Zusammenstellung der wesentlichen Arbeiten der Index-Gruppe, die aus den Konzeptklärungsversuchen zu Zeiten der Zusammenarbeit mit Sandler hervorgingen. Unter ihnen sind etwa die klassischen Arbeiten zum Konzept des Sicherheitsprinzips, zur Repräsentanzenwelt, die Studien zum Konzept des Über-Ichs, zu Ich-Ideal und Idealselbst. An weiteren Veröffentlichungen wäre vielleicht noch eine Studie zum Konzept des Neids (Joffe, 1969) zu erwähnen, eine zur Depression (Joffe und Sandler, 1965) und natürlich das bereits angeführte *Grundbegriffe*-Buch von Nagera (1974), in dem er die Entwicklung der klassischen Freudschen Konzepte dokumentiert und diskutiert. Ebenfalls aus einem Forschungsprojekt der Hampstead-Klinik hervorgegangen ist der Reader *Kinderanalyse* (Sandler, Kennedy und Tyson, 1982), der aus Diskussionen der Index-Gruppe mit Anna Freud entstand, Diskussionen, die sich an der Index-Kategorie ›Behandlungssituation und -technik‹ im Manual und an den entsprechenden Index-Karten orientierten.

Wallerstein zieht in seinem Vorwort zu *From safety to superego* (Sandler, 1987, S. x-xiv) eine interessante Linie dieser Hampsteadschen Konzeptklärungsversuche und dokumentiert damit deren Bedeutung für die Weiterentwicklung der psychoanalytischen Theorie insgesamt. Chronologisch aneinandergereiht sei die Progression eindrücklich: Sie beginnt früh mit der Konzeptualisierung des *Sicherheitsprinzips* als dialektischem Gegenstück zur von Freud 1926 beschriebenen ›Signalangst‹, dem Zeichen, daß dem Ich Gefahr droht, wenn keine Sicherheitsvorkehrungen getroffen werden. Diese Überlegungen gehen über in die konzeptuelle Ausarbeitung einer ›inneren Welt‹ mit der Auffassung einer *Repräsentanzen-*

6 Die Manuale selbst wurden nicht veröffentlicht, sie sind lediglich allen zugänglich im Anna Freud Centre archiviert und gehen eben – indirekt – in die Veröffentlichungen der Gruppenmitglieder ein.

welt aus komplexen Selbst- und Objektrepräsentanzen, die in ihr agieren, während das Ich konstant versucht, den Druck der Angst und die Suche nach Sicherheit miteinander auszubalancieren. Das Konzept der Repräsentanzenwelt führt dann unausweichlich zu Fragen nach Wesen und Bedeutung der *Mannigfaltigkeit von Internalisierungen* (Inkorporationen, Introjektionen und Identifikationen), führt gleichermaßen zu präziseren Fassungen so wichtiger entwicklungsbezogener Internalisierungen wie dem *Über-Ich, dem Ich-Ideal und dem Idealselbst.* Eingebettet in weitere Konzeptualisierungen *der Beziehung von innerer zu äußerer, von psychischer zu materieller Realität* tauchen verschiedene Themen auf wie etwa Trauma und äußeres Ereignis, wie (Über-)Anstrengung und innere Antwort, oder das Thema Depression.

Und während man dieser Linie der Konzeptklärungsversuche folgt, erkennt man – so Wallerstein weiter – den allmählichen Übergang von Überlegungen zur Ökonomie und Dynamik der *Triebe* und Energien, von Überlegungen zu Triebabfuhr und triebunterdrückenden Strukturen hin zu einem Modell der Ökonomie und Dynamik von *Gefühlszuständen* (›feeling states‹), welches das breite Spektrum von Angst, Depression und Schmerz bis hin zu Wohlbefinden und Sicherheit widerspiegelt. Wallerstein weist darauf hin, daß trotz dieser von ihm skizzierten schrittweisen Umwandlung in eine Psychologie der Regulierung von Gefühlszuständen niemals die Betonung der machtvollen Rolle der Triebe verlorengegangen sei; bleibe doch diese vitale Verbindung zur biologischen Grundausstattung letztlich die wesentliche Determinante für die Situation des Ichs dann, wenn es Bedingungen für Gefahr und Sicherheit ausbalancieren müsse. Man kann nach Wallersteins Überzeugung demnach gut erkennen, wie all diese Konzepte ineinandergreifen und ein Theoriegebäude entstehen lassen, das die graduelle, aber deutliche Umwandlung der Mainstream-Psychoanalyse von einer Psychologie der Triebe zu einer ausgereiften Objektbeziehungs-Perspektive repräsentiert, die heute allgemein als die Perspektive der ›contemporary Freudians‹ gilt. In ihrer Fokussierung auf Selbst- und Objektrepräsentanzen und den in diesen Repräsentanzen sedimentierten Interaktionserfahrungen und Gefühlszuständen führt diese Perspektive wiederum zur Ausdifferenzierung des Konzepts des Ichs als ausführender Instanz von Adaptation und Regulierung dieser Gefühlszustände.

Das Konzept ›Narzißmus‹ als Beispiel[7]

An einem der Konzepte, deren vorliegende Definition bei dem Versuch der Indexierung als unbefriedigend befunden wurde, nämlich dem des Narzißmus, sollen die Resultate der Forschungen der Hampstead-Gruppe exemplarisch aufgezeigt werden. Joffe und Sandler, die zusammen viele psychoanalytische Begriffe auf ihre Tauglichkeit hin untersucht haben, erheben gegen die Hartmannsche libidotheoretische Interpretation – der Narzißmus sei die libidinöse Besetzung des Selbst – Einwände (Joffe und Sandler, 1967). Sie argumentieren unter Bezug auf klinisches Material aus den in der Hampstead Clinic bearbeiteten Fällen und nach Analyse der Literatur zu dem Konzept, daß das Problem des Narzißmus lediglich unter Rückgriff auf die Libidoverteilung[8] zwischen Selbstrepräsentanzen und Objektrepräsentanzen nicht gut gelöst werden könne:

»Zum Beispiel kann ein Kind starke Minderwertigkeitsgefühle haben, sehr unsicher erscheinen und in bezug auf sein Wohlbefinden stark von der Haltung seiner Objekte abhängig sein, so daß man versucht sein könnte, daraus zu folgern, die narzißtische Besetzung der Selbstrepräsentanz sei gering. Jedoch kann dasselbe Kind in

7 Dieser Abschnitt basiert auf einem Reader zum Konzept »Narzißmus«, erstellt von A. U. Dreher und J. Wutke für Seminare an den Universitäten Hannover und Saarbrücken.

8 So führen etwa Laplanche und Pontalis zur Freudschen Auffassung aus: »Der primäre Narzißmus bezeichnet einen frühen Zustand, in dem das Kind sich selbst mit seiner ganzen Libido besetzt. Der sekundäre Narzißmus bezeichnet eine Rückwendung der von ihren Objektbesetzungen zurückgezogenen Libido« (Laplanche und Pontalis, 1972, S. 320 f.).

irgendeiner Form auch starkes Selbst-Interesse und Beschäftigung mit der eigenen Person zeigen. Es kann zum Beispiel Tagträumen frönen, in denen es als Held auftritt; vielleicht ist es um seine körperliche Gesundheit besorgt und ähnliches mehr. Die ständige Aufmerksamkeit, die es seinen Objekten erweist, kann vorwiegend damit zusammenhängen, daß es sie braucht, um sein Bedürfnis nach Bewunderung, Hilfe oder Lob zu befriedigen. Tatsächlich kann es die Züge aufweisen, die man einem ›narzißtischen Charakter‹ zuschreibt, und unter diesem Gesichtspunkt können wir das Kind als einen Menschen mit einer hochgradigen narzißtischen Besetzung bezeichnen« (ebd., S. 153 f.).

Offenbar kann man die von Freud gemachte Annahme einer konstanten Libidomenge und einer umgekehrt proportionalen Beziehung zwischen Selbst- und Objektbesetzung nicht in jedem Falle aufrechterhalten. Holder und Dare, zwei ebenfalls am Hampstead-Projekt beteiligte Autoren, schreiben hierzu ähnlich:

»Geringes Selbstwertgefühl korreliert keineswegs mit starkem Gefühl oder starker Besetzung in bezug auf Objekte und deren Repräsentanzen. Starkes Selbstwertgefühl schließt umgekehrt starkes Objektgefühl nicht aus. Freuds Beispiel vom verliebten Menschen, der dahinschmachtet, sich selbst vernachlässigt und gleichzeitig die geliebte Person anbetet, idealisiert und überhöht, kann auch anders betrachtet werden. Wir schätzen die Validität dieses klinischen Bildes, sehen es aber nicht als repräsentativ für die normale Situation, in der das Verliebtsein erwidert wird, was zu einem erhöhten Selbstwertgefühl beiträgt« (Holder und Dare, 1982, S. 790).

Für Joffe und Sandler gerät also die Erklärung narzißtischer Phänomene mittels des klassischen Konzepts der Energieverteilung in die Krise und ist auch nicht zu retten durch die Annahme unterschiedlicher Libido*quantitäten*, was sich insbesondere bezüglich der Unterscheidung in den primären und den sekundären Narzißmus zeigt:

»Wir könnten zum Beispiel sagen, es passe auf das Bild des unsicheren, abhängigen Kindes, das trotzdem als ›narzißtisch‹ bezeichnet werden kann, wenn der Anteil des verbliebenen primären Narzißmus gering und der des sekundären Narzißmus groß sei. Es wird sich jedoch erweisen, daß solch eine Formulierung ... durch *qualita-*

tive Annahmen ergänzt werden muß. ... Sobald wir sekundäre narzißtische Besetzung von primärem Narzißmus unterscheiden wollen, kommen wir mit der Vorstellung von *Quantitäten* allein nicht mehr aus. Sonst gerieten wir in dieselbe Schwierigkeit, wie wenn wir bei einem Bankkonto allein aus der Summe feststellen wollten, wieviel Geld vom Vermögen und wieviel vom Einkommen stammt« (Joffe und Sandler, 1967, S. 154 f.).

Man könnte nun versuchen, dieses ›Energieverteilungs-Modell‹ doch noch zu retten, indem man verschiedene Aspekte der Selbstrepräsentanzen unterscheidet, etwa das ›Ideal-Selbst‹ und das ›aktuelle Selbst‹, und könnte behaupten, diese Anteile würden unterschiedlich besetzt. Dasselbe müßte man dann natürlich auch bezüglich der ›idealen‹ und ›aktuellen‹ Objektrepräsentanzen machen. Dieser Ausweg hilft jedoch nur vorläufig, denn spätestens seit den Arbeiten von Jacobson (1964) muß man ebenfalls bedenken, daß die aggressiven Besetzungen des Selbst – wie auch der Objekte – für den Narzißmus ebenso wichtig sind wie die libidinösen.[9] Nimmt man dann noch die ›negativen‹ Ideale mit hinzu, jene nicht zuletzt von den Eltern vermittelten kulturellen Vorstellungen eines ›Selbst, das man nicht sein will‹, »so werden wir uns [bezüglich der Besetzungen] alsbald – was die klinische Beurteilung anbetrifft – in einer so verwickelten Lage befinden, daß es eines Mathematikers bedürfte, um uns daraus zu befreien« (ebd., S. 156). Joffe und Sandler weisen darauf hin, daß offenbar viele Psychoanalytiker einschließlich Freuds das Konzept der Energieverteilung zur Erklärung und Beschreibung des Narzißmus schon früh als zu eng empfunden haben und ›Hilfskonzepte‹ wie Selbstachtung, Minderwertigkeitsgefühl, Selbstvertrauen und Sicherheitsgefühl verwendeten, um narzißtische Phänomene zu charakterisieren:

9 Jacobson schlug vor, ergänzend zum Narzißmus vom primären und sekundären Masochismus zu sprechen. Primärer Masochismus wird als frühe Besetzung des Selbst mit Aggression verstanden, sekundärer Masochismus als Abzug aggressiver Besetzung vom Objekt mit der Folge der Wendung gegen das Selbst.

»Es fällt auf, [daß die Psychoanalytiker] bei der Beschreibung von Krankheitszuständen, bei denen die Beziehung Selbst-Objekt eine Rolle spielt, dazu neigen, Ausdrücke des Gefühls und der Einstellung zu gebrauchen. Wenn [sie] jedoch von Objektliebe oder -haß oder von Selbstliebe und -haß sprechen und dazu übergehen, diese klinischen Zustandsbilder metapsychologisch mit Ausdrücken der Energieverteilung zu charakterisieren, laufen [sie] ganz bestimmt Gefahr, sowohl [die] klinischen als auch [die] theoretischen Formulierungen zu verdunkeln und zu verwässern« (ebd., S. 158).

Das Problem entsteht unter anderem dadurch, daß man Emotionen ausschließlich triebtheoretisch erklären will. Schon Freud sah das Problem, bezüglich der Libido zwischen ›roher Sinnlichkeit‹ und ›Zärtlichkeit‹ unterscheiden zu müssen. Dies versuchte er zu lösen, indem er eine ›sublimierte‹ und ›desexualisierte‹ Libido einführte und für den Trieb einen Vorgang der Zielhemmung postulierte. Diese Überlegungen wurden später auf die Aggression ausgedehnt. Joffe und Sandler sehen diesen Rettungsversuch als nicht aussichtsreich an, sie schlagen statt dessen vor, das Problem der narzißtischen Störungen von einer ganz anderen Seite anzugehen. Die Autoren halten es nämlich für eine übermäßige Vereinfachung, die Geschichte der Emotionsentwicklung als bloße Spiegelung des Triebschicksals, das heißt der Libidoentwicklung zu begreifen. Natürlich haben Triebzustände Einfluß auf die Gefühle und Affekte, aber diese unterliegen noch anderen Einflüssen, etwa äußeren Reizen oder Interaktionserfahrungen. Die Autoren betonen, daß sich schon Freuds Formulierung des Lustprinzips auf zwei Funktionsaspekte bezieht: auf die Regulierung des energetischen Gleichgewichts, aber auch auf das diese Regulierung begleitende psychische Erleben. Demnach müßte man also zwischen dem energetischen und dem erlebnismäßigen Aspekt des Lustprinzips unterscheiden. Joffe und Sandler schreiben zur Rolle der Gefühlszustände:

»Auf das rein biologisch motivierte Tier angewandt, mag das Prinzip des energetischen Gleichgewichts nützlich und angebracht sein. Aber von dem Moment an, wo das Kind ein psychisches Wesen wird, von dem Moment an, wo es beginnt, sich eine Welt von inneren Repräsentanzen als Mittler der Anpassung aufzubauen, wird seine Funktionstüchtigkeit zum großen Teil durch Gefühlszustände der einen oder anderen Art reguliert« (ebd., S. 159).[10]

Ähnlich wie heute die ›baby-watcher‹ – aufbauend auf Befunden aus empirischen Untersuchungen an Mutter-Kind-Dyaden – betonen somit schon Joffe und Sandler, daß die Gefühlserfahrungen eines Säuglings nicht nur den hedonischen Tonus, also Lust und Unlust umfassen, sondern sie postulieren darüberhinaus mindestens noch ein Gefühl des Wohlbefindens (»well being«), das etwas anderes ist als *reine* Triebbefriedigung. Aber: Läßt sich diese Suche nach Wohlbefinden, lassen sich diese komplexen – bewußten wie unbewußten – Erlebniszustände allein mit dem Lustprinzip erklären? Die Autoren meinen ›nein‹, denn, so argumentieren sie:

»zum Beispiel ergibt sich aus der klinischen Arbeit mit Kindern wie mit Erwachsenen, daß das Bedürfnis, den Zustand des Wohlbefindens und der Sicherheit zu wahren, dem Verlangen nach sinnlicher Lust vorgezogen werden kann. Wie wir alle wissen, wird das Streben nach sexueller Lust oft der Erhaltung eines Gefühls der Sicherheit geopfert. ... Unserer Meinung nach kommt dem Bestreben, Zustände zu erreichen, die Gefühle des Wohlbefindens und der Sicherheit einschließen, besondere Bedeutung zu. ... Unserer Meinung nach ist es möglich, den Narzißmus und die narzißtischen Störungen als Abweichung von einem Idealzustand des Wohlbefindens anzusehen und das Hauptgewicht auf die affektiven und vorstellungsmäßigen Aspekte zu legen, statt auf Triebenergien, wie sehr diese auch umgewandelt, modifiziert oder neutralisiert sein mögen« (ebd., S. 160 f.).

Hier manifestiert sich also ein grundlegender Wandel im Verständnis des Narzißmus: Nicht nur die Triebe und das Lustprinzip beeinflussen den Narzißmus, sondern auch die Suche nach Sicherheit und Wohlbefinden. Und wenn Affekte mindestens so wichtig sind wie Triebe, gibt es offenbar nicht nur

10 Im übrigen war auch Spitz (beispielsweise 1967) der Meinung, der Affekt (und nicht der Trieb) bereite die Bahn für die psychische Entwicklung.

eine *libidinöse Besetzung* des Selbst, sondern auch eine *affektive Besetzung* des Selbst und der Objekte. »Diese affektiven Werte, sozusagen ›Wert-Zeichen‹, sind es, die allen Repräsentanzen ihre besondere Bedeutung für das Ich geben« (ebd., S. 164). Natürlich ist noch erläuterungsbedürftig, was denn der ›Idealzustand‹ des Wohlbefindens sein soll:

»›Ideal‹ bezieht sich in diesem Zusammenhang auf einen Zustand des Wohlbefindens, einen Zustand, der grundlegend gefühlsbedingt ist und normalerweise mit harmonischen und gut integrierten Funktionen aller biologischen und seelischen Strukturen einhergeht. ... Das Bestreben, einen Idealzustand zu erreichen, liegt der menschlichen Entwicklung und Funktion zugrunde. Es stellt die Gefühlskomponente dar, die dem Zustand des primären Narzißmus beigeordnet ist. ... Der Idealzustand des Wohlbefindens ist mit Gefühlen von Sicherheit und Geborgensein eng verbunden. Er ist der Gegenpol zu Gefühlen von Schmerz, Angst oder Unbehagen. ... Wir werden den Ausdruck *Idealzustand* auf den affektiven Zustand des Wohlbefindens anwenden, und mit dem Ausdruck *Idealselbst*[11] die besondere individuelle Form der Selbstrepräsentanz bezeichnen, die gefühlsmäßig zu jeder Lebenszeit bewußt oder unbewußt für die Verkörperung des Idealzustandes gehalten wird. ... Daraus folgt, daß ein Zustand des psychischen Wohlbefindens dann vorliegt, wenn eine weitgehende Übereinstimmung zwischen der psychischen Repräsentanz des aktuellen Zustandes des Selbst und der Idealform des Selbst besteht. ... Unserer Meinung nach ist die

11 Der Begriff des ›Idealselbst‹ darf nicht mit dem ›Ich-Ideal‹ verwechselt werden. Henseler schreibt dazu: »Jeder Mensch trägt neben dem realen Bild der eigenen Person (reales Selbst) in sich ein dunkles, kaum bewußtes, aber erschließbares Idealbild seiner selbst, welches ihm die Gewißheit gibt, daß er bei allen tatsächlichen Fehlern und Mängeln im Grunde doch ›ganz in Ordnung‹ ist. Dieses sogenannte *Idealselbst* hat eine Art Pufferfunktion. Würden wir uns jeweils so fühlen, wie es dem realen Bild unserer Person entspricht, würden wir ständig in unserem Selbstgefühl hin und her gerissen sein. Das Idealselbst kann diese Schwankungen dämpfen, indem es dem Über-Ich und der Außenwelt gleichsam versichert: Tatsächlich bin ich heute miserabel, aber das ist nur vorübergehend, eigentlich und im Grunde bin ich gut« (Henseler, 1975, S. 199).

Grundform der Unlust bei den Störungen des Narzißmus ein affektives Erleben seelischen Schmerzes [*mental pain*]. Seelischer Schmerz, so wie wir diesen Ausdruck verstehen und gebrauchen, spiegelt eine erhebliche Diskrepanz zwischen der seelischen Repräsentanz des aktuellen, derzeitigen Selbst und einer Idealform des Selbst wider. Mangelnde Selbstachtung, Minderwertigkeits- und Unwertgefühle, Scham und Schuld sind alles spezielle differenziertere Abkömmlinge des Grundgefühls Schmerz« (ebd., S. 161-163).

An dieser Stelle versuchen die Autoren »in Richtung einer Definition der narzißtischen Störung weiterzugehen« und bestimmen als ihr Hauptmerkmal eben jenen offen zutage tretenden oder latenten Schmerzzustand, mit dem das Ich sich ständig auseinandersetzen muß, sei es, um Schmerz zu bewältigen, sei es, um ihn zu verhindern. Die reaktiven Abwehr- und Anpassungsmanöver können pathologische Formen annehmen, etwa ›Suchen nach narzißtischen Zufuhren‹, ›Überkompensation in der Phantasie‹, ›Identifizierung mit idealisierten und omnipotenten Gestalten‹, ›zwanghafte Pseudosexualität‹, ›Selbstbestrafung‹ sowie ›depressive Reaktionen‹, wenn diese Abwehr- und Anpassungsmechanismen scheitern. Mit dieser Konzeption entkoppeln Joffe und Sandler das Narzißmuskonzept teilweise von der Triebtheorie, zumindest vom ökonomischen Konzept der Energiebesetzung und schlagen statt dessen vor, den Narzißmus in Begriffen von ›Abweichung vom Ideal‹ und ›Suche nach Sicherheit und Wohlbefinden‹ zu definieren. Diese Hampsteadsche Anregung zur Neufassung des Konzepts ›Narzißmus‹ hat in den folgenden Jahrzehnten großen Anklang gefunden.[12] Sie wur-

12 Zur gleichen Zeit wie Joffe und Sandler hatte in den USA Kohut begonnen, das Konzept des Narzißmus zu revidieren – allerdings entwickelte sich aus seinen Arbeiten die vom *mainstream* abweichende ›Selbstpsychologie‹. Einher mit den Diskussionen um das Konzept ›Narzißmus‹ – deren Geschichte auch Konservatismus und Machtgebaren der herrschenden institutionalisierten Psychoanalyse dokumentiert (siehe dazu anekdotisch J. Malcolm, 1983) – ging die Ausarbeitung solcher Konzepte wie zum Beispiel Selbstempfinden, Selbstwertgefühl, Autonomie und Individuation.

de etwa von Mentzos aufgenommen, der bezüglich der Wichtigkeit der Gefühle des Wohlbefindens und der Sicherheit – unter anderen Joffe und Sandler zitierend – schreibt:

»Lassen sich insbesondere alle affektiven Zustände als direkte Triebabkömmlinge begreifen, die dem gleichen Prinzip der Entspannung durch Entladung unterliegen? ›Wir glauben, daß die Entwicklung des Individuums von Anfang an nicht nur von dem Streben nach lustvollem Erleben und dem Vermeiden von Unlust bestimmt ist. Unserer Meinung nach kommt dem Bestreben, Zustände zu erreichen, die Gefühle des Wohlbefindens und der Sicherheit einschließen, besondere Bedeutung zu‹ (Joffe und Sandler 1967, S. 160). In diesem Zitat zeigt sich eine Einsicht und eine Tendenz, die in den letzten Jahren zunehmend an Boden gewonnen hat und die zum Beispiel H. Argelander (1971) dazu veranlaßte, das Lustprinzip im engeren Sinne dem Sicherheitsprinzip gegenüberzustellen. ... Oft wird das Bedürfnis, den Zustand des Wohlbefindens und der Sicherheit zu wahren, dem Verlangen nach sinnlicher Lust vorgezogen. ›Wie wir alle wissen, wird das Streben nach sexueller Lust oft der Aufrechterhaltung eines Gefühls der Sicherheit geopfert‹ (Joffe und Sandler 1967, S. 160). ... Wir kommen also nicht umhin, einen qualitativen Unterschied zwischen Es-Strebungen und Selbst-Bedürfnissen festzustellen. Das Wohlbefinden bei ausreichendem Selbstwertgefühl und Identität ist etwas ganz anderes als die Entspannung nach Triebabfuhr. ... Im Normalfall ist damit zu rechnen, daß Befriedigungen auf beiden Gebieten sich überschneiden, zusammengehören und sich gegenseitig verstärken. ›So ist für Verliebte auch und gerade ein narzißtisches Hochgefühl charakteristisch‹ (Henseler 1976, S. 460). Es besteht aber kein Zweifel daran, daß auch ein Konkurrieren der beiden Bedürfnisse bestehen kann. ... In bestimmten Situationen wird eine Triebbefriedigung sogar als Erniedrigung empfunden.

Noch etwas kann diese Differenzierung zwischen narzißtischen und Triebbedürfnissen leisten: Sie ermöglicht eine bessere Beschreibung der Tatsache, daß Triebbefriedigung durch narzißtische Befriedigung ersetzt werden kann und umgekehrt. So verzichtet das Kind auf bestimmte Triebbefriedigungen, um das Lob der Mutter zu erhalten. Umgekehrt tröstet sich das Kind (oft auch der Erwachsene) für eine narzißtische Kränkung mit Hilfe von Süßigkeiten oder durch die Rückkehr zum Daumenlutschen!

Wir unterscheiden heute also zwischen einer Triebentwicklung einerseits und einer narzißtischen (Selbst-)Entwicklung andererseits. ... Beide hängen eng miteinander zusammen und beeinflussen sich gegenseitig. Beide werden ihrerseits maßgebend von der Entwicklung der Objektbeziehungen bestimmt. An dieser Stelle sei noch einmal erinnert: Nicht nur der Trieb braucht Objekte zu seiner Befriedigung, auch das Selbst bedarf der Objekte bei seiner Konstituierung und zur Befriedigung seiner Bedürfnisse« (Mentzos, 1982, S. 54 f.).

An diesem Punkt breche ich die natürlich auch weiterhin stattfindende Diskussion des Konzepts ›Narzißmus‹ ab – anzumerken bliebe lediglich, daß sie sich nach wie vor oft an Klärungs- und Differenzierungsversuchen orientiert, die aus der Arbeit am Hampstead-Index hervorgegangen sind.

Überlegungen zur Forschungsmethodik

Welche Elemente des Hampstead-Index-Projekts passen nun zu einem Projekt mit explizit konzeptforscherischer Intention? Schon in der engen Verflechtung von Theorie und Praxis stellt die Arbeit der Hampstead-Forschungsgruppe ein gelungenes Beispiel für Konzeptforschung dar. Durch die schriftlichen Wochenberichte sowie den regelmäßig dokumentierten Behandlungsverlauf durch den behandelnden Analytiker erhielt die Forschergruppe Daten, die den Originaldaten recht nahe waren. Zwar waren sie nicht so ausführlich wie ein Transkript und durch den behandelnden Therapeuten bereits selegiert und vorstrukturiert, aber sie waren deutlich ausführlicher in der Wiedergabe der Verlaufsstruktur der Behandlung als etwa eine klassische Einzelfallvignette. Wesentlich aber ist, daß durch die Teilnahme der behandelnden Therapeuten

- bei Auswahl und Einteilung des Materials in Beobachtungseinheiten,
- bei der Aufstellung der Haupt- und Unterkategorien zur Einordnung des Materials,
- bei der Einsortierung des klinischen Materials in diese Kategorien

diejenigen Personen in den Forschungsprozeß integriert worden sind, die bei Problemen und Nachfragen anderen Mitarbeitern Auskunft geben konnten. Aber diese systematische Einbindung beschränkte sich nicht nur auf die Erstellung des Basismaterials für die eigentlich intendierte Indexierung, denn mit den ›problem charts‹ ergaben sich die auslösenden Momente für konzeptuelle Überlegungen:

- Was macht man, wenn klinisches Material anscheinend unter kein Konzept befriedigend gefaßt werden kann?
- Was macht man, wenn klinisches Material offenbar unter mehrere Konzepte gleichzeitig subsumiert werden könnte?
- Was macht man, wenn zwischen behandelndem Therapeuten und beteiligten Kollegen strittig ist, unter welches von mehreren konkurrierenden Konzepten Material eingeordnet werden soll?

Man muß sich verdeutlichen, daß solche Probleme bei einem einzeln forschenden Praktiker meistens folgende Lösung finden: Die Phänomene werden zunächst gemäß seiner theoretischen Ausrichtung, seinem expliziten wie impliziten Verständnis der Konzepte und seinem Arbeitsmodell vom Patienten unter die ihm vertrauten Konzepte subsumiert. Wenn sich Probleme ergeben, werden dann zuweilen entweder die ›störenden‹ Phänomene übergangen bzw. umgedeutet oder die Konzepte werden ein wenig ›zurechtgebogen‹, bis sie besser zu den Phänomenen ›passen‹ (zumindest muß diese Gefahr, vielleicht auch zu verstehen als eine Art unbewußter ›Widerstand‹ gegen die fortschreitende Integration neuer Aspekte, gesehen und reflektiert werden). Am Ende kann dann durchaus eine überzeugende und schlüssige Darstellung des Einzelfalls stehen; Aspekte des Materials, die dem eigenen Arbeitsmodell nicht entsprechen und wichtige Hinweise darauf, daß Konzepte unbefriedigend sind und Anlaß besteht, sie zu verändern, gehen dabei jedoch oft verloren. Diese eigentlich wenig befriedigenden Lösungen bei der Subsumtion der Phänomene unter die Konzepte ergeben sich übrigens nicht nur bei einzelnen Therapeuten oder auch zwischen Therapeuten innerhalb *einer* psychoanalytischen ›Schule‹, ähnliche Probleme gibt es natürlich auch in der Kommunikation zwischen den verschiedenen analytischen ›Schulen‹ – so wäre es bekanntlich ohne weiteres möglich, die gleiche Behandlungssequenz einmal freudianisch, einmal kleinianisch und einmal kohutianisch zu ›erzählen‹ – und für einen interessierten Zuhörer oder Leser mag sich die Frage ergeben, ob das jetzt drei Fälle sind oder nur einer.

Die Hampstead-Gruppe hat diese Probleme gesehen und versucht, sie systematisch und konstruktiv zu lösen. Die Konstituierung zunächst der ›ad-hoc research groups‹ zu einzelnen Konzepten und dann die Diskussionen im Plenum, die sich kontinuierlich der Konzeptklärung widmen sollten, dienten dem Ziel einer diskursiven Lösung anstehender Fragen durch analytische Fachleute. Dabei war insbesondere der ›hermeneutische Zirkel‹ wichtig, der gerade den behandelnden Analytiker zu gelegentlich frustrierender Arbeit nötigte:

- nämlich die Re-Indexierung seines Fallmaterials vorzunehmen, wenn ein Konzept von der Forschergruppe modifiziert oder ausdifferenziert worden war – und das hieß ja auch, neue Karteikarten anzulegen;
- des öfteren die Schwierigkeiten rückzumelden, die sich trotz der ›verbesserten‹ Konzepte bei der Einordnung des Materials wiederum ergaben – und damit eine neue Runde konzeptueller Überlegungen einzuläuten.

Doch dieser teilweise wiederholte Rückkoppelungsprozeß nötigte dem behandelnden Analytiker nicht nur Arbeit auf, er berührte sicherlich auch zuweilen das bereits erwähnte Problem des ›Widerstands‹ gegen eine veränderte Sicht *seines* Behandlungsfalls. Denn immerhin war der behandelnde Analytiker ja aufgefordert, seine ursprüngliche Einordnung des Fallmaterials zu korrigieren und das Material nun im Lichte dieses korrigierten Konzepts erneut zu beurteilen. Allerdings scheint es so, als seien solche Konflikte und auch andere aus der Analyse von Gruppenprozessen hinreichend bekannte Phänomene in den meisten Fällen durch die Einbindung in das Team befriedigend bearbeitet worden, sei es durch die Kultivierung einer kritischen Haltung den eigenen Ideen gegenüber, sei es durch die diskursive Behandlung der

Probleme in der Zusammenarbeit mit erfahrenen Analytikern und Kollegen – zumindest war es so, daß am Ende solcher Gruppendiskussionen Konsens, aber vor allem auch Dissens prägnanter herausgearbeitet waren –, sei es durch die Möglichkeit, abweichende Auffassungen auch individuell zu veröffentlichen.[13]

Von nicht geringer Bedeutung bei der sukzessiven Differenzierung der Konzepte war sicherlich auch die Anbindung aller Aktivitäten an eine systematische Lektüre und kritische Analyse der für ein Konzept relevanten Literatur. Schließlich wollte die Hampstead-Gruppe nicht lediglich ihre eigene Sicht der Konzepte konsensuell ausdifferenzieren, sie schuf mit dem Verweis auf Schwierigkeiten in der Konzeptverwendung auch in der analytischen Öffentlichkeit Problembewußtsein, unterbreitete zuweilen sogar *Vorschläge*, wie die Konzepte sinnvoll und der analytischen Praxis angemessener verwendet werden könnten, und wollte damit – in bester Freudscher Tradition – die »wissenschaftliche[n] Grundbegriffe schärfer erfassen und sie fortschreitend so abändern, daß sie in großem Umfange brauchbar und dabei durchaus widerspruchsfrei werden«. Und im Laufe der immerhin 20jährigen Beschäftigung mit solchen Fragen ging es dabei nicht nur um die fortdauernde Klärung einzelner Konzepte,

13 Sicher spielte die Tatsache eine nicht unwesentliche Rolle, daß an der Klinik in all den Jahren auch ein lebhafter Austausch mit anderen britischen und mit auswärtigen analytischen Kollegen herrschte – die Gruppe sozusagen keine hermetisch abgeriegelte war. So hielten sich regelmäßig ausländische Analytiker als Gäste in der Klinik auf, deren eigene Forschungsinteressen zur Beschäftigung mit der Index-Arbeit führten. Über diese Gäste kamen im übrigen auch andere theoretische Einflüsse zur Geltung (allein schon durch Diskussionen mit Mitgliedern der beiden anderen Gruppierungen der englischen psychoanalytischen Vereinigung), die in Auseinandersetzung traten mit der wohl eher konservativen Orientierung Anna Freuds – deren Autorität im Sinne einer Art grauer Eminenz im Hintergrund sicher ein für die Beurteilung des spezifischen Gruppengeschehens nicht zu vernachlässigender Faktor darstellt.

sondern auch um ganze Konzeptfelder samt der Beziehungen der Konzepte untereinander und insgesamt um die Ausformulierung jener ichpsychologisch-objektbeziehungstheoretischen Position, wie sie mit den Mitgliedern dieser Gruppe verbunden wird.

Der Umstand, daß das Hampstead-Projekt gar nicht als Konzeptforschungsprojekt, sondern als Indexierungs-Projekt geplant war, daß sich vielmehr die meisten forschungspraktischen Schritte erst im Laufe des Entstehens konzeptueller Probleme ergaben, paßt allerdings wenig zu dem, was man heute unter einem sorgfältig vorgeplanten Projekt versteht. Zwar erscheint gerade die Mehrgleisigkeit des Vorgehens – Zusammenarbeit mit dem behandelnden Analytiker, Gruppendiskussionen über (Indexierung und) Konzepte, Literaturanalysen – einer Konzeptforschung angemessen, doch ist dieses Vorgehen von den Beteiligten damals nicht als eigenständige Forschungskonzeption begriffen, methodisch nicht ausgearbeitet und ebenfalls nicht methodologisch begründet worden. Man darf aber auch den Gedanken nicht von der Hand weisen, daß es gerade dieser kreativ zu füllende Freiraum war, der im Hampstead-Projekt zu so tragfähigen Lösungen geführt hat. Es erscheint unter den heutigen Rahmenbedingungen kaum wiederholbar, soviele beteiligte Forscher – in zwar wechselnder Zusammensetzung und unter Teilnahme zahlreicher auswärtiger analytischer Kollegen – zwei Jahrzehnte institutionell zusammenzuhalten und zu finanzieren. Will man heute ein Projekt zur Konzeptforschung planen, müßte man es deshalb bescheidener auslegen: Es müßte personell entschieden sparsamer ausgestattet sein, kürzere Laufzeiten haben und in der Regel nur ein zu untersuchendes Konzept betreffen.

Ein weiterer inhaltlicher, klinisch relevanter Punkt – dem im anschließend vorgestellten »Trauma-Projekt« Rechnung zu tragen versucht wurde – sei noch angeführt: Wie bereits erwähnt, wurde bei der Indexierung der *noch laufenden* Behandlungsfälle nicht systematisch bedacht, daß dieser Indexierungsprozeß selbst den analytischen Behandlungsprozeß tangieren, ihn spezifisch verändern kann. Wie haben die regelmäßigen Diskussionen mit Kollegen die gleichschwebende Aufmerksamkeit der Behandler beeinflußt? Welche Rolle hat in der Behandlung das Wissen um die sich an die Behandlungssequenz anschließende kollegiale Besprechung gespielt? Welche Auswirkungen hatten eventuelle narzißtische Kränkungen, wenn sich die Auffassungen von mitdiskutierenden Kollegen als zutreffender erwiesen haben? Dies sind zwar Fragen, die sich mit all ihren Implikationen im übrigen ähnlich auch in jeder supervidierten Behandlung stellen, doch ist dort meistens das Ausmaß des gewährten Einblicks in die eigene Behandlung nicht so groß, und zudem steht dort in der Regel nicht die eigene Kompetenz bezüglich der Verwendung psychoanalytischer Konzepte zur Diskussion. Nicht zuletzt muß man auch bedenken, daß der mögliche Verlust des eigenen, vertrauten Begriffsapparats und die damit verbundene mögliche Verunsicherung bezüglich der eigenen ›analytischen Identität‹ (was immer das sein mag) Ängste hervorrufen kann, etwa professionell isoliert zu werden. Denn immerhin könnte im Einzelfall vielleicht ein Bruch mit orthodoxen Überzeugungen oder mit Überzeugungen des eigenen analytischen Milieus drohen – alles Faktoren, die verschärfend und polarisierend wirken können und damit eine konstruktive Diskussion verhindern würden. Aber vielleicht steckt hinter solch kritischen Fragen auch eine methodologische Illusion – die Illusion nämlich, jeden möglichen störenden Einfluß eliminieren oder kontrollieren zu können; eine Illusion, die im übrigen in der an Designs orientierten Psychotherapieforschung eine gewichtigere Rolle spielt als in der Konzeptforschung, in der ja nicht der analytische Prozeß selbst, sondern die zu seinem Verständnis verwendeten theoretischen Konzepte im Mittelpunkt stehen.

Es bleibt ein letzter inhaltlicher Punkt zu vermerken, der jedoch von besonderer Bedeutung ist: Im Hampstead-Projekt wurde kein systematisches Augenmerk auf das Phänomen gelenkt, daß praktizierende Analytiker während ihrer analytischen Arbeit und beim Reflektieren über diese Arbeit Konzepte nicht nur in ihrer expliziten Bedeutung verwenden, sondern daß auch implizite Bedeutungsaspekte generiert und ausprobiert werden – daß Praktiker also bestehende Konzepte zunächst für sich und ihre Arbeit modifizieren und dann probeweise anwenden. Insbesondere diesen Überlegungen, daß und auf welche Weise Konzepte einen zunächst impliziten Bedeutungswandel erfahren können, wurde im Forschungsprojekt zum Konzept des psychischen Traumas besondere Aufmerksamkeit geschenkt.

5. Konzeptforschung im Trauma-Projekt

Theoriegeschichtlicher Kontext

Vor der Darstellung eines Konzeptforschungsprojekts aus den achtziger Jahren zum Konzept des psychischen Traumas will ich nunmehr umrißhaft sowohl einige Weichenstellungen in der psychoanalytischen Theorieentwicklung bis zur jüngeren Gegenwart als auch für das Projekt programmatische Überlegungen nachzeichnen, Überlegungen darüber, wie Konzepte in der Psychoanalyse sich überhaupt verändern, wie man auf ›neue Ideen‹ kommen kann. Dabei wird wissenschaftlicher Fortschritt als nicht nur aus der strikten Befolgung expliziter und rationaler Forschungsparadigmen resultierend gesehen, sondern es wird die ebenso wichtige Rolle von persönlichen, sozialen oder wissenschaftlichen ›Vorurteilen‹ in Form impliziter Theorien betont, ein Aspekt, den ich im abschließenden Kapitel 6 noch einmal aufnehmen werde.

Parallel zu den im vorigen Kapitel beschriebenen ›Controversial Discussions‹ in England entwickelte sich die Psychoanalyse vor allem in den USA zügig weiter.[1] Die in den vierziger und fünfziger Jahren eingeleitete Erweiterung des Theoriekorpus und die damit verbundene Modifizierung der klassischen Behandlungsmethode in Form analytisch orientierter Psychotherapieverfahren ist thematisiert im Rahmen

1 Aus zwei Gründen werde ich die Geschichte der angelsächsischen Psychoanalyse weiter verfolgen: zum einen, weil sie international die am meisten rezipierte Position ist und exemplarisch an ihr die wichtigsten theoretischen Entwicklungen aufzuzeigen sind; zum anderen, weil sie in Deutschland nach dem Zweiten Weltkrieg wichtigster theoretischer Bezugspunkt für die klinische Psychoanalyse wurde, anders als etwa die Arbeiten der romanischsprachigen Psychoanalyse. Zur Geschichte der Nachkriegspsychoanalyse in der Bundesrepublik sei verwiesen auf Loch (1983) und Mitscherlich-Nielsen und Michaelis (1984).

der ›widening scope discussions‹ (vgl. Kapitel 4). Innerhalb der amerikanischen psychoanalytischen Gemeinschaft zeitigten diese Diskussionen zwei konkurrierende Effekte:

- zum einem die zunehmende Einsicht in die beschränkten therapeutischen Möglichkeiten der klassischen Psychoanalyse und die Überzeugung, daß die psychoanalytische Methode in ihrer klinischen Anwendung flexibel zu sein und den Bedürfnissen des individuellen Patienten zu entsprechen hatte;
- zum anderen – zur Vermeidung einer Verwässerung durch modifizierte Verfahren – die Betonung und ein zuweilen rigides Festhalten an einer ›Standardtechnik‹ mit der Deutung als wesentlichstem Instrument im psychoanalytischen Prozeß. Abweichungen vom ›basic model of psychoanalytic technique‹ (zum Beispiel unterstützende Maßnahmen, Konfrontationen usw.) wurden als ›Parameter‹ verstanden, als ›temporary expedients‹, die durch ›Deutung‹ später wieder aufzuheben waren (Eissler, 1953).

Im Kontext der theoretischen Ausarbeitung des letzten Freudschen Entwurfs, des strukturellen Modells der Psyche, entwickelte sich die sogenannte ›Ich-Psychologie‹ mit dem alten Anspruch, eine allgemeine Psychologie vorzulegen. Im Mittelpunkt standen Überlegungen zu Funktionen und Fähigkeiten des Ichs als der Hauptinstanz zur Regulierung der intrapsychischen Anpassung. Diese ›Ich-Psychologie‹ sollte die ›Trieb- und Es-Psychologie‹ ergänzen und ist in den USA verbunden mit den Namen von Hartmann, Kris und Loewenstein. Jenseits der institutionellen Macht der Ich-Psychologie, die bald Institute und Ausbildungsprogramme kontrollierte, und wohl auch in Reaktion auf diese Dominanz begannen sich in den sechziger Jahren verstärkt unabhängige theoretische Ansätze zu artikulieren, die bis heute – in Auseinandersetzung mit einer anfänglich entsprechenden Abgrenzungstendenz der etablierten Psychoanalyse – die Diskussion bestimmen. Im wesentlichen sind dies

- die Objektbeziehungstheorien, in den USA verbunden mit Namen wie Jacobson, Loewald, Kernberg, Modell; in England – allerdings mit anderen Akzenten – verbunden etwa mit Fairbairn, Balint, Winnicott. Betont wird vor allem die Rolle der Interaktion mit wichtigen personalen Objekten in den frühen ichbildenden Internalisierungsprozessen (object seeking vs. pleasure seeking; Objektbeziehungsschicksal vs. Triebschicksal); der Entwicklung von Selbst- und Objektrepräsentanzen, die als Niederschlag dieser Interaktionserfahrungen konzipiert werden; der Untersuchung der Beziehungen des Patienten zu seinem Selbst und den ihm wichtigen – inneren und äußeren – Objekten mit entsprechender Betonung der Patient-Analytiker-Beziehung, in der sich frühe Objektbeziehungserfahrungen reaktivieren und sich durchaus als ›Szene‹ im Sinne Lorenzers zeigen können. Natürlich sind hier auch die kleinianischen Ansätze zu nennen, wenngleich deren Orientierung nach wie vor überwiegend triebtheoretisch ist. Auch würde ich hier die neuere US-amerikanische Variante subsumieren, den ›interpersonal or intersubjective approach‹ (siehe dazu etwa Mitchell, 1988, und Stolorow et al., 1996);

- die Selbstpsychologie, verbunden mit dem Namen Kohut. Ihre Betonung gilt einer parallel zur Triebentwicklung eigenständig gedachten narzißtischen Entwicklung. Dabei hat Kohut ähnliche Gedanken zum Narzißmus formuliert, wie sie auch im Gefolge der Hampsteadschen Konzeptklärungen vorgetragen wurden. Neben seinen Überlegungen zum Narzißmus haben vor allem auch seine Konzepte der unterschiedlichen narzißtischen Übertragungsformen Anklang gefunden. Die Ausarbeitung einer eigenen ›Psychologie des Selbst‹ (Kohut, 1973, 1979) entfernte ihn dann vom ›mainstream‹ der Psychoanalyse;
- die neuere psychoanalytische Entwicklungspsychologie, die beide vorgenannten Ansätze nutzt. Seit Ende der sechziger Jahre ist hier vor allem der Mahlersche Bezugsrahmen bestimmend. Über die Jahre hatten vor allem Psychoanalytiker, die mit Kindern arbeiteten und über deren Entwicklung forschten, neue Hypothesen sowohl bezüglich der kindlichen Entwicklung als auch zum Verständnis Erwachsener formuliert (Erikson, Spitz, Winnicott,

A. Freud, M. Klein). Ausgehend von ihrer Arbeit mit psychotischen Kindern stellten nun Mahler und ihr Team einen neuen Bezugsrahmen für die *normale* Entwicklung zur Verfügung, der in einem Vierphasenmodell die frühen Prozesse der Loslösung und Individuation ausarbeitete und der zunächst parallel zum alten Freudschen Entwurf der Entwicklung in Libidophasen diskutiert wurde (Mahler, Pine und Bergman, 1978). In der internationalen Psychoanalyse ist heute das Mahlersche Modell ein wichtiger Referenzpunkt für das Verständnis von Kindesentwicklung, Psychodynamik allgemein und Neurosenentstehung. Die sogenannten ›baby-watcher‹ lenkten dann seit Ende der siebziger Jahre verstärkt den Blick auf den Ablauf der normalen Entwicklung und legten dabei neben neuen Befunden vor allem über die Säuglingsentwicklung auch darauf bezogene begriffliche Ausdifferenzierungen vor, siehe die Arbeiten von Stern, Emde und Lichtenberg.[2] Ihre Vorschläge stellen nun wiederum manche der Mahlerschen Modellvorstellungen in Frage.

Von den sechziger Jahren an gab es ein Nebeneinander bemerkenswert widersprüchlicher Ansätze, und im Kuhnschen Sprachspiel könnte man sagen, daß das orthodoxe Paradigma in die Krise geraten war – Krise allerdings verstanden als Gefahr wie als Chance. Offensive Auseinandersetzungen führten zu wachsenden Spannungen in der Diskussion der unterschiedlichen Theoriekonzeptionen. Dies kann natürlich nicht betrachtet werden, ohne den Hintergrund der gesellschaftspolitischen Diskussionen der sechziger Jahre zu erwähnen, insbesondere die Diskussionen um die gesellschaftliche Funktion von Psychiatrie und Psychoanalyse und hier auch speziell die Kritik der antipsychiatrischen Bewegung an konventionellen Vorstellungen darüber, was seelische Gesundheit bzw. Krankheit denn ist, wie Krankheit

2 Siehe etwa Dornes (1993, 1997), der diese Befunde zum ›kompetenten Säugling‹ samt deren Implikationen für einige psychoanalytische Konzepte (etwa primärer Autismus und Symbiose) beschreibt und kommentiert.

entsteht und wer sie als Abweichung definiert. Interne heftige Auseinandersetzungen bis hin zu offenen Machtkämpfen prägten die Psychoanalyse der siebziger Jahre, der Einfluß der Ich-Psychologie ließ nach, integrative Tendenzen und das Interesse an Theorien über Affekte, über selbstregulatorische Prozesse, über Objektbeziehungen und Intersubjektivität setzte sich durch. Insgesamt herrscht in der heutigen internationalen Psychoanalyse eher der häufig konstatierte Theorie- und Konzeptpluralismus, der gelegentlich als ›babylonische Sprachverwirrung‹ (Steiner, 1994) bezeichnet wird und leider von manchen im Sinne eines – mißverstandenen – Feyerabendschen ›anything goes‹ nur positiv bewertet wird. Doch hier ergibt sich ein Problem: Was ist angesichts dieser Meinungsvielfalt eigentlich aus den klassischen Freudschen Konzepten geworden, mit dem dieser vor nunmehr hundert Jahren die Psychoanalyse begründete? Gelten sie unverändert, wie dies Luborskys Verwendung des Übertragungsbegriffs von 1912 nahelegen könnte, oder bildet sich in ihnen der skizzierte Theorienwandel ab? Für das Konzept des Traumas sollten diese Fragen systematisch untersucht werden.

Das Trauma-Projekt

Anfang der achtziger Jahre konstituierte sich eine Arbeitsgruppe ›Konzeptforschung‹ am Sigmund-Freud-Institut in Frankfurt, der ich selbst angehörte.[3] Den Kern dieser Gruppe bildeten sechs Psychoanalytiker/-innen des SFI, jeglicher beruflicher Qualifikation vom Ausbildungs- bis zum Lehranalytikerstatus; am Rande waren mit der Gruppe eine Psychologin sowie ein weiterer Analytiker verbunden, die von außerhalb kamen. Alle ›festen‹ Projektmitarbeiter verblieben im

3 Die Ergebnisses dieses Projekts, das von der Breuninger-Stiftung mitfinanziert wurde, sind veröffentlicht in Sandler, Dreher, Drews, Fischer, Klüwer, Muck, Vogel und Will (1987), im folgenden zitiert als ›Projektbericht, 1987‹, sowie in Sandler, Dreher und Drews (1989, 1991).

Projektzeitraum von mehreren Jahren parallel in ihren üblichen Arbeitskontexten (Tätigkeiten in Ambulanz, Forschungsprojekten, Lehre und Ausbildung), kamen aber zusätzlich regelmäßig für ein, zuweilen zwei ›Trauma-Sitzungen‹ in der Woche zusammen. Das Projekt war auf Anregung von J. Sandler – damals ›senior scientist‹ am Freud-Institut – zustande gekommen und wurde in regelmäßiger Zusammenarbeit mit ihm durchgeführt. Sandler gehörte zu den vornehmlich anglo-amerikanischen Analytikern, die auf Initiative A. Mitscherlichs seit den sechziger Jahren durch regelmäßige Besuche, Vorträge und Seminare den ›Wiederaufbau‹ der bundesdeutschen Psychoanalyse bzw. den Anschluß an die Theoriediskussion in England und USA ermöglichen sollten. Zur Zeit des Trauma-Projekts war, wie eben skizziert, das psychoanalytische Theorieklima von Pluralismus und beginnenden integrativen Ansätzen geprägt. Es schien nun interessant, einen Weg zu suchen, in diese Theorieentwicklung einzuhaken und beispielhaft das Bedeutungsfeld *eines* zentralen Konzepts zu genau diesem Zeitpunkt aufzuzeigen.

Begründung der Auswahl des Konzepts

Bei der Auswahl des Konzepts ›psychisches Trauma‹ ließ sich die Arbeitsgruppe von zwei Kriterien leiten:
- einem methodischen wie auch historischen Kriterium, denn ›psychisches Trauma‹ ist ein Konzept, das schon in den ersten Freudschen Arbeiten an zentraler Stelle auftaucht und sich im Fluß der Theoriegeschichte gut darstellen läßt;
- einem inhaltlichen Kriterium, das dieses Konzept gerade deshalb für die Konzeptforschung interessant macht, weil ›psychisches Trauma‹ von Anfang an mehrdeutig verwendet worden ist.

Die bekannte Freudsche Definition des Begriffs, formuliert im Rahmen der Strukturtheorie, ist die des Durchbruchs des normalen Reizschutzes des Ichs infolge eines gravierenden, unlustvollen Erlebnisses. Demnach stellt sich ein Trauma ein,

»wenn das Ich einen exzessiven Zuwachs an unlustvoller Erregung, aus äußeren oder inneren Quellen herrührend, nicht durch ein Angstsignal antizipieren und entsprechende Abwehrmaßnahmen einleiten kann, oder das Ich nicht in der Lage ist, den Spannungszuwachs abzuführen und zu bewältigen. Das Ich befindet sich dann in einem Zustand der Hilflosigkeit und Überwältigung durch traumatische Angst« (Projektbericht, 1987, S. 19).

Die Metapher des Durchbruchs des Reizschutzes allein kann aber offensichtlich weder die Vielfalt der Verwendung des Konzepts in der klinischen Praxis, noch die Vielfalt der unter dieses Konzept subsumierten Phänomene abdecken. Davon zeugen schon die zahlreichen Versuche der begrifflichen Ausdifferenzierung oder Spezifizierung: Zum Beispiel wird gesprochen von posttraumatischem Zustand, traumatischer Neurose, Traumatisierung, kumulativer Traumatisierung, normalem Trauma, stillem oder benignem Trauma, Belastungstrauma, Schocktrauma, Deprivationstrauma oder Extremtraumatisierung. Therapeuten, die traumatisch geschädigte Patienten behandeln, scheinen unterschiedliche, mehr oder minder explizit reflektierte Auffassungen des Konzepts Trauma zu haben, die natürlich jeweils ihr therapeutisches Handeln in hohem Maß bestimmen. Im Verlaufe der nun fast 100jährigen Begriffsgeschichte hat das Konzept Trauma somit, wie eigentlich alle psychoanalytischen Konzepte – und wie übrigens auch andere psychologische Konzepte wie Intelligenz, Angst, Lernen, Affekt usw. –, vielfältige Wandlungen durchgemacht. Eine Ausweitung der Verwendungsmöglichkeiten kann die Vielschichtigkeit eines Konzepts zwar illustrieren, sie verwirrt aber eben auch, denn teilweise sind sehr verschiedene Aspekte erfaßt, die sich möglicherweise nur schwer unter *ein* Konzept subsumieren lassen.

Zur Programmatik

Die Untersuchung zum Konzept des psychischen Traumas war Ideen über Theorienveränderung verpflichtet, wie sie beispielsweise von Sandler zur ›Elastizität psychoanalytischer

Konzepte‹ vorgetragen wurden, Ideen, die ihrerseits in wesentlichen Punkten den Vorstellungen Kuhns zur Theoriendynamik ähneln. Bereits Freuds Charakterisierungen der Psychoanalyse weisen diese aus als eine Erfahrungswissenschaft, die ständig in Fluß ist und stetem Wandel unterworfen, will sie nicht in orthodoxen Positionen verharren. Exemplarisch in diesem Zusammenhang sind etwa seine in der Narzißmus-Arbeit geäußerten Überzeugungen. Dort unterscheidet er zwischen einer »spekulativen Theorie« und einer »auf Deutung der Empirie gebauten Wissenschaft« und bemerkt:

»Die letztere wird der Spekulation das Vorrecht einer glatten, logisch unantastbaren Fundamentierung nicht neiden, sondern sich mit nebelhaft verschwindenden, kaum vorstellbaren Grundgedanken gerne begnügen, die sie im Laufe ihrer Entwicklung klarer zu erfassen hofft, eventuell auch gegen andere einzutauschen bereit ist. Diese Ideen sind nämlich nicht das Fundament der Wissenschaft, auf dem alles ruht; dies ist vielmehr allein die Beobachtung. Sie sind nicht das Unterste, sondern das Oberste des ganzen Baues und können ohne Schaden ersetzt und abgetragen werden. Wir erleben dergleichen in unseren Tagen … an der Physik« (Freud, 1914, S. 142).

Hiermit ist das methodologische Spannungsfeld charakterisiert, in dem psychoanalytische Konzepte zu sehen sind:

- auf der einen Seite der Wunsch nach klaren und widerspruchsfreien Definitionen aller Konzepte, vielleicht sogar in einer Weise, daß ein System von Konzepten formalisiert und als Grundlage einer Computersimulation benutzt werden könnte. Auch wer ›a posteriori‹ quantifizieren will, braucht bekanntlich solche eindeutigen, zur präzisen Operationalisierung und Messung geeigneten Konzepte;
- auf der anderen Seite stehen die Erfordernisse des »Fundaments der psychoanalytischen Wissenschaft«, der klinischen Beobachtung in der analytischen Situation, die sich anfänglich mit »nebelhaft verschwindenden« Konzepten begnügen muß. Hier sind die Konzepte zunächst semantisch unbestimmt; dies vielleicht, weil dem Gegenstandsbereich, der menschlichen Psyche, selbst eine Unbestimmtheit innewohnt, vielleicht auch, weil der Analytiker

als erkennendes Subjekt sich zunächst tastend und noch unsicher vorwärtsbewegt, vielleicht aber auch, weil der psychoanalytische Wissensbestand zu einer Präzisierung noch gar nicht ausreicht.

Die Konzeptforschung sieht sich nun nicht auf seiten der spekulativen Theorie, sondern auf Seiten einer »auf Deutung der Empirie gebauten Wissenschaft«, die mit ihren Methoden eben dies versucht: an der steten Klärung und Präzisierung von Konzepten mitzuwirken.

Vor dem Hintergrund solch allgemeiner Überlegungen lassen sich Sandlers Gedanken zu Konzeptveränderungen in der Psychoanalyse ansiedeln, wie sie indirekt schon den Arbeiten im Kontext des Hampstead-Index zugrunde lagen und wie sie dann, in der für das Trauma-Projekt programmatischen Arbeit »Die Beziehungen zwischen psychoanalytischen Konzepten und psychoanalytischer Praxis« (Sandler, 1983) ihren Ausdruck fanden. Seine Hauptgedanken seien kurz skizziert. Nach Sandler besteht für die Psychoanalyse als Theoriengebäude durchaus der Anspruch, sie müsse im wesentlichen vollständig und durchorganisiert sein. Dabei sollte jedes respektable psychoanalytische Konzept nach Möglichkeit *eine* als korrekt angesehene Bedeutung haben. Nun aber ist dieses Theoriengebäude – zudem noch zusammengesetzt aus Konzepten von unterschiedlichstem Abstraktionsniveau – ständig ›im Umbau‹ begriffen. Dabei verändern sich theoretische Teilbereiche – auf der empirischen Grundlage der psychoanalytischen Klinik[4] – zwar stetig, aber ungleichmäßig: Einzelne Konzepte decken im Kontext klinischer Erfahrung andere, neue Bedeutungsbereiche ab. Man muß nur an Begriffe wie Narzißmus, Identifizierung und nicht zuletzt an ›Trauma‹ denken, um zu sehen, wie jeder Begriff dehnbar, »elastisch« und anpassungsfähig ist.

Allerdings können Konzepterweiterungen zu Spannungen innerhalb des bisherigen Theoriengebäudes führen: Es kön-

4 Und – wie ich hinzufügen würde – auch aufgrund der Integration von Befunden und Konzepten aus nicht-klinischen Disziplinen, wie etwa der Affektforschung oder der Entwicklungspsychologie.

nen Widersprüchlichkeiten und Unklarheiten auftauchen. Wissenschaftlicher Fortschritt zeichnet sich ja gerade auch durch die Aufdeckung solcher Widersprüche aus; gilt es doch, eine mögliche Kluft zwischen Theorie und klinischer Praxis zu verhindern. Dabei sind nach Sandler zwei Gesichtspunkte zu beachten:

- die *Elastizität des Bedeutungsraums eines Konzepts*
- die *implizite Konzeptualisierung* durch den Analytiker.

Unter dem Gesichtspunkt der ›impliziten Konzeptualisierung‹ versucht Sandler – und zwar zunächst nur deskriptiv – einen bestimmten Vorgang zu fassen, den jeder am Junktim zwischen Heilen und Forschen orientierte Psychoanalytiker nachvollziehen kann: daß nämlich der Praktiker ständig implizit neue theoretische Aspekte der verwendeten Konzepte generiert, die etwas von dem bislang anerkannten Gebrauch abweichen. Er wird sich mit zunehmender klinischer Erfahrung und Kompetenz sogar eine ganze Reihe von theoretischen Teilaspekten konstruieren, die direkt mit *seiner* klinischen Arbeit zu tun haben. Dies sind nach Sandler »Produkte unbewußten Denkens, weitgehend Teiltheorien, Modelle oder Denkfiguren, die sozusagen in Reserve zur Verfügung stehen, um nach Bedarf abgerufen zu werden« (Sandler, 1983, S. 582 f.). So füllt jeder Analytiker mit jedem neuen Fall die konzeptuelle Hülle eines klassischen Konzepts auch mit eigenen Inhalten und nimmt damit letztlich jeweils *seine* Modifikationen der klassischen Theorie vor. Auf diese Weise entsteht nach und nach – von Fall zu Fall sowie von Fallreflexion zu Fallreflexion – ein subjektiver *Bedeutungsraum* eines Konzepts, der sich natürlich weitgehend mit dem allgemeinen, etablierten Bedeutungsraum (der eigenen psychoanalytischen Referenzgruppe – so müßte man Sandler ergänzen) überlappt, jedoch nach Sandler einen Vorteil haben kann:

»Die zahlreichen Anpassungen [bedingt durch implizite, private Theorien], die man in der eigenen psychoanalytischen Arbeit leistet, ... bewirken oder bezeugen [oft], daß die sich entwickelnde eigene, private, vorbewußte Theorie des Analytikers besser auf das Material, das der Patient vorbringt, abgestimmt ist als die offiziell anerkannten Theorien, denen der Analytiker bewußt zustimmt« (ebd., S. 584).

Dies, wie gesagt, geschieht in der Praxis zunächst einmal implizit, das heißt nicht expliziert, und zwar möglicherweise zuerst an den Hauptbestimmungsstücken eines Konzepts, an den – wie Sandler sie nennt – relevanten ›*Dimensionen des Bedeutungsraums*‹.[5] Die Ausdifferenzierung dieser Dimensionen könnte dann wiederum zu höherer Komplexität der Konzepte und damit des Theoriengebäudes insgesamt führen, »was im Sinne eines dialektischen Prozesses auch die Gegenbewegung impliziert, nämlich die Reduktion und Straffung bei zunehmender Komplexität« (Projektbericht, 1987, S. 9).

»Der Wert einer so locker zusammengefügten Theorie besteht vor allem darin, daß in ihr Entwicklungen stattfinden können, ohne zwangsläufig offene Brüche in der theoretischen Gesamtstruktur der Psychoanalyse nach sich zu ziehen. Elastische und flexible Begriffe fangen den Druck von Theorie-Veränderungen ab und absorbieren ihn, so daß sich besser organisierte neue Theorien oder Teiltheorien entwickeln können« (Sandler, 1983, S. 579 f.).

Sandlers Überlegungen sollen verständlich machen, wie in der psychoanalytischen Praxis Konzepte *elastisch* verwendet werden, wie mit ihnen gleichsam spielerisch umgegangen wird, in welcher Weise kontextabhängig, und das meint insbesondere fallabhängig, mit Konzepten im »Bedeutungsraum« gearbeitet wird – was ja auch einen zentralen Aspekt der kreativen Tätigkeit des Psychoanalytikers ausmacht.

Was kann man sich nun unter dem elastischen Bedeutungsraum eines Konzepts etwa vorstellen, der vom Analytiker aus-

5 Die Verwendung geometrischer Metaphern (Raum, Dimension) durch Sandler kann zu Verwechslungen führen mit solchen Ansätzen zur Konnotationsanalyse, die mit statistischen Methoden (zum Beispiel der Faktorenanalyse) tatsächlich Räume – etwa semantische Räume – konstruieren. Wahrscheinlich wäre es unproblematischer, statt von ›Bedeutungsraum‹ einfach von ›Bedeutung‹ und statt von ›Dimensionen des Bedeutungsraums‹ von ›Aspekten der Bedeutung‹ zu sprechen.

gefüllt und unter Umständen verändert werden kann? Mit allem Vorbehalt – denn dieses Konzept ist mit dem hier vorgestellten Ansatz nicht untersucht worden – soll dies am Beispiel der Übertragung illustriert werden. Wenn man die in Kapitel 3 angeführten Überlegungen gemäß der Sandlerschen Gedanken strukturiert, würden sich beispielsweise folgende ›Dimensionen‹ oder, wie ich vorschlagen würde, Aspekte der Bedeutung des Konzepts ›Übertragung‹ ergeben können:

- der Aspekt der *Wiederholung*, der von Freud mit dem Abdruck des eingebrannten, früh in der Lebensgeschichte entstandenen Klischees angesprochen war;
- der Aspekt der *Bedeutung unbewußter Anteile*;
- der Aspekt der *Veränderung über die Zeit*, der die Frage behandelt, wie sich ›Übertragungsmuster‹ im Leben verändern, wie sie ›nachträglich‹ neubearbeitet werden;
- der Aspekt der *Erscheinungsform*, der das Problem beleuchtet, ob sich Übertragungsphänomene ›narrativ‹ oder ›enacted‹ zeigen;
- der Aspekt der *Bedeutung des interaktionellen Geschehens*, welcher die Fragen nach Sinn von Übertragung wie auch die des Zusammenwirkens von Übertragung, Gegenübertragung sowie der analytischen Situation behandelt;
- der Aspekt der *psychischen Funktionalität*, der nach der Art und Weise fragt, wie und warum das ›Hier und Jetzt‹ mit dem ›Dort und Damals‹ verbunden ist.

In diesem ›Bedeutungsraum‹ könnte man Luborskys Auffassung von Übertragung charakterisieren als eine, die eindeutig die ›Dimension‹ des repetitiven Moments hervorhebt, die Veränderungen über die Lebenszeit wenig beachtet, im wesentlichen Narrative untersucht, die Bedeutung unbewußter Anteile zwar zugesteht, in das diskutierte Auswerteverfahren jedoch (noch) nicht integriert hat, die Abhängigkeit von der Gegenübertragung nicht beachtet und hauptsächlich am ›Hier und Jetzt‹ interessiert ist. Lorenzers Auffassung von Übertragung im Zusammenhang seiner Gedanken zu ›Szene‹ und ›szenischem Verstehen‹ hingegen legt nahe, daß er zwar auch Repetitionen erwarten würde, aber keine strikten, vor allem an der Veränderung von Mustern über die Lebenszeit hinweg interessiert wäre und unbewußte Anteile natürlich integrieren würde. Selbstverständlich würde er das Moment der Aktualisierung und somit des ›In-Szene-Setzens‹ betonen, die Übertragungsphänomene würde er als ›abhängig‹ von der Gegenübertragung sowie der analytischen Situation insgesamt ansehen, und er wäre an der Aufklärung des aktuellen wie des lebensgeschichtlichen Sinns interessiert.

Im Forschungsprojekt nun sollte exemplarisch am Konzept des psychischen Traumas praxisnah dessen elastischer Bedeutungsraum erabeitet werden, dabei sollten auch implizite Konzeptualisierungen nach Möglichkeit berücksichtigt werden. Auf eine dieser Programmatik zugrunde liegende Hoffnung will ich abschließend noch einmal hinweisen, »daß die Überprüfung der Dimensionen einiger unserer wichtigsten psychoanalytischen Konzepte möglicherweise ein Mittel [ist], mit dessen Hilfe der Prozeß der Theorieentwicklung beschleunigt werden könnte« (Sandler, Dreher und Drews, 1989, S. 308).

Untersuchungsmethoden

Die Untersuchung des Traumakonzepts einschließlich jener impliziten Aspekte konnte nun nicht auf eine in der Psychoanalyse etablierte Forschungsstrategie zurückgreifen. Man entwarf deshalb eine dreiphasige Forschungsmethodik und bediente sich ihrer, um zu versuchen, den Erfordernissen einer systematischen Konzepterforschung gerecht zu werden. Diese drei Phasen sind

- Literaturanalyse
- Interviews von Psychoanalytikern mit Psychoanalytikern
- Auswertung und Diskussion in der Projektgruppe.

Am Ende dieses Forschungsprozesses standen dann die Herausarbeitung der ›Dimensionen des Bedeutungsraums‹ des Konzepts Trauma sowie die Erarbeitung eines Vorschlags zur differenzierten Verwendung des Konzepts.

Zur Phase I: Literaturanalyse

Die Ausgangsphase bildete selbstverständlich eine – sicher nicht vollständige – Durchsicht und nachfolgende Analyse der einschlägigen psychoanalytischen Literatur zum Konzept ›psychisches Trauma‹, die nicht nur die bisherigen expliziten Aussagen über das Konzept enthielt, sondern gelegentlich auch schon implizite Auffassungen erkennen ließ. Im weiteren Verlauf des Projekts diente die Literaturanalyse als Folie: Sie bildete den ständigen Hintergrund sowohl bei der Auswertung der Interviews wie bei den Projektdiskussionen. Einige wichtige Aspekte der Verwendung des Konzepts in der Literatur seien als Zusammenfassung des Projektberichts kurz skizziert:

- In vielen theoretischen Modellvorstellungen über seelisches Geschehen spielt seit je das aus der Medizin entlehnte Konzept ›Trauma‹, die Vorstellung von der ›seelischen Verletzung‹ durch schicksalhafte Ereignisse oder Erlebnisse, eine zentrale Rolle für das Verständnis vor allem auch psychischer Erkrankungen. Von Beginn an wurde dabei einerseits die überwältigende – traumatische – Intensität des Affekts, der das Erleben begleitete, thematisiert, anderseits aber auch die Störung oder die Deformation in der psychischen Struktur – etwa die traumatische Neurose –, die sich als Folge des Erlebnisses entwickelte.
- Freuds nachdrücklicher Verweis auf die Rolle der ›Innenwelt‹ bei der Entstehung psychischer Störungen hatte seine frühere Akzentuierung der psychologischen Bedeutung punktueller äußerer Ereignisse verschoben auf die Erlebnis- und Verarbeitungsmechanismen des Individuums insgesamt: »Wir nennen [Trauma] ein Erlebnis, welches dem Seelenleben innerhalb kurzer Zeit einen so starken Reizzuwachs bringt, daß die Erledigung oder Aufarbeitung desselben in normal-gewohnter Weise mißglückt, woraus dauernde Störungen im Energiebetrieb resultieren müssen« (Freud, 1916/17, S. 284). Dennoch: Das Konzept ›Trauma‹ betont nach wie vor auch die Rolle spezifischer, gravierender äußerer Ereignisse in der Funktion von Kausalfaktoren für bestimmte psychische Folgephänomene, die Beziehung zwischen ›innen‹ und ›außen‹ ist dabei nie präzise bestimmt worden.

Die zunehmend genauere Kenntnis der frühkindlichen Entwicklung durch systematische Kinderbeobachtung und durch psychoanalytische Kindertherapie hat zu weiteren Ergänzungen und Revisionen geführt, so etwa zur Betonung der Relevanz innerer und äußerer Objektbeziehungen in einer traumatischen Situation und dabei vor allem zur Betonung der Rolle der ersten wichtigen Bezugspersonen und ihrer ›Halte-Funktion‹ (Winnicott) bzw. deren Internalisierung; oder zur Betonung der Rolle von frühen Objektverlusten und deren Einfluß auf die Reifungsprozesse (Spitz), in diesem Kontext taucht der Begriff des ›Deprivationstraumas‹ auf. Auch führten diese Forschungen zur Relativierung des Begriffs vom *einem* traumatischen Ereignis hin zur Betonung *kumulativer* traumatischer Mangel- und Versagenserfahrungen (Khan).

- Im Zusammenhang der psychischen Entwicklung ist auch vielfach die Rede von der adaptiven Funktion früher Traumata, also ihrer Interpretation als Entwicklungsanreiz. Begriffe wie ›benignes Trauma‹ (Rangell), ›nützliches Trauma‹ (Hoffer) sowie ›optimale Traumatisierung‹ (Kohut) werden in die Diskussion gebracht.
- Im Kontext von Überlegungen zu psychischen Bedingungen und Auswirkungen von körperlichen Verletzungen und Erkrankungen taucht wiederholt der Hinweis auf, daß auch auf die jeweiligen individuellen Vor-Bedingungen geachtet werden müsse, auf welche vorhandene psychische Struktur etwa ein überwältigendes Ereignis eintrifft, und zwar auf eine in Entwicklung befindliche Struktur bei Kindern (A. Freud) oder auf die bereits ausgereifte, als relativ gefestigt geltende von Erwachsenen. Es wurde auch gefragt, ob es schreckliche Ereignisse oder Erlebnisse gibt, die jegliche psychische Struktur – unabhängig von ihrer Stabilität – zerstören können. Auf den Begriff gebracht hat dies Eissler (1963) mit seiner Frage: »Die Ermordung von wie vielen seiner Kinder muß ein Mensch symptomfrei ertragen können, um eine normale Konstitution zu haben?«
- So wie die Beobachtung und Behandlung der ›traumatischen Neurosen‹ des Ersten Weltkriegs Psychoanalytiker veranlaßte, sich intensiver mit dem Konzept zu befassen – Freud differenzierte in der Folge das Konzept vom Durchbruch des normalen Reizschutzes aus –, trat in den letzten Jahrzehnten das Konzept ›Trauma‹ in der klinischen Psychoanalyse vor allem durch die Behandlung von Opfern des Nationalsozialismus in den Vordergrund. Der in diesem Zusammenhang geprägte Begriff der ›Extremtraumatisierung‹ scheint jedoch stark an spezifische Ereig-

nisse und Erlebnisse, wie zum Beispiel Erfahrungen in Konzentrationslagern, geknüpft zu bleiben: Infolge regressiver Strukturveränderungen im Dienste des Überlebens und der Selbsterhaltung kann es zu einer massiven Verleugnung und Entwirklichung des Erlebten kommen, zu einer ›Armierung des Ichs‹, einem roboterhaften, affektlosen Funktionieren bis hin zum ›Muselmann-Syndrom‹, gekennzeichnet durch Fatalismus, Zerfall der Körperkräfte, Rückzug von der Realität bis zum totalen Verlust der eigenen Aktivität (Grubrich-Simitis). Die Auswirkungen der extrem-traumatischen Vefolgungserlebnisse werden als über die Generationsgrenzen hinweg nachweisbar beschrieben (Kestenberg).
- Trauma bezeichnet schließlich ebenfalls eine spezifische Art psychischer Störungen, bei denen (meist) äußere Ereignisse eine gravierende Rolle gespielt haben, Ereignisse etwa im Sinne solcher ›Lebensereignisse‹, mit denen sich die Life-event-Forschung beschäftigt, dabei wird mehr oder weniger berücksichtigt, wie sich diese Ereignisse mit (unbewußten) Phantasien verbünden und dadurch pathogene Folgen zeitigen können.

Es wird deutlich, daß schon die Analyse der Konzeptgeschichte eine unübersichtliche und inflationäre Konzeptverwendung zeigt. Jedes Ereignis scheint zum Trauma werden zu können, wenn es nur eine psychische Bedeutung hat und somit einen Arbeitsanreiz für die Psyche darstellt. Insbesondere bleibt aber unklar, was überhaupt als Trauma bezeichnet wird, ein Ereignis, ein Erlebnis oder die damit zusammenhängenden psychischen Folgen. Dies Problem wird uns weiter unten noch beschäftigen.

Zur Phase II: Interviews

Die enge Verknüpfung der psychoanalytischen Theorie mit der Klinik bestimmte den Entschluß, in einer zweiten Phase zehn erfahrene Psychoanalytiker und Psychoanalytikerinnen aus London, München und Frankfurt darüber zu befragen, wie *sie* in *ihrem* Praxisalltag den Begriff ›psychisches Trauma‹ verwenden. Im Rahmen dieser Untersuchung wurde als Methode der Datenerhebung eine Explorationsform gewählt, die sich an der Methode des *freien Interviews* orientierte. Die Interviewer, einige erfahrene psychoanalytische Mitarbeiter des Projekts, forderten den Interviewten zunächst auf, spontan drei *abgeschlossene* ›Traumafälle‹ aus der eigenen psychoanalytischen Praxis vorzustellen und erst einmal außer acht zu lassen, was aus der Theorie über das Konzept bekannt ist. Direkte Fragen nach einer Definition des Konzepts ›Trauma‹ wurden dabei natürlich sorgfältig vermieden. Der interviewende Analytiker war angehalten, »es dem Befragten leicht zu machen, zu spekulieren und sich auf die These von der ›Elastizität‹ von Konzepten einzulassen« (Sandler, Dreher und Drews, 1989, S. 313). Das erhaltene klinische Material – die Fallgeschichten – war nach Umfang und Ausdifferenzierung sehr unterschiedlich, reichte von kurzen Abrissen der Lebensgeschichte eines Patienten über die Darstellung einzelner hervorstechender klinischer Episoden bis hin zu relativ ausführlichen Fallberichten. Aus dieser ›Fall‹-Vorgabe entstand nun ein Dialog zwischen Interwiewer und Interviewtem, zwischen zwei psychoanalytischen *Experten*, der sich an den in der Forschergruppe gemeinsam erarbeiteten theoretischen Leitgedanken orientierte. Der Dialog wurde zunächst zentriert auf die Beschreibung der lebensgeschichtlichen Umstände eines Patienten, die in Verbindung mit seinem spezifischen Trauma wichtig schienen, und auf die Überlegungen des interviewten Analytikers zur entsprechenden Psychodynamik. Der Analytiker wurde dann gefragt, ob und inwiefern sich die drei berichteten Fälle voneinander unterschieden – ein Verfahren, das dem Befragten zusätzliche Spezifizierungen erlaubte. Das Interview ging sukzessive über von einer fallnahen in eine konzeptnahe Diskussion. Im übrigen wurden die Interviews mittels Tonband aufgezeichnet und als Verbatimprotokolle transkribiert, die meisten waren etwa 15-20 Seiten lang.

Exemplarisch sollen – in verdichteter Form – einige Passagen aus dem Interview mit Analytiker A wiedergegeben werden, das durchaus als ein typisches Beispiel gelten kann. Wörtlich aus dem Interview übernommene Formulierungen sind *kursiv* gesetzt (vgl. dazu Projektbericht, 1987, S. 36-41).

Analytiker A charakterisiert Traumata als *reale äußere Ereignisse, die in das Leben eingreifen, denen das Individuum mit einer inneren Bereitschaft zwar entgegenkommt, die aber dennoch die Bewältigungsmöglichkeit der [psychischen] Struktur zu diesem Zeitpunkt übersteigen.* Solche äußeren Ereignisse sind für A quantitativ vorgestellte Variablen im Sinne von Reizgrößen, die auf das Ich einwirken. Dabei gibt es *bestimmte Ereignisse, bei denen* er sich *nicht vorstellen kann, daß sie kein Trauma sind,* weil sie *so massiv sind, daß es unvorstellbar ist, daß jemand damit fertig werden könnte.* Solche bezeichnet A als *absolutes Trauma,* weil das Ereignis allein die zureichende Bedingung für eine Traumatisierung bildet, indem es *jede menschliche Bewältigungsmöglichkeit übersteigt.*[6] Von den absoluten Traumata unterscheidet A *relative Traumata,* weil ihre traumatische Wirkung von der Relation zwischen *Art und Stärke des Ereignisses* zu *Art und Stärke der verfügbaren Bewältigungsmöglichkeiten* abhängt. Die Einschränkung der Bewältigungsmöglichkeiten können Ereignisse wie zum Beispiel Objektverluste in der Kindheit bewirken. Diese sind deswegen traumatisch, weil die noch unentwickelte Struktur des Kindes über wenig eigene Bewältigungsmöglichkeiten verfügt und das Kind auf die *Verläßlichkeit* des Objekts angewiesen ist; bei präödipalen Objektverlusten scheinen die Folgen einschneidender zu sein als bei ödipalen. Diese Vorschädigungen schaffen Prädispositionen für spätere Traumatisie-

6 Das Fallbeispiel, auf das sich diese Äußerung bezieht: »Bei einem Patienten mit dem Problem, nicht Vater werden zu können, fiel auf, daß er sich immer wieder gefährlichen Situationen aussetzen mußte, die er dann ohne Angst als angenehm und entlastend erlebte. Ein zentrales Geschehen in seiner Entwicklungsgeschichte war, daß sich die Eltern in den Wirren des Kriegsendes (der Patient war 4½ Jahre alt) zusammen mit ihm mit Gift suizidieren wollten. Der Patient spuckte es jedoch aus und überlebte als einziger. Das Ich dieses 4½jährigen konnte nicht imstande sein, ein Ereignis dieser Größenordnung zu verarbeiten; es hat das Ich ›überrumpelt‹ und ist dadurch unverarbeitbar geworden. In der Analyse zeigten seine Reaktionsweisen auf entsprechende Deutungen, insbesondere aber sein ›Wiederholungszwang‹ (das Ich des Patienten versuchte ständig, etwas Störendes zu bewältigen), daß die spezifische Realität der Umstände des Objektverlusts und aller daraus resultierender Folgen eindeutig die größere Bedeutung hatte als z.B. die ödipalen Konflikte« (Projektbericht, 1987, S. 37).

rungen, können im übrigen Folge realer Vorkommnisse sein, aber auch Folge abgewehrter Phantasien darstellen, und ein späteres Ereignis, das eine relative Übereinstimmung mit diesen Phantasien aufweist, kann dann traumatischen Charakter annehmen.[7] Wenn das Ereignis die Bewältigungsmöglichkeiten übersteigt, werde das Ereignis zu einer psychisch *unerträglichen Erfahrung* und verursache *eine psychische Wunde,* eine *Verletzung,* auf die hin der Betroffene *regrediere und primitivere Abwehrmechanismen verwende.* Der Vorgang der Traumatisierung ist wesentlich *affektiver und destruktiver Art* und hat eine unmittelbare Veränderung im Niveau der psychischen Regulation zur Folge.

A verneint die Frage, ob ein Erlebnis, auf das hin nur eine kurzfristige Regression erfolgt, als Trauma zu bezeichnen ist. *Das Wort Trauma ist nur dann nicht am Platz, wenn die Auswirkungen minimal sind. Es gehört zum Kennzeichen des Traumas, nicht verarbeitet werden zu können.* Das besondere am Trauma scheint für A zu sein, daß in der kindlichen Entwicklung etwas vorfällt, das wie ein Fremdkörper von außen in die Entwicklung des Individuums einbricht. Dazu scheinbar im Widerspruch sagt A aber auch: *Trauma muß nicht immer eine Verän-*

7 Das Fallbeispiel, auf das sich diese Äußerung bezieht: »Ein Patient war an einer Phobie erkrankt, nachdem er an seinem Hochzeitstag ohne eigenes Verschulden eine Frau überfahren und getötet hatte, die in angetrunkenem Zustand in sein Auto gelaufen war. In der Therapie zeigte sich eine tiefe innere Überzeugung, daß er ein Mörder sei. Aus seiner Lebensgeschichte berichtete er ein Erlebnis, das er als Fünfjähriger gehabt hatte. Sein Vater, der im Krieg Soldat war, war auf Heimaturlaub nach Hause gekommen. Der Patient, der die Mutter allein für sich gehabt hatte, empfand den Vater als Eindringling und wünschte ihn fort. In dieser Situation geschah es, daß der Vater nachts in angetrunkenem Zustand in einen Löschteich fiel und ertrank. Das traumatische Element liegt hier in der vermeintlichen Verwirklichung des ödipalen Todeswunsches des Kindes gegenüber seinem Vater durch ein reales äußeres Ereignis. Die daraus resultierenden Schuldgefühle und die Angst vor der magischen Macht seiner Phantasien überstiegen die Bewältigungsmöglichkeiten des Ich und führten zu einer pathologischen Entwicklung, die zur manifesten ›traumatischen Neurose‹ wurde, als der Vorfall im Erwachsenenalter die bisher abgewehrte unbewußte Mörderphantasie zu bestätigen schien (ebd., S. 39).

derung der psychischen Organisation nach sich ziehen und führt dann eine ganze Skala möglicher Traumafolgen an, die von dauerhaften schweren Defekten, pathologischen Spätfolgen, mehr oder minder gut gelingenden Verarbeitungsversuchen bis hin zu positiven Auswirkungen reicht. *Trauma kann auch Ausgangspunkt für eine progressive Entwicklung sein.* Zur Charakterisierung der Bewältigungsversuche von Traumata spricht A von *ständigen Wiederholungssituationen in der äußeren Realität,* in denen *etwas Störendes zu bewältigen, abzuarbeiten ist,* und unterscheidet diese vom *neurotischen Wiederholen.*
Zur Behandlung von *traumatischen Schädigungen* sagt A: *Ich bin im Prinzip der Meinung, daß man anders handeln, therapeutisch vorgehen müßte als in der Neurosenbehandlung.* Das Trauma muß zunächst in seinen Zusammenhängen bewußt gemacht werden. Diese Patienten kommen mit ihrem Trauma *wie mit einer Wunde,* und das Ziel besteht darin, dem Patienten zu helfen, die traumatische Erfahrung, die noch offene Wunde, zu akzeptieren und sie dadurch vernarben zu lassen, was bedeutet, mit ihr *leben zu lernen.*

Diese Art der Fallorientierung in den Interviews sollte – anders als zum Beispiel die reine Diskussion von Fallgeschichten aus der Literatur – einen unmittelbaren Austausch erlauben, ›half formed notions and beliefs‹, wie Sandler es nannte, aufspüren und den berichtenden Kliniker selbst zu expliziten Reflexionen anregen. Denn die Projektgruppe ging davon aus, daß in die vorgestellten und dann diskutierten Fallgeschichten auch jene impliziten Konzeptualisierungsprozesse zum Trauma eingehen würden. Mir scheint es wichtig, hier besonders auf das Moment der *Emergenz* hinzuweisen, denn es geht ja darum, daß der praktizierende Analytiker sich in seinem klinischen Handeln zwar bereits von seinem impliziten Vorverständnis hat leiten lassen, daß sich für ihn – wie für uns – seine Konzeptverwendung in allen relevanten Aspekten jedoch erst im Zuge der sprachlichen Formulierung und Ausdifferenzierung manifestiert.

Selbstverständlich war bei den Interviews auch die Beeinflussung zu berücksichtigen, die sich durch die spezifische Interaktion zwischen Interviewer und Interviewtem während des Interviews ergab; etwa die Versuchung, im Sinne einer ›guten Gestalt‹ auf eine geglättete Version von Trauma zu rekurrieren, oder auch auftauchende Widersprüche als gemeinsam zu lösendes Problem zu behandeln. Nicht zuletzt schien auch die gemeinsame Zugehörigkeit zu einer wissenschaftlichen Gemeinschaft, zuweilen zu dem gleichen analytischen Milieu, die Kommunikation zwar zu erleichtern, ließ andererseits jedoch zunächst Annahmen, von denen beide unhinterfragt auszugehen schienen, unspezifiziert und verdeckt, eben für beide implizit.

Zur Phase III: Auswertung und Diskussion in der Projektgruppe

»Der nun folgende Abschnitt war wohl der wichtigste Teil der Untersuchung. … Er hatte zum Ziel, zunächst jedes Interviewtranskript in einer Gruppendiskussion zu evaluieren und auf die Identifizierung der impliziten Annahmen und Konzeptualisierungen im Interviewmaterial hinzuarbeiten. … Zeitweilig glich die Gruppendiskussion einer Art ›brain storming‹. Dieser Diskussionsprozeß brachte auch die impliziten Vorstellungen der Projektmitarbeiter selbst zutage, und die Konfrontation dieser Vorstellungen innerhalb der Gruppe war selbst außerordentlich wichtig« (Sandler, Dreher und Drews, 1989, S. 313).

Die Basis der Auswertungsarbeit, die in den regelmäßigen Gruppentreffen geleistet wurde, bildeten also die transkribierten Interviews sowie das durch die Literaturanalyse zum Konzept geschärfte theoretische Verständnis und das eigene klinische wie implizite Wissen der Projektmitarbeiter. In den Interviews selbst waren die expliziten Aussagen und die verborgenen impliziten Auffassungen über das Traumakonzept natürlich eng verflochten. Die Projektgruppe identifizierte zuerst jene Äußerungen, die Teil der offiziellen Fassungen des Konzepts waren. Das Interesse galt ja – neben der Herausarbeitung der wesentlichen Dimensionen des Bedeutungsraums – auch den Äußerungen, die über die Folie des bereits Formulierten hinausgingen, den Weiterungen, die bisher nicht klar expliziert, aber ableitbar schienen. Es wurde für jedes Interview erarbeitet, wie sich für den jeweils interviewten Analytiker dessen ›subjektiver‹ Bedeutungsraum des Konzepts strukturiert, auch Widersprüche und eventuelle Inkonsistenzen in der Konzeptverwendung wurden festgehalten. Wenn man exemplarisch den subjektiven Bedeutungsraum des Traumakonzepts von A charakterisieren würde, wären etwa folgende Aspekte anzuführen, wie sie sich am Ende der Gruppendiskussion darstellten:

A unterscheidet zwischen einem ›absoluten‹ und einem ›relativen‹ Trauma, und die Unterscheidung ist eine Funktion der Ereignisintensität, der resultierenden ›psychischen Wunde‹ und der Bewältigungskapazität. Allerdings: Ist die Ereignisintensität (und damit die psychische Wunde) zu groß, gibt es ›immer‹ ein ›absolutes‹ Trauma. Erst bei minderer Ereignisintensität greift der Einfluß der Bewältigungskapazität. Dies ist im übrigen ein typisches Beispiel für die Konzeptbildung: Eine zunächst quantitative Unterscheidung (Ereignisintensität) wird zu einer qualitativen Unterscheidung (absolutes und relatives Trauma).

Bezüglich der Frage, ob ein Ereignis oder das Erlebnis dieses Ereignisses ein Trauma konstituieren, gesteht A konzeptuelle Schwierigkeiten ein. Als Kliniker benennt er zunächst als das vorherrschende Kriterium zur Diagnose eines Traumas die signifikante psychische Auswirkung. Andererseits spezifiziert er dann, daß Traumata reale äußere Ereignisse/Erlebnisse (also primär nicht die Folgen) seien, die zwar auf eine innere Bereitschaft im Individuum stoßen, zugleich aber dessen momentane Bewältigungsmöglichkeiten überschreiten, so daß die psychische Struktur diese Ereignisse eben nicht bewältigen kann. Wir würden also feststellen, daß A implizit zwei konkurrierende Konzepte von Trauma hat, nämlich zum einen eines von Trauma als ›schwerwiegendem äußerem Ereignis‹, daß er aber daneben ein zweites Konzept von Trauma als einer ›inneren Folge‹ hat, was zudem dadurch deutlich wird, daß für A diese Folge mit großer zeitlicher Verzögerung zum äußeren Ereignis auftreten kann.

Traumatisierende (äußere) Ereignisse wirken als intensive Reizgrößen auf das Ich ein, aber nicht nur dies: Noch komplexer wird dies dadurch, daß A nicht nur – wie zunächst – ›äußere‹ Ereignisse als potentiell traumatische benennt, sondern daß er Phantasien allein diese Qualität ebenfalls beimißt. Jedenfalls ist die psychische Energie des Ichs übermäßig von Bewältigungsversuchen in Anspruch genommen. Hier nun sieht A die fatalen Folgen, wenn sich Ereignisse wiederholen: Spätere ähnliche Ereignisse werden als Wiederholung des ursprünglichen traumatischen Geschehens erlebt. Die

Möglichkeiten der Bewältigung des neuen, aktuellen Traumas sind deshalb eingeschränkt, weil die Bewältigungsmöglichkeiten an dem ursprünglichen Trauma ›kleben‹, sie sind an diese spezifische Originalsituation und deren Anforderungen gebunden. Dies impliziert, wenn man es über die Zeit betrachtet, daß ein frühes Trauma auch eine bremsende Funktion bei der Entwicklung von Bewältigungskapazitäten hat. Die Bewältigungskapazität eines Individuums sieht A als Funktion der Reife und Intaktheit der psychischen Struktur, der Art und des Ausmaßes aktueller innerer Konflikte, möglicher Prätraumatisierungen sowie dem Verhältnis von Phantasie und Realität.

Das Besondere am Trauma ist für A, daß bereits in der Kindheit etwas vorfällt, das wie ein Fremdkörper von außen in die psychische Entwicklung einbricht. Die häufigsten und auch gravierendsten Einbrüche sind für A plötzliche Objektverluste. Ein Sachverhalt ist für A klar: Wenn dieser Verlust die präödipale Entwicklung betrifft, sind seine Folgen gravierender, als wenn er die ödipale Entwicklung betrifft. Traumata im Erwachsenenalter können noch eher verarbeitet werden. Dies impliziert, daß die Bewältigungskapazität in der Entwicklung stetig zunimmt. Ein weiterer Sachverhalt ist für A aber grundsätzlich unklärbar: ob nämlich das ›eigentliche‹ Trauma das Infantiltrauma ist – wobei dann das aktuell Traumatisierende nur als aktualisierte Folge des Infantiltraumas anzusehen ist –, oder ob umgekehrt das ›eigentliche‹ Trauma in den psychischen Folgen des aktuellen Ereignisses zu sehen ist, wobei das Infantiltrauma dann lediglich als prätraumatisierend im Sinne einer Strukturschwächung anzusehen ist. Dies impliziert, daß sich für A eine eindeutige Ursache für die Wirkung – die signifikante psychische Auswirkung – nicht ermitteln läßt. Spätere ähnliche Ereignisse/Phantasien können also als Wiederholung des ursprünglichen traumatischen Geschehnisses erlebt werden – A unterscheidet diese Wiederholungen jedoch vom ›neurotischen Wiederholungszwang‹, bei dem Triebmotive die maßgeblichen Komponenten seien. Hier dagegen handele es sich um die Absicht des Ichs, etwas ›abzuarbeiten‹, was in der traumatischen Situation selbst nicht verarbeitbar war.

Einerseits knüpft A die Diagnose Trauma eng an signifikante psychische Veränderungen, will er nicht von Trauma sprechen, wenn die Auswirkungen minimal sind. Andererseits spricht er aber auch von wenigen bis hin zu positiven Auswirkungen, hat implizit also sogar ein Konzept von »benignem oder positivem Trauma« – bzw. verwendet er das Konzept Trauma auch unabhängig von den signifikanten Folgen, die er zunächst als entscheidendes Kriterium betrachtet. Es bliebe noch anzumerken, daß A letztlich eine eher pessimistische Sicht hinsichtlich der erfolgreichen *analytischen* Behandlung eines ›Traumas‹ vertritt.

Dieses Resümee verdeutlicht, wie komplex und widersprüchlich A das Konzept verwendet. Diese simultane Komplexität und Widersprüchlichkeit zeigte sich in unterschiedlichen Ausprägungen bei allen zehn Interviews. Gelegentlich fühlte sich die Projektgruppe an Karl Kraus erinnert: Je näher man einen Begriff betrachtet, desto ferner blickt er zurück.

Die häufigen ›aufgabenorientierten‹ Projektdiskussionen ließen mit der Zeit nun nicht nur die Hauptaspekte des vom jeweiligen interviewten Analytiker verwendeten Traumakonzepts samt seiner impliziten Gehalte deutlicher hervortreten, sondern ließen mehr und mehr auch die impliziten Auffassungen der Projektmitarbeiter selbst explizit werden: Ähnlich wie beim Umgang mit unbewußtem Material im psychoanalytischen Prozeß wurde in der Gruppendiskussion Stück für Stück das implizite Material an die Oberfläche gebracht und besprochen. Die Diskussionen stellten ein Regulativ dar, hinterfragten und minimierten eigene blinde Flecken, bewirkten eine Klärung. Wichtig dabei war der erfahrene Forschungsanalytiker als Untersuchungsinstrument, dessen Wissen im Kern das innovative Potential einer solchen Expertengruppe darstellt.

Die *Teamarbeit* hatte einen weiteren Vorteil: Im Laufe des beschriebenen Hin und Her, des Pro und Kontra der regelmäßigen Diskussionen, in denen auch die Zugehörigkeit einzelner Mitglieder zu unterschiedlichen Gruppierungen und theoretischen Orientierungen in der Psychoanalyse eine Rolle spielte, wurde es zunehmend leichter, Überlegungen in der Sicherheit der Gruppe spontan zu äußern, immer wieder einmal den ›Zensor‹, das wachsame ›psychoanalytische Über-Ich‹ zu dispensieren und implizit organisierte Gedanken zum Vorschein zu bringen. Zudem erhöhte sich auch die Toleranz gegenüber zunächst scheinbar unplausiblen oder widersprüchlichen Formulierungen. An bestimmten Punkten kam es dann zu ›Aha-Erlebnissen‹, zu dem Gefühl ›das ist es‹, das heißt klinisches Material und konzeptuelle Überlegungen schienen im Sinne einer ›guten Gestalt‹ übereinzustimmen. Diese Gruppenerfahrung – sich zu äußern, *weitgehend* ohne Furcht vor Blamage, ohne Angst, Tabus zu verletzen oder negative Sanktionen zu riskieren – erleichterte es, neue Ideen auszusprechen, die sich für eine differenzierte Betrachtung des Konzepts als hilfreich erwiesen. Ähnliche Erfahrungen hatte man im übrigen bereits mit den Gruppendiskussionen im Hampstead-Index-Projekt gemacht: Ein solches Vorgehen schien förderlich für die Beschleunigung des ›normalen kreativen Prozesses‹, der sich im Psychoanalytiker dann ereignet, wenn er das klinische Material in Wechselwirkung zu theoretischen und konzeptuellen Überlegungen zu setzen versucht.

Hier wäre sicher eine kritische Zwischenbemerkung zur Teamarbeit angebracht, die sich ja in der Wissenschaft überhaupt und insbesondere in der Psychoanalyse als nicht so einfach erweist. Dies kann eine Klage von McDougall über den Mangel an gegenseitigem Respekt illustrieren, welcher den psychoanalytischen Diskurs im allgemeinen kennzeichne und es des öfteren verhindere, auch wissenschaftlich voneinander zu profitieren:

»Während wir in bezug auf die Ideale und Optionen anderer Menschen Unparteilichkeit predigen, verhalten wir uns gegenüber unseren Kollegen nicht unbedingt unparteiisch, sobald deren theoretische und klinische Überzeugungen den unseren zuwiderlaufen! ... Gleichzeitig verehren wir die theoretischen Köpfe unserer eigenen Schule mit beinahe religiöser Inbrunst. Ihre Konzepte und Entdeckungen werden wie Glaubensartikel und nicht wie wissenschaftliche Theorien behandelt, und sie selbst werden idealisiert wie Priester oder Propheten. Freud ... führte auf seine Weise einen Kreuzzug gegen die von ihm so genannten ›religiösen Illusionen‹ (obwohl er seinerseits dazu tendierte, den religiösen Glauben durch den Glauben an die Psychoanalyse zu ersetzen!). ... Wir haben es heute nicht mehr mit Schulen zu tun, sondern mit Sekten, nicht mehr mit Theorien, sondern mit Doktrinen. ... Müssen wir also nicht unsere offenkundigste Perversion in dem Glauben sehen, den Schlüssel zur Wahrheit zu besitzen?« (McDougall, 1997, S. 330 f.).

McDougall interpretiert diese ›Störungen‹ in der Diskursfähigkeit der Analytiker als »unaufgelöste Übertragungsbindungen«, Relikte aus der spezifischen Situation der Vermittlung psychoanalytischen Wissens in der Ausbildung, die teilweise charakterisiert ist durch besonders enge persönliche Beziehungen – ein »Lernen durch Erfahrung«, das Wellendorf als ein »hoch komplexes Gefüge psychischer und sozialer Prozesse« beschreibt (Wellendorf, 1995, S. 251). Höchst störanfällig sei es in einem institutionellen Kontext mit vielfältigen Abhängigkeiten angesiedelt, der nicht klar trennen ließe zwischen den verschiedenen Lernprozessen: der Selbsterfahrung, der Theorievermittlung und Theorieaneignung und der Arbeit mit Patienten unter Supervision. Ein solcher Kontext kann geradezu das zuweilen beklagte ›paranoide Klima‹ erzeugen. Solche Überlegungen beleuchten, daß die im Trauma-Projekt eingeübte »Kultur der gemeinsamen Reflexion« nicht ohne Probleme zu realisieren ist, was auch Leuzinger-Bohleber unterstreicht:

»Viele von uns wissen, daß ein solcher Versuch hilfreich sein kann, aber auch ein sensibles und störungsanfälliges Unternehmen ist. Destruktive Rivalitäten, sadomasochistische Interaktionsstrukturen oder psychisch schlecht integrierte narzißtische oder voyeuristische Befriedigungsmodalitäten, Selbst- und Fremdidealisierungen, Mystifizierungen u.a.m. können eine vertrauensvolle Arbeitsatmosphäre in einer solchen Gruppe erschweren und dadurch die Voraussetzung für eine offene, selbstkritische und intersubjektive Überprüfung eigener Vermutungen gefährden. Doch gibt es, trotz dieser Schwierigkeiten, Alternativen dazu?« (Leuzinger-Bohleber, 1995, S. 453).

Arbeit in einer Forschungsgruppe stellt natürlich kein Patentrezept zum Auffinden neuer Ideen dar. Es hängt wesentlich vom spezifischen institutionellen Kontext mit seinen jeweiligen Machthierarchien ab, wie ein solches Projekt sich gestaltet, nicht zuletzt von einzelnen Mitgliedern der Forschergruppe. Wenn es ihnen gelingt, ihre jeweiligen Charakteristiken und Erfahrungen, ihre kreativen Fähigkeiten zur Geltung zu bringen, in Konflikten nicht die Machtfrage zu stellen, sondern Widerspruch und Konfrontation im Diskurs zu provozieren, zu ertragen und gegebenenfalls aufzulösen, dann kann die Grenze zwischen bewußt und vorbewußt, zwischen explizit und implizit durchlässiger werden, und es können zunächst verborgene Aspekte konzeptualisiert und letztlich sprachlich gefaßt werden.

Die Projektgruppe arbeitete in den Diskussionen schließlich die Bedeutungsdimensionen heraus, die für das Konzept bestimmend zu sein schienen. Die Ergebnisse wurden dann einer kritischen Bewertung unterzogen. Auf deren Grundlage wurde eine differenziertere Formulierung des Konzepts psychisches Trauma vorgeschlagen, die der Praxis, wie sie sich in den Interviews zeigte, angemessener sein dürfte.

Zusammenfassung der Ergebnisse

Ich will abschließend einen Eindruck von den Ergebnissen der Untersuchung vermitteln, wenngleich eher die Methode, den Bedeutungsraum eines Konzepts samt möglicher Konzeptveränderungen zu erfassen, im Zentrum meiner Betrachtung steht und weniger die Analyse des Konzepts Trauma selbst. Deshalb sei bezüglich der Details des Daten- wie des Ergebnismaterials auf die angegebene Literatur verwiesen.

Will man das Konzept ›psychisches Trauma‹ vor der Folie theoriegeschichtlicher, konzeptueller und empirischer Perspektiven sehen, ist es nur gleichsam mehrdimensional zu beschreiben. Es kristallisierten sich aber einige gemeinsame Aspekte – oder wie Sandler sagen würde: Dimensionen – bezüglich des erhobenen Materials heraus, die zwar zum Teil bereits in der diskutierten Literatur identifizierbar, aber nicht expliziert waren, denen aber recht unterschiedliche Bedeutung sowohl von den interviewten Praktikern als auch in den Gruppendiskussionen zugemessen wurde und die natürlich nicht unabhängig voneinander betrachtet werden können. Diese Aspekte betrafen:

- die traumatische Situation
- die Folgen der Traumatisierung
- die Prädisposition für Traumatisierungen

– die Behandlungssituation und -technik bei ›Traumapatienten‹.

Stellt man sich nun die Bedeutung des Konzepts als durch diese miteinander verschränkten Aspekte strukturiert vor, so läßt sich folgendes sagen: Eindeutig zum Kernbereich der Bedeutung des Konzepts psychisches Trauma gehören dabei die ›traumatische Situation‹, in der Psychoanalyse natürlich immer verstanden als Ereignis-Erlebnis-Zusammenhang, und die ›Folgen der Traumatisierung‹, verstanden als bleibende pathologische intrapsychische Veränderungen. Die ›Prädisposition‹ und die ›Behandlungssituation und -technik‹ tangieren diesen Kernbereich lediglich, sind aber dennoch wichtige Bestimmungsstücke, die im übrigen am ehesten implizit bleiben.

Die reale, auslösende Situation selbst wird zwar oft explizit als ›das Trauma‹ gekennzeichnet, implizit letztlich jedoch selten als allein schon ›traumatisch‹ verstanden;[8] gemeinhin wird lediglich dann, wenn psychische Folgen zu verzeichnen sind, die Situation rückwirkend als ›traumatisierend‹ benannt. Diese Sicht der Dinge hat zur Folge, daß man – mit Ausnahme vielleicht der oben diskutierten Extremtraumatisierung – realen Situationen nicht ein für alle Menschen gleichartiges ›traumatisierendes Potential‹ beimißt, sondern daß es von der Wechselwirkung zwischen realer Situation und psychischer Prädisposition abhängt, ob es zu einer traumatischen Wirkung kommt. Dabei darf nicht vergessen werden, daß zu den Folgen einer Traumatisierung gehören kann, daß es auch zu einer erhöhten Verletzbarkeit in Hinblick auf mögliche weitere Traumatisierungen kommen kann. Psychische Prädisposition und Folgen einer Traumatisierung sind also auch voneinander abhängig.

8 Gelegentlich wird als Beispiel für ›psychisches Trauma‹ sogar das auslösende Ereignis allein genannt, vor allem bei typischen, schwer belastenden ›life events‹ wie etwa Trennung oder Verkehrsunfall. Dies ist dann wohl verbunden mit der impliziten Annahme, daß solche Ereignisse üblicherweise traumatische Folgen zeitigen können.

Zudem scheint der Ereignis-Erlebnis-Zusammenhang auch ein Phantasie-Erlebnis-Zusammenhang sein zu können: das heißt, daß nicht nur reale – und damit unter Umständen objektiv beschreibbare – Ereignisse, sondern auch innere Faktoren allein, etwa imaginierte Situationen, eine traumatische Qualität besitzen können. In diesem Zusammenhang werden auch real minder schwerwiegende Ereignisse dann als traumatisch bezeichnet, wenn sie im subjektiven Erleben von starken Affekten (oder eben auch Phantasien) begleitet werden. Die Beachtung dieser Komponente – affektiv besetzt oder auch phantasiert – sollte im übrigen nicht als Nachteil, sondern als Vorteil der psychoanalytischen Sicht gegenüber einer strikt behavioralen Sicht angesehen werden, die nur an objektivierbaren Eigenschaften von Ereignissen interessiert ist. Zu denken wäre hier etwa an die Life-event-Forschung, die unter anderem versucht, den traumatisierenden Gehalt objektiv feststellbarer *life events* in einer für alle Menschen gleichen Punkteskala abzubilden.

Die möglichen Auswirkungen sowohl schmerzlicher Ereignisse als auch quälender Phantasien bleiben beide in jedem Fall bezogen auf die psychischen Verarbeitungsmöglichkeiten, sei es, daß in strukturtheoretischen Termini über die Beschaffenheit des Ichs in Relation zur Arbeitsanforderung an die Psyche, sei es, daß in objektbeziehungstheoretischen Termini über die Qualität früher bzw. gegenwärtiger Objektbeziehungen und deren Niederschlag in Form von strukturierenden Repräsentanzen nachgedacht wird. Eine deutliche Tendenz ist dabei zu verzeichnen, nämlich die, daß zunehmend auch die jeweils aktuellen ›äußeren‹ Objektbeziehungen betont werden, und zwar in Relation zu den Verarbeitungsmöglichkeiten des Individuums: Kann das traumatische Geschehen in einer Objektbeziehung ›verhandelbar‹ werden, so müssen keine pathologischen Folgen bleiben. Eine Ausnahme scheint aber durchgängig gemacht zu werden: Bei Extremtraumatisierung gibt es reale Geschehnisse, die von solch schrecklicher Intensität sind oder kumulativ über einen so langen Zeitraum intensiv einwirken, daß sie bei praktisch allen Menschen pathologische Wirkungen haben, unabhängig von individuellen psychischen Verarbeitungsmöglichkeiten, und die meisten Analytiker nehmen auch an, daß man sich von solchen Erfahrungen nie mehr erholen kann.

Hier kommt auch die Dimension ›Behandlungssituation‹ ins Spiel, denn bei allen solchen Fällen von Extremtraumatisierung wird die Einführung von Parametern und Modifikationen in der analytischen Behandlung diskutiert. Allgemein wird von vielen ein eingeschränktes Therapieziel für Traumapatienten überhaupt formuliert, so zum Beispiel, daß Patienten lediglich lernen könnten, mit den Folgen des Traumas zu leben, lernen könnten, sie so gut wie möglich zu integrieren. In diesem Zusammenhang wird auch oft auf eine spezifische Übertragungs-Gegenübertragungs-Konstellation hingewiesen, dabei unter anderem auf die Stärke und Besonderheit der Gegenübertragungsreaktionen, etwa das Erleben einer ›affektiven Wucht‹ in der Gegenübertragung, oder die Neigung zu Skotomisierungen. Die Intensität der Gegenübertragung wird sogar von manchen als diagnostischer Indikator für das Vorliegen eines Traumas angesehen. Auch dies demonstriert, wie die genannten Aspekte, Dimensionen im Bedeutungsraum Trauma interagieren.

Im theoretischen Sprachgebrauch der interviewten Analytiker und vielfach auch in der Literatur wird eine solche Unterscheidung in Bedeutungsaspekte aber in der Regel nicht vorgenommen. Der Sammelbegriff Trauma wird sowohl für ein gravierendes äußeres Ereignis, für die unmittelbare Erfahrung dieses Ereignisses als auch für ein ganzes Spektrum von Folgen, betreffend die unmittelbare Auswirkung einer überwältigenden Erfahrung bis hin zum bleibenden Defekt in der psychischen Struktur, verwandt. Dabei müßte man allein schon hinsichtlich der Folgen einer Traumatisierung zumindest unterscheiden zwischen den unmittelbaren, in enger zeitlicher Konkordanz sich zeigenden Folgen (den Kurzzeitfolgen wie etwa ein Schock) und den mittelbaren Folgen, die sich zeitlich weit erstrecken können bzw. sich erst nach längerer Zeit überhaupt manifestieren können (den Langzeitfolgen). So werden diese Langzeitfolgen zum Beispiel des öfteren auch im Zusammenhang mit psychosomatischen Störungen, Charakterdeformationen oder auch narzißtischen Störungen thematisiert. Insgesamt wird bei der Verwendung des Traumakonzepts heute also zunehmend undifferenziert vorgegangen: Ein Kind fällt heftiger hin, und schon spricht man von einem Trauma, das es erlebt bzw. das zurückbleibt. Die Verwirrung bezüglich der Frage, ob das Trauma ein Ereignis, ein Erlebnis oder die Folge eines Erlebnisses ist, dauert schon lange an und ist im Gefolge der Übernahme des Traumakonzepts vom somatischen in den psychischen Bereich ›passiert‹:

»Der Begriff ›Trauma‹ entstammt ... dem Bereich der Medizin. Trauma ist die griechische Übersetzung des deutschen Wortes ›Verletzung‹ oder ›Wunde‹ (abgeleitet von ›durchbohren‹) und meint im engeren Sinne ›eine Verletzung mit Gewebedurchtrennung‹, [aber auch] ›die Folgen aller jener Läsionen, die durch äußere Krafteinwirkung verursacht werden‹ (Laplanche und Pontalis, 1972, S. 514). Ganz allgemein spricht der Mediziner von ›Trauma‹, wenn er Wunden oder Quetschungen meint, wie er ›Fraktur‹ sagt, wenn etwa von einem Beinbruch die Rede ist. Schon bei der Übernahme des Begriffs ›Trauma‹ in den seelischen Bereich durch die Psychiater vor Freud (vgl. zum Beispiel Oppenheimer, 1888/89: ›traumatische Neurose‹, Charcot, 1867: ›traumatische Hysterie‹) und später durch Freud selbst in den ›Studien über Hysterie‹ ... hat diese Bezeichnung gleichsam unterderhand entscheidende Veränderungen ihres Bedeutungsgehaltes erfahren. War und ist noch in der Medizin das Trauma – also die Wunde oder Quetschung – eindeutig Folge eines Ereignisses, einer ›Krafteinwirkung von außen‹ und nicht Ursache einer Verletzung – (Trauma bezeichnet also niemals den äußeren Anlaß, der zur Verletzung führt) –, so wurde bereits bei der Übernahme des Begriffs in den psychischen Bereich ›das Trauma‹ bis in das verletzende Ereignis hinein verlängert und zum Teil ausschließlich diesem gleichgesetzt. Diese weitgehend unreflektierte, dadurch auch nicht stringent durchgehaltene Erweiterung und Veränderung des Konzepts ist – schon allein wegen ihrer sprachlichen Unklarheit – nicht ohne Folgen auf spätere Definitionsversuche geblieben« (Projektbericht, 1987, S.29).

Diese »sprachliche Unklarheit«, eine semantische Mehrdeutigkeit in der Verwendung des Traumakonzepts, ist leider bis heute erhalten geblieben: Das Adjektiv ›traumatisch‹ wird in der Praxis weiterhin sowohl als Beschreibung der Wirkung angewandt als auch als Beschreibung der Ursache. Dies kann natürlich zu Mißverständnissen führen. Um diesen inflationären Sprachgebrauch einzudämmen und ein psychoanalytisch gehaltvolles Traumakonzept zu verwenden, das es erlaubt, eine spezifische Pathogenese, Dynamik und Pathologie zu kennzeichnen, wird in der Studie folgende Empfehlung ausgesprochen:

- Man möge zum einen verstärkte Aufmerksamkeit richten auf die genannten Aspekte – oder Dimensionen – samt deren Wechselspiel;
- man möge zum anderen differenzieren zwischen der Traumatisierung als *Prozeß* sowie den *pathologischen Folgen* eben dieses Prozesses.

In den Interviews wie auch in der durchgesehenen Literatur hatte sich nämlich gezeigt, daß eine klare *implizite* Unterscheidung zwischen diesen beiden letzten Kategorien getroffen wird, dem *Prozeß der Traumatisierung* (die unmittelbaren Folgen des Erlebens der traumatischen Situation einschließend, dessen Verarbeitung pathologisch oder pathogen sein kann, aber nicht sein muß) und den *bleibenden pathologischen Veränderungen als Folge* dieses Prozesses. Und obwohl diese beiden Kategorien die Hauptkomponenten der Bedeutung des Traumakonzepts darzustellen scheinen, werden sie im Sprachgebrauch nicht nur der interviewten Analytiker nicht immer differenziert.

Die Aussagen, daß als Folge einer Traumatisierung etwas Bleibendes nachwirkt, also psychisch aktiv bleibt – Affekte, Erinnerungen, Wunden –, wirft natürlich Fragen nach dem von Freud so genannten ›pathogenen Agens‹ auf. Ansätze zur Klärung hat Freud selbst schon früh vorgenommen, wenn er das psychische Trauma als einen pathogen weiter wirksamen ›Fremdkörper‹ ansieht, im Sinne einer ›lebendigen‹ Erinnerung, die aber eng an das ursprüngliche Erleben geknüpft bleibt. Im Verständnis der interviewten Analytiker – wie auch in der Literatur zu Trauma – ist dieser Fremdkörper aber mehr als eine Erinnerung, scheint er vielmehr als eine innerpsychische Organisation um diese Erinnerung herum angesehen zu werden. Und die Konzeptualisierung dieser ›Organisation‹ bewegt sich in einer »Grauzone zwischen Neurose und traumatischer Neurose« (Projektbericht, 1987, S. 106), scheint aber auf keinen Fall unter das Konzept ›traumatische Neurose‹ zu subsumieren zu sein, in deren Zentrum stehend ja die ständige Wiederholung des traumatischen Erlebens (zum Beispiel spezifische Angstträume und Panikzustände) angesehen wird. Man müßte hinzufügen, daß – historisch betrachtet – dieses Konzept ›traumatische Neurose‹ zudem an die Konzepte ›Reizschranke‹ und ›Reizüberflutung‹ gebunden ist.

»Bislang wurden in der psychoanalytischen Literatur ganz unterschiedliche Zustandsbilder der pathologischen inneren Anpassung als Folge eines Traumas unter dem Begriff ›traumatische Neurose‹ und, in jüngerer Zeit, der ›posttraumatischen Belastungsreaktion‹ subsumiert. Wir wissen jedoch, daß nicht alle Menschen, die ein Trauma erlitten haben – sei es ein sogenanntes Schock-Trauma oder ein strain-Trauma … –, eine traumatische Neurose oder einen posttraumatischen Zustand entwickeln, sie können genauso gut eine *andere Störung* zeigen. … Es ist aber offenkundig, daß [die verschiedenen pathologischen Zustände] Ich-Einschränkungen, Charakterpathologien, Affekt- und psychosomatische Störungen, narzißtische Objektbeziehungsstörungen, irreparable Schädigungen des Selbstwertgefühls, strukturelle Störungen, schizoide und Borderline-Persönlichkeitsentwicklungen und andere Charakterdeformationen in die Folgen einschließen. Diese Störungen sind selbstverständlich nicht unterschiedslos der ›traumatischen Neurose‹ …, noch der ›posttraumatischen Belastungsreaktion‹ zuzuordnen. Es bedarf also eines Begriffes, der das ganze Spektrum traumatogener Störungen erfaßt. Auf diesem Gebiet ist also gewiß weitere Arbeit zu tun« (Sandler, Dreher und Drews, 1989, S. 319 f.).

Um letzterem Rechnung zu tragen, das heißt, um die *Gesamtheit* dieser zwar unterschiedlichen, aber offenbar doch auch spezifischen *pathologischen* Folgen einer Traumatisierung zu kennzeichnen, schlägt die Projektgruppe einen neuen Begriff vor, nämlich den der ›psychischen Traumatopathie‹. Wenn man innerhalb des Bedeutungsraums von psychischem Trauma differenzieren würde zwischen Traumatisierung und

Traumatopathie, würde das beispielsweise auch erlauben, auf den unglücklich gewählten Begriff des ›benignen‹ oder ›positiven Traumas‹ zu verzichten – man spricht im Alltag ja auch nicht von einem ›guten Unglück‹ in Abgrenzung zu einem ›bösen Unglück‹. Man könnte aber durchaus von einer Traumatisierung mit positiven Auswirkungen reden und würde damit das Konzept der Traumatopathie reservieren für die pathologischen Folgen einer Traumatisierung.

»Und es liegt auf der Hand, daß und in welcher Richtung diese beiden Aspekte weiter zu untersuchen sind:
- zum Thema Traumatisierung wäre zum Beispiel eine Zusammenstellung von Fällen denkbar, an denen sich der Prozeßcharakter prägnant demonstrieren läßt und
- [zur] Traumatopathie eine Sammlung von geeigneten klinischen Illustrationen aus verschiedenen Bereichen mit dem Ziel, sie gemäß signifikanter Elemente diagnostisch präziser zu kategorisieren und ihre Unterschiede aufzuzeigen.

Für beide Untersuchungen könnte eine ähnliche wie die hier vorgestellte Methode angewandt werden. Dies könnte eine Typologie innerhalb der Traumatopathie ermöglichen, die diagnostisch äußerst nützlich sein dürfte« (Projektbericht, 1987, S. 105).

Die Vorschläge zur Differenzierung in der Konzeptverwendung standen ganz im Selbstverständnis der Projektgruppe, die in ihrem »Werkstattbericht« die durchgeführte Studie als eine »Pilotstudie« begriff, die zum einen einen methodischen Bezugsrahmen für künftige Konzeptklärungsarbeiten entwerfen wollte, und zum anderen eine Perspektive skizzieren wollte, in der das in Frage stehende Konzept jenseits herkömmlicher metapsychologischer Standardformulierungen sinnvoll erfahrungs- und praxisnäher genutzt werden könnte.

6. Methodologische Schlußüberlegungen

Warum sollten Konzepte methodologisch beachtet werden?

Warum also sollten nicht nur Methoden, sondern auch Konzepte in der Psychoanalyse besondere methodische und methodologische Beachtung finden? Was sind überhaupt Konzepte? Für die Betonung der Wichtigkeit konzeptueller Fragen – auch und im besonderen in Relation zu empirischen Fragen – gibt es vor allem einen systematischen wissenschaftshistorischen Grund, nämlich den Wandel in der Auffassung von der Bedeutung der Sprache für die Wissenschaft überhaupt; und damit ist natürlich auch der Wandel in der Auffassung von der Bedeutung der Konzepte in unseren Theorien (unserer Theoriesprache) gemeint. Wer zu diesen Fragen Stellung nehmen will, muß allerdings grundsätzlichere Betrachtungen anstellen, von denen ich einige hier nur kurz skizzieren möchte.

Wie eingangs erwähnt, firmieren in methodologischen Diskussionen jene Entitäten, die ich in dieser Arbeit ›Konzept‹ genannt habe, in der Philosophie üblicherweise unter der Bezeichnung ›Begriff‹, und unter diesem Label werden dort auch die mit der Verwendung von Begriffen zusammenhängenden erkenntnis- und wissenschaftstheoretischen Probleme behandelt. Die Vorstellungen darüber, was nun aber ›Begriffe‹ überhaupt sind, welche Rollen sie in den Wissenschaften gespielt haben bzw. spielen, gehören zu den komplexeren philosophischen Themen und haben sich in der abendländischen Geistesgeschichte mehrfach gewandelt. Für unsere Belange mag folgende, schon mehrfach verwendete Umschreibung ausreichend sein: Wer einen Begriff (bzw. ein psychoanalytisches Konzept) verstanden hat, sollte fähig sein, diesen Begriff (dieses Konzept) richtig zu verwenden – wir würden sagen, eine solche Person sollte in der Lage sein, Phänomene gemäß den allgemein akzeptierten Regeln unter Konzepte zu subsumieren. Mit dieser Umschreibung müßten eigentlich auch an Operationalisierungen und Messungen interessierte Empiriker leben können, denn diese könnten Konzepte durchaus als Kategorien einer Nominalskala auffassen, in die es die beobachteten Phänomene richtig einzuordnen und zu klassifizieren gilt.

Wie Ros (1990) in einem systematischen Überblick über die Geschichte des Begriffs in der abendländischen Philosophie deutlich macht, haben vor allem drei Auffassungen dessen, was Begriffe sind, in unserer Geistes- und Wissenschaftsgeschichte einige Prominenz erlangt: die *antiken*, an der platonischen Ideenlehre orientierten, die *neuzeitlichen*, am Kantschen Vernunftkonzept orientierten Auffassungen sowie die *moderne* an Sprachspielen und Lebensformen orientierte Auffassung Wittgensteins. Seit der Jahrhundertwende, seit den Arbeiten von Frege sowie Russell und Whitehead, hat die Hinwendung zur Sprache, der sogenannte ›linguistic turn‹, zumindest die westliche Philosophie und Wissenschaftstheorie, insbesondere die Richtung der analytischen Philosophie[1], nachhaltig beeinflußt (siehe hierzu etwa Tugendhat, 1976). Will man die daraus resultierenden Änderungen der wissenschaftstheoretischen Sichtweise kurz charakterisieren, so ist festzustellen, daß neben einem ›erkennenden Subjekt‹ und der ›zu erkennenden Welt‹ nun auch die Sprache, und hier insbesondere die Begriffe, beachtet werden müssen. Denn die Sprache bildet die Welt, ›so wie sie ist‹, nicht einfach ab, sondern konstituiert sie erst – jede Wis-

1 Es sei daran erinnert, daß die Positionen der analytischen Philosophie aus zwei Gründen als wissenschaftstheoretische Referenzpunkte für die Diskussion der Konzeptforschung gewählt wurden: Zum einen dominieren diese Positionen die methodologischen Diskurse einiger Nachbardisziplinen wie etwa der empirischen Psychologie und Soziologie, zum anderen bestimmen Argumente aus dieser Richtung wesentlich die aktuellen Debatten um die Notwendigkeit einer quantitativen, an den Maximen der Naturwissenschaften ausgerichteten psychoanalytischen Forschung – man denke etwa an die Debatte im Umfeld der Arbeiten Grünbaums.

senschaft, das heißt jede ›scientific community‹, entwickelt sich ein Netz von Konzepten, mittels dessen sie sich *ihre* Wirklichkeit erst schafft. Allerdings ist heute diese besondere Beachtung der Rolle der Sprache bei der Konstruktion der Wirklichkeit sozusagen in zwei konkurrierenden Varianten vertreten:

- zum einen in der am Ideal der Formalsprache orientierten Richtung (zu der auch die Ansätze zur Computersimulation gehören), die sich unter anderem auf Wittgensteins logische Abbildtheorie im *Tractatus* beruft und für die hier als Beispiele der logische Empirismus des Wiener Kreises und Poppers kritischer Rationalismus in Kapitel 1 skizziert worden sind;
- zum anderen in der an Umgangssprache, Sprachspielen und Lebensformen orientierten Richtung, die sich insbesondere auf Wittgensteins *Philosophische Untersuchungen* beruft. Diese Hinwendung zur Alltagssprache, die historisch gesehen eigentlich eine systematisch begründete Abwendung von der Überzeugung war, die Formalsprache habe einen privilegierten Status, wird gelegentlich auch als ›ordinary language turn‹ bezeichnet.

Der Term ›analytische Philosophie‹ läßt sich demnach nicht einengen auf jene am Ideal der Formalsprachen (zum Beispiel Logik und Mathematik) und Naturwissenschaften orientierten methodologischen Positionen, worauf etwa Apel aufmerksam macht:

»Einmal versteht man unter der ›analytischen Philosophie‹ eine Richtung, welche nur die im weiteren Sinn ›kausalanalytischen‹, das heißt objektiv-erklärenden Methoden der ›Science‹, sprich ›Naturwissenschaft‹ im weitesten Sinn, als wissenschaftlich anerkennt – eine Philosophie, welche in der Rechtfertigung und Abgrenzung dieser objektiven Erkenntnis gegen subjektive Weltanschauung, d.h. gegen Theologie, Metaphysik und sogenannte Werturteile aller Art, ihr eigentliches Thema sieht. ... Der Terminus ›analytische Philosophie‹ enthält aber noch einen anderen Bedeutungsaspekt ...: Nicht eigentlich die objektiv-kausal-analytischen Methoden der Wissenschaft, die in der ›analytischen Philosophie‹ zergliedert wurden, sondern die dabei angewandte eigene Methode der ›Analyse‹ gab dieser Philosophie ihren Namen. ... Diese als revolutionär empfundene ›Analyse‹ aber bezieht sich gerade nicht auf die objektiven Sachverhalte, von denen die Wissenschaften im Sinne der »science« handeln, sondern auf die Sätze dieser Wissenschaft, kurz nicht auf die Sachen, sondern auf die Sprache, in der von den Sachen die Rede ist« (Apel, 1973, S. 28 f.).

Und eben von dieser »Sprache, in der von den Sachen die Rede ist«, das heißt von den psychoanalytischen Konzepten, unter welche wir unsere Phänomene subsumieren, handelt die Konzeptforschung. Schon in Kapitel 1 ist herausgearbeitet worden, daß nicht allein die Regeln der Logik die Verwendung und den Wandel von Konzepten bestimmen, sondern daß psychoanalytische Konzepte in historisch gewachsene, sozial geteilte Sprachspiele eingebettet sind und von den Lebensformen, den Denkformen der Konzeptverwender abhängen, eine Auffassung im übrigen, der auch Kuhn oder Feyerabend zustimmen würden. Wenn man also die Konzeptverwendung wie auch die Konzeptveränderung von der ausschließlichen Geltung der strengen Regeln der Logik entkoppelt, werden alle Konzepte und Konzeptsysteme historisch kontingent – was letztlich übrigens auch für die Begriffe der Logik selbst gilt. Daß die Konzepte der Psychoanalyse und ihre Beziehungen zueinander nicht allein nach logischen Regeln aufgebaut sind, daß also nicht Präzision, Eindeutigkeit der Syntax und Widerspruchsfreiheit ihre höchsten Ideale sind, bedeutet nunmehr aber nicht, daß ihre Verwendung beliebig ins Ermessen des einzelnen gestellt sei und keinerlei Regeln zu folgen bräuchte. Wie jede andere Wissenschaft auch ist die Psychoanalyse ein soziales Unternehmen, welches auf den zumindest partiellen Konsens seiner Teilnehmer angewiesen ist. Wer psychoanalytische Konzepte verwendet, ist – wenn er sich verständlich machen will – an konsensuelle Regeln ihres Gebrauchs gebunden. Dies ist nicht nur aus pragmatischen, sondern auch aus methodologischen Gründen geboten. Auf den Zusammenhang zwischen geregelter Verwendung eines Konzepts, intersubjektiver Verständigung hierüber und der daraus resultierenden Bedeutung dieses Konzepts verweist beispielsweise Habermas, der sich zum ›Regeln folgen‹ äußert, einem der zentralen methodologischen Beispiele Wittgensteins in den *Philosophischen Untersuchungen*:

»Einer Regel folgen heißt, in jedem Fall *derselben* Regel folgen – die Bedeutung einer Regel ist mit der Verwendung des Wortes ›gleich‹ verwoben. A kann nicht sicher sein, ob er überhaupt einer Regel folgt, wenn nicht eine Situation besteht, in der er sein Verhalten dem Urteil eines Kritikers B aussetzt, der Abweichungen von der Regel feststellen kann. Die identische Bedeutung und die Geltung einer Regel hängen konzeptuell zusammen. Die Identität einer Regel in der Mannigfaltigkeit ihrer Realisierungen beruht nämlich nicht auf *beobachtbaren* Invarianzen, sondern auf der Gültigkeit eines Kriteriums, nach dem sich regelkonformes Verhalten beurteilen läßt. ... Die Pointe der Überlegung besteht darin, daß ein sprachlicher Ausdruck eine identische Bedeutung nur für ein Subjekt haben kann, das mit mindestens einem weiteren Subjekt einer *für beide gültigen* Regel zu folgen imstande ist. Sowenig man einer Regel privatim folgen kann, sowenig kann ein monadisch vereinsamtes Subjekt einen Ausdruck bedeutungsidentisch verwenden« (Habermas, 1988, S. 117 f.).

Natürlich ist in jeder Wissenschaft, auch in der Psychoanalyse und vor allem im Forschungskontext, ein regelgemäßer Gebrauch von Konzepten wünschenswert, unter anderem deshalb, weil ohne solche expliziten oder impliziten Regeln des Gebrauchs sowohl die Verständigung innerhalb der Psychoanalyse als auch der Austausch mit anderen Disziplinen nicht möglich wäre. Die Regeln des Gebrauchs eines Konzepts können sich natürlich ändern und tun dies auch, wie ich dies zum Beispiel an den Konzepten Narzißmus, Übertragung oder Trauma aufzuzeigen versuchte. Konzepte entstehen und verändern sich ja vor allem in Relation zu Problemen. Solche Probleme können beispielsweise von historischen und gesellschaftlichen Bedingungen abhängige Veränderungen bezüglich der Psychopathologie sein (hier sind Fragen angesiedelt wie etwa, ob Eßstörungen als ›neue Form der Hysterie‹ aufzufassen sind) oder können auch von sozioökonomischen Bedingungen abhängige Veränderungen im Gesundheitswesen betreffen (hier sei auf das Problem der ›Behandlungsziele‹ in Abhängigkeit von Fragen der Kassenfinanzierung verwiesen). Man kann deshalb auch Konzeptveränderungen oder Neuschaffung von Konzepten als erste Versuche zur Problemlösung auffassen.

Und eines der Ziele der Konzeptforschung besteht ja auch darin, eben jene sich abzeichnenden Regeländerungen bezüglich der Konzeptverwendung und den damit verbundenen Wandel in den Auffassungen möglichst frühzeitig aufzuspüren und zu dokumentieren – um damit zur ›Problemlösung‹ beizutragen. Durch den Hinweis nicht nur auf den *regelmäßigen*, sondern auch auf den *regelgemäßen* Gebrauch wird aber auch deutlich, daß eine so verstandene Konzeptforschung nicht nur eine deskriptive, sondern auch eine – in gewissem Sinn – präskriptive Komponente haben kann:

- Die Feststellung allein des *regelmäßigen* Gebrauchs eines Konzepts wäre ein mit rein empirischen Methoden zu bewerkstelligendes Vorhaben: Man könnte etwa Auszählungen aus Textstellen psychoanalytischer Literatur vornehmen oder Fragebögen an Konzeptverwender, sprich Psychoanalytiker, verschicken. Als mögliches Ergebnis könnte man beschreiben, welche Bedeutungsvarianten eines Konzepts es gerade gibt und wie häufig diese verwendet werden;
- die Feststellung eines *regelgemäßen* Gebrauchs ist in der Psychoanalyse eine weit schwierigere Sache. Denn der regelgemäße Gebrauch soll ja einige Kriterien wie etwa ›psychoanalytisch sinnvoll‹, ›mit anderen Konzepten eines Konzeptfelds kompatibel‹, ›in der Praxis anwendbar‹ oder ›den sich verändernden Problemen Rechnung tragend‹ erfüllen, die zunächst selbst spezifizierungsbedürftig sind. Dies macht es – gerade bei bestehenden Unklarheiten in der Verwendung eines Konzepts – erforderlich, gut begründete *Vorschläge* zu einem vernünftigen Gebrauch des Konzepts, wie sie etwa aus den beschriebenen konzeptuellen Studien resultierten, vorzulegen – und damit eine allgemeine Diskussion einzuleiten, die Sandler in bezug auf den Hampstead-Index »a sort of progressive spiral« nannte.[2]

2 Glücklicherweise gibt es keine Institution, die verbindliche Regeln für den Gebrauch psychoanalytischer Konzepte vorschrei-

Psychoanalytische Konzepte müssen sich also in der Praxis wie auch im Diskurs bewähren. Der Aspekt der Bewährung in der Praxis wurde in den Kapiteln 4 und 5 anhand der aktiven Einbeziehung der praktizierenden Analytiker in den Forschungsprozeß ausführlich beleuchtet. Der Aspekt der Bewährung im Diskurs wird vor allem dann wichtig, wenn es bezüglich des Gebrauchs eines Konzepts zu einem wie auch immer gearteten Dissens kommt. Ein möglicher Dissens kann aber auf zwei sehr unterschiedlichen Konflikten basieren. Zum einen mag es sein, daß Proponent und Opponent zwar ein gleiches Verständnis vom Konzept (zum Beispiel der Übertragung) haben, die in Rede stehenden Phänomene jedoch unterschiedlich sehen oder interpretieren. Daraus resultieren dann die allen Analytikern vertrauten Dispute darüber, ob und in welcher Weise gewisse Phänomene ›als Übertragung‹ gesehen werden können oder nicht. Zum anderen mag es sein, daß Proponent und Opponent bereits ein Konzept jeweils anders verstehen, wie etwa am Beispiel der Gegenübertragung aufgezeigt. Hier resultiert ein Dissens nicht nur bezüglich der Zuordnung der Phänomene zu den Konzepten, sondern auch bezüglich der Verwendung des ›richtigen‹ Konzepts – uns allen aus Disputen zwischen Anhängern unterschiedlicher psychoanalytischer ›Schulen‹ bestens vertraut. Einer Unterscheidung von Ros (1995) folgend, würde ich aus methodologischer Sicht zwei mögliche Diskurse unterscheiden, die jeweils im Konfliktfall zum Zwekke einer Lösung geführt werden müßten:

– Von einem *konzeptverwendenden Diskurs* würde ich sprechen, wenn es um die Frage geht, ob man ein – in gleicher Weise verstandenes – Konzept *richtig verwendet*;

ben oder gar Sanktionen bei Regelverstößen vornehmen könnte. Das heißt nicht, daß es in der Geschichte der Psychoanalyse nicht zahlreiche Beispiele dafür gegeben hat, daß Psychoanalytiker von ihren Berufsvereinigungen negativ sanktioniert wurden, weil sie sich in ihren Sprachspielen – und/oder ihrem damit verbundenen therapeutischen Vorgehen – zu weit von der jeweils herrschenden Meinung entfernt hatten; man denke etwa an Ferenczi, Kohut oder Meltzer.

– von einem *konzeptreflektierenden Diskurs* würde ich sprechen, wenn es um die Frage geht, ob man die *richtigen Konzepte* verwendet.

Ein *konzeptverwendender Diskurs* müßte dann geführt werden, wenn Analytiker zwar im wesentlichen über die gleichen Konzepte verfügen, wenn sie also den verwendeten Konzepten annähernd die gleiche Bedeutung zuweisen, wenn es aber um Fragen geht, ob und wie diese oder jene Phänomene unter ein Konzept zu subsumieren sind oder nicht. So hatte Luborsky in der ZBKT-Methode festgelegt, was er unter einer manifesten, konflikthaften Beziehungsepisode versteht. Und wenn man diesem Konzept zustimmen würde, könnte ein konzeptverwendender Diskurs etwa darum gehen, welche Passagen der Verbatimprotokolle unter dieses Konzept fallen, welches also die für dieses Konzept relevanten »units of observation« sind und als welche der drei möglichen BEs sie einzuordnen sind. In einem solchen Diskurs sind im übrigen die Fragen nach der Objektivität und der Reliabilität, das heißt der Konsistenz und Stabilität solcher Zuordnungen, durchaus zulässig und wichtig, denn natürlich sollte bezüglich der Kriterien, mittels derer Phänomene beschrieben werden, bei allen Beteiligten größtmögliche Klarheit herrschen. Konzepte ›richtig‹ zu verwenden kann natürlich auch trainiert werden, sowohl die Ausbildungskandidaten psychoanalytischer Institute (bezüglich der ›Übertragung‹ etwa) wie auch die Rater der ZBKT-Methode (bezüglich der ›manifesten Beziehungskonflikte‹) werden solchen Trainingsprozeduren unterzogen, um ihre Unterscheidungsfähigkeiten zu verbessern, um Problemfälle besser entscheiden zu können und um letztlich das zu erreichen, was man technisch als ›hohe Interrater-Reliabilität‹ bezeichnet.

Konzeptreflektierende Diskurse müßten geführt werden, wenn Dissens darüber besteht, wie ein Konzept überhaupt zu fassen, was seine Bedeutung ist. Luborsky zum Beispiel vertritt ja letztlich den Anspruch, Übertragung zu messen, und hier hatte ich aus Sicht der Konzeptforschung argumentiert, daß sich ein psychoanalytisch sinnvoller und klinisch gehaltvoller Übertragungsbegriff eben nicht auf repetitive, manifeste, narrative Konfliktepisoden reduzieren läßt. Luborsky mißt hinreichend befriedigend letzteres, nicht jedoch Übertragung, weil er nach meiner Überzeugung wesentliche Aspekte dieses Konzepts außer acht läßt. In Wissenschaften, deren Konzepte weitgehend ausdifferenziert und in ihrer Bedeutung und damit Verwendung konsensuell bestätigt sind, mögen konzeptverwendende Diskurse vorherrschen, insbesondere solche, wie man ein Konzept am besten oder am genauesten mißt. In der Psychoanalyse sind zentrale Konzepte wie etwa ›unbewußte Prozesse‹, ›Behandlungsziel‹, ›Übertragung‹, ›Trauma‹ usw. vielfach unklar; es scheint kaum ein Konzept zu geben, bezüglich dessen Bedeutung in unserer ›scientific community‹ hochgradiger Konsens besteht – was eben einerseits auf den lebendigen Charakter einer empirischen Wissenschaft verweist, was aber andererseits deutlich macht, daß eigentlich ein großer Bedarf an konzeptreflektierenden Diskursen besteht. Man kann allerdings nicht sagen, daß es in der Psychoanalyse an Konzeptreflexionen überhaupt fehlt, denn es gibt vielfältige Überlegungen einzelner Autoren zu einzelnen Konzepten, ja, es gibt wahrscheinlich kaum ein Konzept, das nicht irgendwo von irgendwem betrachtet würde, kein Konzept, dessen Verwendung – von Freud bis heute – nicht kritisch beleuchtet würde. Aber diese Konzeptreflexionen sind meistens singuläre Aktivitäten, die mit – notwendigerweise – begrenzten Ressourcen durchgeführt wurden und zudem nicht immer genügend Beachtung finden, man denke etwa an die erwähnte vielzitierte Arbeit von Pulver zum Narzißmus, die wenig Konsequenzen zeitigte.

Während die Ziele konzeptverwendender Diskurse also darin bestehen, sich auf die Regeln zu einigen, nach denen Phänomene unter bereits einigermaßen geklärte Konzepte zu fassen sind, könnte man für die konzeptreflektierenden Diskurse drei Ziele bzw. Aufgaben umschreiben, die allerdings alle nicht einfach zu erreichen bzw. zu lösen sind:

- bei Konzepten die bislang unklaren und vielleicht noch impliziten Bedeutungsaspekte *aufzuklären*. Dabei geht es insbesondere auch um die Aufklärung der Beziehungen

zu anderen Konzepten, das heißt der Stellung eines untersuchten Konzepts in einem Konzeptfeld;
- bei Konzepten jene Aspekte, die sich für die psychoanalytische Praxis als wichtig und nützlich erwiesen haben, zu *bewahren*. Es dürfte deutlich geworden sein, daß es hierbei nicht um die Kodifizierung eines orthodoxen Theoriekorpus geht, sondern um einen möglichen Konsens bei der Erhaltung der konzeptuellen Basis der Psychoanalyse, der ›Hauptinhalte und Grundlagen der Theorie‹, wie sie etwa in Kapitel 4 in Freuds Zitat benannt wurden;
- Konzepte auf ihre Angemessenheit für die Praxis und ihre Sinnhaftigkeit *zu überprüfen* und gegebenenfalls *Vorschläge zu ihrer Veränderung* zu machen. Wenn die Psychoanalyse sich im Kanon der Human-, Sozial- und Geisteswissenschaften nicht isolieren will, darf die Überprüfung ihrer Sprachspiele auf Sinnhaftigkeit sich selbstverständlich nicht allein auf innerpsychoanalytische Kriterien stützen, worauf ich gleich noch eingehen werde.

Es wird bei dieser Aufzählung deutlich, daß eine in unserem Sinne verstandene Konzeptforschung überwiegend *Argumente für konzeptreflektierende Diskurse* liefern kann, konzeptverwendende aber natürlich nicht unbeachtet läßt. Zudem ist bei hochgradig ungeklärten oder umstrittenen Konzepten sicherlich zunächst sowieso ein konzeptreflektierender Diskurs angezeigt, denn erst wenn bezüglich eines Konzepts leidlich Konsens herrscht, kann ja überhaupt ein konzeptverwendender Diskurs geführt werden. So gesehen, müßten angemessene Konzeptreflexionen jedweden Versuchen zur Operationalisierung oder Messung vorausgehen. Denn nicht zuletzt auch aus logischen Gründen geht »die ›in der Welt stattfindende‹ begriffsverändernde *Praxis* ... der begriffsverwendenden *Theorie* – auch der Theorie, mit der wir uns ein Bild von jener Praxis zu machen versuchen ... immer voraus« (Ros, 1994, S. 197).

Warum bedarf es auch eigenständiger Konzeptforschungsprojekte?

Natürlich ließe es sich nicht rechtfertigen, *die* Konzeptforschung – die es als standardisierte Forschungstechnologie ja gar nicht gibt und wohl auch nicht geben wird – als strikt getrennt von allen anderen psychoanalytischen Forschungsaktivitäten anzusehen. Konzeptuelle Überlegungen und Erhebung empirischer Indizien sind in den unterschiedlichen Forschungsaktivitäten der Psychoanalyse stets verwoben und aufeinander bezogen. Es gibt jedoch aktuelle und praktische Gründe, konzeptuelle Untersuchungen zu etlichen zentralen Konzepten der Psychoanalyse durchaus in relativer Eigenständigkeit zu systematisieren, dies beispielsweise in Anlehnung an die *Muster* der in Kapitel 4 und 5 beschriebenen Konzeptforschungsprojekte.

Ein praktischer Grund für ein Projekt wäre schon, daß sich ein einzelner Analytiker umfängliche Bestandsaufnahmen aus der Literatur zu einem zentralen Konzept bzw. dem entsprechenden Konzeptfeld, Interviews mit praktizierenden Kollegen über deren Konzeptverwendung sowie Diskussionen mit anderen Fachleuten über eine sinnvolle – und vielleicht veränderte – Verwendung in der Regel gar nicht leisten kann. Manche mögen es bedauern, aber ein Projekt zur Konzeptforschung mit den in dieser Arbeit vorgestellten Zielen und Methoden bedarf in der Regel sowohl der Teamarbeit als auch einer institutionellen Einbindung, um innerhalb konzeptreflektierender Diskurse zu möglichst umfassenden Klärungen einschließlich gut begründeter Vorschläge zu kommen. Der Aufwand an notwendigen Ressourcen für ein solch systematisch angelegtes Projekt ist damit durchaus mit dem Aufwand eines Forschungsprojekts aus dem Bereich der quantitativen Psychotherapieforschung vergleichbar. Was die Konzeptforschung jedoch von empirischen Forschungen etwa im Sinne Luborskys unterscheidet, ist die Notwendigkeit, eine größere Anzahl *psychoanalytischer* Experten in unterschiedlicher Funktion einzubeziehen. Eine wesentlich auf der Arbeit studentischer Hilfskräfte basierende Forschung wäre mangels deren analytischer Kompetenz nicht denkbar.[3] Leider ist die momentane Bewilligungspraxis in der bundesdeutschen Forschungsförderung so, daß Forschungsvorhaben, bei denen vornehmlich empirische Hypothesen überprüft oder Computermodelle entwickelt werden sollen, gern gefördert werden. Projekte, die der systematischen Klärung von Konzepten dienen könnten, passen zur Zeit nicht in ein sich am Empirismus und Kognitivismus orientierendes Wissenschaftsverständnis.

Dies führt auch schon zu einem aktuellen Grund, Konzeptforschung doch auch in eigenständigen Projekten zu betreiben: Verfolgt man die augenblicklichen Diskussionen um die ›richtige‹ Psychotherapieforschung, so scheinen auch etliche Psychoanalytiker die Überzeugung von quantitativen Psychotherapieforschern wie etwa Grawe zu teilen, der Psychoanalyse ermangele es hauptsächlich an den ›richtigen‹ Indizien, nämlich an quantitativen Daten oder Meßwerten, und an nomologischen Erklärungen, und die sinnvollste Methode, dieses Defizit zu beheben, sei eben eine messende, quantifizierende und hypothesentestende Psychotherapieforschung, die sich experimenteller Designs bedient. Natürlich muß die Psychoanalyse stets an neuen empirischen Indizien – und zwar im Sinne *aller* in Kapitel 2 ausdifferenzierten Datenarten – interessiert sein, aber sie muß gleichermaßen, wie andere Humanwissenschaften auch, an der Behebung der Mängel und Defizite in ihrem Begriffsapparat interessiert sein. Es geht nämlich nicht nur darum, *wie* man beispielsweise Übertragung am besten operationalisiert, es geht vor allem darum, *was* man denn überhaupt unter Übertragung sinnvoll verstehen soll. Die Psychoanalyse hat zweifellos die gehaltvollsten und differenziertesten theoretischen Vorstellungen sowie reichhaltige klinisch-empirische Indizien dar-

3 Ungewöhnlich ist diese Forderung allerdings nicht: Auch bei größeren naturwissenschaftlichen Projekten ist es in der Regel so, daß eine ganze Reihe von Experten in unterschiedlichen Funktionen die praktische Forschungsarbeit vornehmlich selbst leistet.

über, was eine ›therapeutische Beziehung‹ ist und wie diese auch kurativ funktionieren kann – sie würde sich dieses Vorteils berauben, wenn sie ihre Konzepte aus Gründen der Meßbarkeit bis zur Unkenntlichkeit ›abspecken‹ würde. Dieser Gefahr einer empiristischen Verflachung psychoanalytischer Konzepte – etwa nach dem Muster: Übertragung ist, was mein Meßinstrument mißt – kann nur vorgebeugt werden, indem einerseits unterschiedliche, den Pluralismus reflektierende Sichtweisen eines Konzepts gesammelt und strukturiert werden, andererseits ein möglichst konsensueller Integrationsversuch unternommen wird, dessen Resultat natürlich auch abweichende Auffassungen abbilden muß. Dies scheint in einem eigenständigen Konzeptforschungsprojekt, das der »Kultur der gemeinsamen Reflexion« (im Wissen um all ihre im vorigen Kapitel erläuterten Beschränkungen) verpflichtet wäre, leichter möglich als im Rahmen eines quantitativ-empirischen Projekts, welches in der Regel hinreichend mit den praktischen Belangen des Empirismus ausgelastet ist.

Wie könnte das Vorgehen in den vorliegenden Ansätzen verbessert werden?

Wie bereits gesagt, kann und soll die Methodik der Konzeptforschung keine solch standardisierte Forschungstechnologie werden wie etwa das Experiment. Dennoch ist es natürlich so, daß nach den beiden hier ausführlicher referierten konzeptforscherischen Ansätzen – dem Hampstead-Index sowie dem Trauma-Projekt – durchaus noch Vorschläge zur Ausdifferenzierung und Verbesserung gemacht werden können.

Der erste Vorschlag betrifft ein zentrales Konzept der Konzeptforschung im Trauma-Projekt, welches meiner Meinung nach weiter klärungs- oder vielmehr differenzierungsbedürftig ist: das Konzept ›implizit‹. Sandler verwendet bei seinen Überlegungen zum impliziten Wissen das Konzept des ›unbewußten Denkens‹, was in diesem Zusammenhang jedoch irreführend sein kann. Zwar bezieht Sandler sich auf die aus Freuds topischem Modell stammende *deskriptive* Verwendung von ›unbewußt‹ (nämlich im Sinne von ›vorbewußt‹, was ja unter anderem heißt: ›im Prinzip bewußtseinsfähig‹), doch halte ich die Anwendung des topischen Sprachspiels und damit die mögliche Gleichsetzung von ›implizit‹ mit ›unbewußt‹ (samt der möglichen Einengung auf ›dynamisch unbewußt‹) für problematisch. Wenngleich zu vermerken ist, daß sich ›implizit‹ und ›unbewußt‹ natürlich auch nicht ausschließen. Ich würde es präferieren, mich der eher funktionalen Sicht Polanyis anzuschließen und die hier angesprochenen Phänomene *zunächst* ausschließlich mit dem Attribut ›implizit‹ zu bezeichnen, wie dies in vielen sozialwissenschaftlichen Kontexten auch geschieht:

> »Ich habe bereits grundsätzlich in *Personal Knowledge* gesagt und seither ständig betont, daß es falsch wäre, solche Hintergrundwahrnehmungen mit unbewußtem oder vorbewußtem Wissen oder mit dem ›Bewußtseinssaum‹ von James gleichzusetzen. Was dieses nur nebenher registrierte Wissen auszeichnet, ist *die Funktion, die es erfüllt*; es kann jeden Grad von Bewußtheit haben, solange es als Schlüssel zum zentralen Objekt unserer Aufmerksamkeit dient« (Polanyi, 1985, S. 85 f.).

Denn in der Tat, aus methodologischer Sicht ist vornehmlich von Interesse, welche Rolle dieses Wissen im wissenschaftlichen Prozeß spielt und über welche Methoden man möglicherweise Zugang dazu hat. In welchen Schichten des Bewußtseins der jeweiligen Konzeptverwender dieses Wissen vor seiner sprachlichen Explizierung abgelegt gedacht wird, bestimmt natürlich den möglichen methodischen Zugang zu diesen Quellen impliziten Wissens. Gerade in der Psychoanalyse ist es naheliegend, als Quelle nicht nur vorbewußte, sondern auch dynamisch unbewußte Prozesse zu vermuten und zu untersuchen. Nur: Wollte man diese Prozesse bei den Konzeptverwendern im Rahmen eines Konzeptforschungsprojekts ebenfalls untersuchen, müßte das vornehmlich sozialwissenschaftliche Methodeninventar der hier vorgestellten Projekte natürlich um Erhebungs- wie Auswertemethoden erweitert werden, die geeignet sind, unbewußte Prozesse zu erfassen. Man müßte hier beispielsweise an die Integration von Supervision oder Eigenanalyse denken, und dies würde natürlich eine veränderte Struktur und ein gänzlich anderes Prozedere möglicher Projekte nach sich ziehen. Am Rande sei noch erwähnt, daß sich natürlich auch für Polanyi dies implizite Wissen nicht ausschließlich aus kognitiven Prozessen speist; so meint er etwa bezüglich der Struktur dieses zunächst sprachlich unentfalteten impliziten Wissens und seiner möglichen Nähe zu Körperlichkeit, Leiblichkeit:

»Diese Struktur macht deutlich, daß jeder unserer Gedanken Komponenten umfaßt, die wir nur mittelbar, nebenbei, unterhalb unseres eigentlichen Denkinhalts registrieren – und daß alles Denken aus dieser Unterlage, die gleichsam ein Teil unseres Körpers ist, hervorgeht. Insofern ist Denken nicht ausschließlich intentional, wie Brentano gelehrt hat; es hängen notwendigerweise noch die Wurzeln daran, denen es eine Form gibt« (ebd., S. 10).

Zur Klärung dessen, was die Konzeptforschung am impliziten Wissen interessiert, und zur Bewertung der methodischen Zugänge dazu, die sie sich schaffen kann, würde ich zunächst von einer üblichen Unterscheidung ausgehen zwischen:

- *expliziten Theorien und Konzepten,* das sind solche, bei denen eine Theorie oder ein Konzept explizit formuliert und in der Literatur vorgestellt und diskutiert sind – damit sind sie der ›scientific community‹ sowie dem wissenschaftlichen Diskurs öffentlich zugänglich, und
- *impliziten ›Theorien‹*[4] *und Konzepten,* die zunächst nur ›in den Köpfen‹ der Analytiker deren praktisches Handeln beeinflussen – damit aber sind sie zunächst weder sprachlich expliziert noch intersubjektiv zugänglich und diskursfähig.

4 Die Bezeichnung ›Theorie‹ ist hier allerdings problematisch; es wäre besser, von ›implizitem Wissen‹ zu sprechen. In der Wissenschaft wird nämlich unter einer Theorie eigentlich immer etwas sprachlich Expliziertes und damit intersubjektiv Zugängliches verstanden. In den methodologischen Diskussionen haben sich aber – leider – die Begriffe ›implizite Theorie‹ oder auch ›Minitheorie‹ (Moser, 1989) eingebürgert.

Die Generierung völlig neuer Konzepte ist auch in der Psychoanalyse ein eher seltenes Ereignis, die meisten ›impliziten Konzepte‹ samt der daraus resultierenden Veränderungen beziehen sich sicherlich auf schon bekannte ›explizite Konzepte‹ und stellen Modifikationen dieser dar, wie etwa Ros dies für begriffliche Veränderungen im allgemeinen bemerkt:

»Was man sich hier vor Augen halten muß, ist insbesondere, daß begriffliche Veränderungen in der Regel nie daraus bestehen, daß ein bestimmter Begriff gänzlich neu zur Welt kommt. Begriffliche Veränderungen treten vielmehr typischerweise – um nur zwei der hier zu beobachtenden Arten anzuführen – in der Weise auf, daß ein bisher noch relativ unbestimmt gelassener Begriff *spezifiziert* wird; oder daß einige Begriffe, die man zunächst als voneinander unabhängig interpretiert hatte, in einer bestimmten Weise zu einem neuen Begriff *integriert* werden« (Ros, 1994, S. 208).

Wie verwoben diese expliziten und impliziten Konzepte im gesamten theoretischen Kontext sind, wie andererseits Konzeptveränderungen nicht notwendig sogleich zu umfassenden Theorieveränderungen führen müssen, kommentiert aus einer ganz anderen Perspektive Foucault in seiner Diktion:

»Zu sagen, daß eine diskursive Formation an die Stelle einer anderen tritt [also ein neues Konzept an die Stelle eines alten, die Verf.], heißt nicht, daß eine ganze Welt von Gegenständen, Äußerungen, Begriffen, von theoretisch absolut neuen Wahlentscheidungen vollgewappnet und durchorganisiert in einem Text auftaucht, der sie ein für allemal einordnet; es heißt, daß sich eine allgemeine Transformation der Beziehungen vollzogen hat, die aber nicht unbedingt alle Elemente verändert; es heißt, daß die Aussagen neuen Formationsregeln gehorchen, es heißt nicht, daß alle Gegenstände oder Begriffe, alle Äußerungen oder alle theoretischen Wahlmöglichkeiten verschwinden. Man kann im Gegenteil ausgehend von diesen neuen Regeln Phänomene der Kontinuität, der Rückkehr und der Wiederholung beschreiben und analysieren« (Foucault, 1973, S. 246 f.).

In der klinischen Praxis sind nun explizite Theorien sowie die sie konstituierenden Konzepte mannigfachen persönlichen Einflüssen seitens des Analytikers ausgesetzt, seinen Erfahrungen, Überzeugungen, seinen Vermutungen, seinen Wertsystemen wie auch natürlich seinen unbewußten Prozessen. Und alle diese persönlichen Einflußgrößen – jeweils immer auch bezogen auf den Hintergrund eines professionellen wie soziokulturellen Kontexts – seien hier zunächst als ›implizites Wissen‹ zusammengefaßt. Ich würde jedoch den Vorschlag machen, dieses implizite Wissen nun noch weiter zu differenzieren und sich diese ›Minitheorien‹ im Kopf eines praktizierenden Analytikers als im wesentlichen aus drei – allerdings nicht disjunkten – Komponenten bestehend vorzustellen, die dieser zur eigenen Konzeptverwendung und zur Konzeptmodifikation für sich aktivieren kann:

- den sozial geteilten impliziten ›Theorien‹ des psychoanalytischen Milieus, in dem der Analytiker ausgebildet und kollegial verankert ist;
- den individuellen, in der eigenen klinischen Praxis des Analytikers entstandenen Gedanken, das heißt seiner persönlichen Mischung aus expliziten Theorien und eigenen tastenden Überlegungen, die durchaus kreative Elemente und somit das Potential zur Konzeptveränderung in sich tragen können;[5]
- den unbewußten Vorstellungen, Motiven und Werten, die in Persönlichkeit und Lebensgeschichte des Analytikers verankert sind.

Wenn man so will, mag man die beiden ersten als im topischen Sinne ›vorbewußt‹, das heißt ›deskriptiv unbewußt‹ bezeichnen, was Sandler ja auch tut. Die dritte Komponente der unbewußten Vorstellungen, Motive und Werte, bei der ich den Begriff ›Theorie‹ allerdings gänzlich vermeiden wür-

5 Diese individuellen impliziten ›Theorien‹ enthalten in der Praxis wohl auch oft eklektizistische Elemente. So würde manch ein Praktiker bei der Charakterisierung bestimmter narzißtischer Phänomene sowohl in Kohutsche Sprachspiele wie auch in Kernbergsche Sprachspiele verfallen können – aber das eigene Bemerken dieses Wechsels im Sprachspiel und die Reflexion dieses Vorgangs könnten beispielsweise Ausgangspunkt kreativer Konzeptveränderungen sein.

de, würde dann die im Sinne von ›dynamisch unbewußt‹ gemeinten Aspekte bezeichnen. Als Psychoanalytiker ist man für die möglichen Interdependenzen dieser Komponenten in gewisser Weise sensibilisiert – unter anderem deshalb ja auch das strikte Plädoyer für den Einbezug psychoanalytisch erfahrener Kliniker in den analytischen Forschungsprozeß. So könnte man dort etwa auf Phänomene stoßen, die man als unbewußte Allmachtsphantasien, unbewußte Versagensängste oder unbewußte Angst vor narzißtischer Kränkung interpretieren könnte, deren systematische Untersuchung im Forschungskontext würde aber, wie gesagt, des Einsatzes geeigneter Methoden zur weiteren Aufklärung bedürfen.

Mit den ›impliziten Theorien des psychoanalytischen Milieus‹ ist jener implizite Wissensbestand einer jeden wissenschaftlichen Gemeinschaft gemeint, welcher sich in dem von Polanyi vorgeschlagenen Konzept des ›personal knowledge‹ findet. Fürstenau hat unter Bezug auf Polanyi als Ausdruck dieser »*sozialen Existenzweise* der Wissenschaft ›Psychoanalyse‹« bemerkt,

»daß in allen Wissenschaften, selbst in den exakten Naturwissenschaften, persongebundenes Wissen und Können eine mehr oder minder große Rolle spielt, das nie annähernd adäquat sprachlich thematisiert und dargestellt wird, jedenfalls in expliziten Theorien und Regeln keineswegs aufgeht, vielmehr weitgehend sprachlich und theoretisch unentfaltet (implizit) bleibt, trotzdem aber eine effektive *steuernde* Funktion innerhalb der Wissenschaft ausübt, das heißt auch anderen mitgeteilt, auf andere übertragen werden kann und wird« (Fürstenau, 1979, S. 95).

Inwieweit kann diese Differerenzierung impliziten Wissens nun für vorliegende Konzeptforschungsansätze nutzbar gemacht werden? Genaugenommen haben die vorgeschlagenen drei Komponenten impliziten Wissens zunächst nur heuristischen Wert, eine empirische Trennung zwischen den ›sozial geteilten‹, den ›individuellen‹ impliziten Konzepten sowie den unbewußten Motiven erscheint in der Praxis natürlich äußerst schwierig. Nur halte ich diese Dreiteilung aus methodologischer Sicht für nützlich, denn nur den ersten beiden Aspekten könnte man sich – in konzeptuellen Studien, die eng an die analytische Praxis gebunden sind – durch Einsatz geeigneter *sozialwissenschaftlicher* Methoden systematisch zu nähern versuchen, wie dies dann zum Beispiel auch im Trauma-Projekt geschah. Wer die Untersuchung unbewußter Vorstellungen und Motive ebenfalls integrieren möchte, müßte eine um *psychoanalytische* Methoden erweiterte Konzeptforschung vorschlagen.

Des weiteren ergeben sich retrospektiv auch Verbesserungsvorschläge zur Forschungsprozedur etwa des Trauma-Projekts. So wäre es wünschenswert gewesen, für die Interviews mit praktizierenden Analytikern einen elaborierteren und strukturierten Interview-Leitfaden zu entwickeln, in den systematischer die Ergebnisse der Literaturanalyse eingearbeitet worden wären. Dies hätte sowohl gezieltere Fragen bezüglich der wesentlichen Problemaspekte des Traumakonzepts ermöglicht als auch die Vergleichbarkeit der Ergebnisse der Interviews erleichtert. Ebenfalls sind die Gruppendiskussionen im Trauma-Projekt nur in Form von summarischen Ergebnisprotokollen dokumentiert worden, auch hier wäre eine ausführlichere Darstellung zumindest der interessanten Passagen, etwa in Form von Verbatimprotokollen, wünschenswert gewesen.

Als letztes sei noch ein Aspekt erwähnt, dem im Trauma-Projekt keine Aufmerksamkeit geschenkt wurde: Interviewt wurden erfahrene Kliniker bezüglich ihrer praktischen Erfahrung; vielleicht wäre es nützlich gewesen, auch solche Psychoanalytiker – oder Forscher aus Nachbardisziplinen – zu befragen, die bezüglich des Traumakonzepts in besonderer Weise *theoretisch* ausgewiesen sind. Diese mögliche Einbeziehung auch von Quellen ›theoretischen Wissens‹ stellt einen anspruchsvollen Vorschlag dar, der sich darauf bezieht, daß psychoanalytische Konzepte nicht nur in der analytischen Praxis entstehen und sich verändern, sondern auch als Resultat eines ›Imports‹ von Überlegungen und Ergebnissen, die *auch* auf außerklinischen Daten basieren und auch aus Nachbardisziplinen stammen können. Schon in Freuds vielzitierter Idee einer – bis heute allerdings nicht existenten – ›psychoanalytischen Hochschule‹ kommen sowohl Wunsch wie

Notwendigkeit von Interdisziplinarität in der Psychoanalyse zum Ausdruck:

»Wenn man, was heute noch phantastisch klingen mag, eine psychoanalytische Hochschule zu gründen hätte, so müßte an dieser vieles gelehrt werden, was auch die medizinische Fakultät lehrt: neben der Tiefenpsychologie, die immer das Hauptstück bleiben würde, eine Einführung in die Biologie, in möglichst großem Umfang die Kunde vom Sexualleben, eine Bekanntheit mit den Krankheitsbildern der Psychiatrie. Andererseits würde der analytische Unterricht auch Fächer umfassen, die dem Arzt ferne liegen und mit denen er in seiner Tätigkeit nicht zusammenkommt: Kulturgeschichte, Mythologie, Religionspsychologie und Literaturwissenschaft. Ohne eine gute Orientierung auf diesen Gebieten steht der Analytiker einem großen Teil seines Materials verständnislos gegenüber« (Freud, 1926, S. 281).

Diese Liste würden natürlich aus heutiger Sicht sicherlich manche – je nach Couleur – ergänzt wissen wollen um Fächer wie Entwicklungspsychologie, Soziologie, Ethnopsychoanalyse, empirische Psychologie, Kognitionswissenschaft, Sprachwissenschaft usw. Aber sicher sollte man betonen, daß nicht nur *Inhalte* mancher dieser benachbarten humanwissenschaftlichen Fächer in die psychoanalytische Forschungspraxis integriert und für sie nutzbar gemacht werden müßten, sondern auch deren *Methoden.* Die Entstehung Mahlerscher Konzepte, Sternscher oder Lichtenbergscher Konzepte ist nicht allein das Resultat der Anwendung psychoanalytischer Methoden, sie wären nicht denkbar ohne die Methoden der Entwicklungspsychologie, insbesondere der Mutter-Kind-Beobachtung. Konzepte der neueren Schlafforschung wie auch Affektforschung wären nicht denkbar ohne den Einsatz empirisch-experimenteller Methoden der Psychologie. Auch Lorenzers Versuch einer sozialisationstheoretischen Begründung der Psychoanalyse wäre nicht denkbar ohne Kenntnis der Methoden und Ergebnisse ebenjener Entwicklungspsychologie wie auch der Sozialwissenschaften oder der Sprachwissenschaft. Man könnte diese Importliste, bei der eben nicht nur Inhalte, sondern auch Methoden eine wichtige Rolle spielen, sicher noch fortsetzen und nicht zuletzt die Philosophie erwähnen, aus der einige der hier angestellten methodologischen und wissenschaftstheoretischen Überlegungen stammen.[6]

Aber das Thema ›Interdisziplinarität‹ ist natürlich nicht so einfach. Wenn die Psychoanalyse eine Wissenschaft mit eigenständigem Profil bleiben will – mit partiell eigenem Gegenstandsbereich und partiell eigenen Methoden –, muß sie sich zwar an den Nachbardisziplinen konturieren; sie ist aber zugleich auf sich zurückverwiesen, muß sich fragen, was nach der langen Theoriegeschichte ihre wesentlichen Bestimmungsstücke eigentlich noch sind, die den Anspruch der Eigenständigkeit überhaupt rechtfertigen. Die von Freud (1923) genannten und in Kapitel 4 zitierten Grundkonzepte sind ja keine ›ehernen‹, unveränderlichen Prinzipien. Zunächst einmal bleibt natürlich Freuds ›Annahme unbewußter seelischer Vorgänge‹ konstitutiv für die Psychoanalyse, auch wenn sich heute andere Disziplinen ebenfalls mit unbewußten Prozessen beschäftigen, so etwa die kognitive Psychologie in ihren Theorien zum impliziten Gedächtnis und zum impliziten Lernen. Die Stärke der Psychoanalyse kristallisiert sich aber nach wie vor in ihrer Beschäftigung mit der nicht-kognitiven und körpernahen Seite unbewußter Prozesse heraus, in der Betonung der triebhaften, affektiven und emotionalen Phänomene samt deren spezifischer Dynamik. Zudem hat die Psychoanalyse eines der ausdifferenziertesten theoretischen Systeme über Wesen und Funktion intrapsychischer und interpschischer Mechanismen entwickelt, auch für den Kontext der Therapie, was Freud ja mit ›der Lehre von Widerstand und Verdrängung‹ angesprochen hatte. Freuds ›Einschätzung der Sexualität‹ wiederum würden heute manche Analytiker ergänzt wissen wollen um die ›Einschätzung der Aggression‹ oder anderer Motive, etwa dem der Bindung, des *attachment.* Des weiteren würde von vielen neben der Be-

6 Wie produktiv eine solche interdisziplinäre Perspektive sein kann, zeigt etwa Wellendorf, der in der bereits erwähnten Arbeit (1995) Goffmans sozialwissenschaftliches Konzept des ›Rahmens‹ zu einem vertieften Verständnis auch psychoanalytischer Lernprozesse nutzt.

deutung der Triebe auch die Wichtigkeit der Affekte und der Objektbeziehungen hervorgehoben. Und nicht zuletzt würde die dominante Rolle des ›Ödipuskomplexes‹ in der psychischen Entwicklung relativiert durch die Betonung weiterer psychischer Weichenstellungen in der präödipalen frühen Kindheit oder in der Adoleszenz bzw. auch im Erwachsenenalter. Aber es bleibt natürlich Spekulation, welche Essentials Freud heute für jene nennen würde, die sich ›zu den Psychoanalytikern zählen‹ könnten, und ob er überhaupt noch einmal eine solche Liste formulieren würde.

Wenn man wissenschaftliche Disziplinen systematisch miteinander in Beziehung setzen will, genügt es allerdings nicht, nur die Stärken einer Disziplin zu betonen. Ich glaube zwar, daß die psychoanalytische Methode, die Herangehensweise an die menschliche Psyche, einzigartig ist, daß die Psychoanalyse – immer in Auseinandersetzung mit neuen vornehmlich klinisch-empirischen Befunden – Zugangsmöglichkeiten zu unbewußten Strukturen und Prozessen gefunden hat wie kein anderes Fach und daß ihre theoretischen Vorstellungen vom Funktionieren der menschlichen Psyche und vom Funktionieren menschlicher Beziehungen so komplex und ausdifferenziert sind wie sonst in keiner anderen Disziplin. Ich denke aber auch, daß Konzepte und Methoden, mittels derer die menschliche Psyche psychoanalytisch erfaßt und erforscht wird, sich nicht vollständig von jenen Konzepten und Methoden entkoppeln sollten, die in den Nachbardisziplinen bei ähnlichen Unterfangen eine Rolle spielen, denn die Psychoanalytiker sind ja nicht die einzigen, die an der Klärung der Frage interessiert sind, wie der Mensch funktioniert bzw. wie psychopathologische Veränderungen durch therapeutische Maßnahmen beeinflußt werden können.

Eines ist jedenfalls sicher: Wenn die Psychoanalyse sich im Freudschen Sinn als eine empirische Wissenschaft begreift, kann sie nicht umhin, sich an den Nachbardiszipinen zu orientieren, auch wenn es in der Geschichte der Psychoanalyse immer auch sektiererische Tendenzen gab (und gibt), Theorieentwürfe ohne Bezug zum Rest der Welt vorzulegen. Allerdings steht es der Psychoanalyse natürlich zu, Konzepte oder empirische Befunde, Methoden oder methodologische Regeln, in spezieller Weise zu adaptieren, um sie für sich nutzbar zu machen. Und ein aussichtsreiches Unterfangen, genuin psychoanalytische Inhalte wie Methoden zu bewahren und dennoch Neues zu integrieren, könnte eine um einen interdisziplinären Aspekt erweiterte Konzeptforschung sein, bei der dann auch systematisch Forscher aus Nachbardisziplinen einbezogen würden. Strenger unterstreicht dieses integrative Moment; bei seiner Untersuchung der Frage, ob die Psychoanalyse »Between Hermeneutics and Science« eine hermeneutische oder eine Naturwissenschaft sei, weist er zu Recht darauf hin, daß die Psychoanalyse, auch wenn man sie als rein hermeneutische Wissenschaft begreift, sich an den Befunden von Nachbardiziplinen messen lassen muß:

»By only concentrating on the *internal coherence* of narratives, [the hermeneuticist conception of psychoanalysis] remained vulnerable to objections like Grünbaum's. My proposal is to remedy this state of affairs by adding constraints pertaining to what I shall call the *external coherence* of hermeneutic theories. ... We must therefore add another desideratum in order to delineate the conditions of acceptability for hermeneutic theories. The theory should be *consistent with accepted background knowledge embodied in other disciplines, and cohere with it*« (Strenger, 1991, S. 188).

Der Aspekt der Interdisziplinarität ist für die Konzeptforschung in der Psychoanalyse (und wohl auch für Nachbardisziplinen) noch unter einem anderen Blickwinkel interessant: Bleibt doch eine nach dem Muster der hier vorgestellten Projekte organisierte *psychoanalytische* Forschung der analytischen Situation verhaftet, jenem im Junktim angesprochenen zentralen Ort psychoanalytischer Forschung und Bewährung, und kann gleichzeitig ihren Horizont durch die systematische Hinzunahme außerklinischen Wissens erweitern.

Kapitel 6

Die Konzeptforschung im Kontext methodologischer Kontroversen

Wer eine Forschungsmethode diskutiert, ist gehalten, nicht nur methodische, sondern auch methodologische Überlegungen anzustellen. Im Kontext der hier vorgestellten Konzeptforschung wie auch bezüglich der des öfteren mitdiskutierten quantitativen Psychotherapieforschung gibt es – wie gesehen – eine Reihe methodologischer Probleme und Kontroversen, zu denen ich aus Sicht der Konzeptforschung eine abschließende Anmerkung machen möchte.

Es dürfte deutlich geworden sein, daß es bei Anlegung eines modernen Wissenschaftsverständnisses nicht darum gehen kann, ob Forschung in der Psychoanalyse betreffs all ihrer verschiedenen Gegenstandsbereiche *empirisch oder konzeptuell* sein soll oder ob etwa eine bestimmte Art empirischer Forschung *die einzig sinnvolle Art* zu forschen ist. Sinnvolle empirische Forschung bedarf gehaltvoller und möglichst klarer psychoanalytischer Konzepte, sinnvolle Konzeptforschung muß gesicherte empirische Befunde zu integrieren suchen. Deshalb sollte eine gehaltvolle psychoanalytische Forschung von der Forschung des einzelnen bis hin zu systematischen, groß angelegten Projekten immer beide Momente, empirische *und* konzeptuelle, berücksichtigen. Und zumindest im Moment, da etliche etablierte psychoanalytische Konzepte uneinheitlich verwendet werden oder aus anderen Gründen in die Krise geraten sind, ist das kritische Potential konzeptreflektierender Diskurse, sind Versuche zur Konzeptklärung mindestens so wichtig wie die Erhebung und Auswertung empirischer Daten, von welcher Art auch immer letztere sein mögen.

Empiristen behaupten gern, daß im Forschungsprozeß nur der ›*context of justification*‹ technologisch durchrationalisierbar sei. Wie man Hypothesen generiert, wie man also auf ›neue‹ Ideen kommt, ist etwa für die Anhänger von Popper ein letztlich nicht erforschbarer Prozeß, welcher in der – ihrer Meinung nach nicht zugänglichen – Psyche des Forschers abläuft. Demgemäß soll sich wissenschaftliche Forschung auf das beschränken, was in ihrem Sinn rational begründbar und methodisch umsetzbar ist: Hypothesen statistisch zu überprüfen. Diesem methodologisch begründeten Verzicht auf eine Einbeziehung des *›context of discovery‹* kann ich nicht zustimmen. Zumindest der Prozeß des Aufspürens und partiell vielleicht sogar der Generierung von Konzeptveränderungen erscheint, wie ich mit der Darstellung konzeptforscherischer Ansätze gezeigt zu haben hoffe, in einiger Systematik und Zuverlässigkeit durchaus methodisch erfaßbar. Und durch die Einbeziehung mehrerer Experten in unterschiedlichen Rollen in den Forschungsprozeß wäre auch der notwendigen intersubjektiven Kontrolle Genüge getan.

Auch bezüglich der prominentesten methodologischen Kontroverse, ob es das Ziel von Wissenschaft und Forschung sei, (naturwissenschaftlich) zu *erklären* oder (geisteswissenschaftlich) zu *verstehen,* ist wohl eine integrative Sichtweise angezeigt. Immerhin wurde und wird nach wie vor an der ›Erklären-Verstehen-Kontroverse‹ exemplarisch auch der Streit um den wissenschaftlichen Status der Psychoanalyse ausgetragen, ein Streit, der unter anderem immer wieder um die Frage geht, ob die Psychoanalyse überhaupt eine ›science‹ ist.[7] Für die psychoanalytische Forschung insgesamt, und somit auch für die Konzeptforschung, ist jedoch festzuhalten, daß der im Umfeld der Arbeiten Grünbaums wiederbelebte Dualismus zwischen Erklären und Verstehen samt den daraus abgeleiteten methodologischen Konsequenzen gar nicht so strikt ist, wie die Protagonisten einer naturwissenschaftlichen Psychoanalyse gern behaupten. Wer ›verstehen‹ will, braucht auf ›Erklärungen‹ nicht zu verzichten, wer ›erklären‹ will, muß auch immer schon etwas ›verstan-

7 Diese Debatte hatte sich zum Beispiel 1996 in den USA am Streit um eine von der Library of Congress geplante, dann jedoch nach Protesten abgesagte Ausstellung zum Einfluß Freuds auf das Denken des 20. Jahrhunderts aktualisiert. Unter anderem wurde von Kritikern – wieder einmal – unter Rückgriff auf Argumente von Popper und Grünbaum (letzterer war im übrigen einer der Unterzeichner der Petition gegen die Ausstellung) der Psychoanalyse jedwede Wissenschaftlichkeit abgesprochen (Pries, 1996).

den‹ haben. Es wäre nützlich, zur Kenntnis zu nehmen, daß selbst einer der prominentesten Akteure der Erklären-Verstehen-Debatte, nämlich v. Wright, der in *Erklären und Verstehen* (1974) ›Erklären‹ und ›Verstehen‹ noch strikt getrennt und ein »Plädoyer für eine dualistische Wissenschaftsphilosophie« (v. Wright, 1994, S. 14) abgegeben hatte, seine Überzeugung inzwischen geändert hat. Mittlerweile schreibt er, daß ihm aus heutiger Sicht »[sein] anfänglicher Standpunkt später ungenügend oder sogar verfehlt vorgekommen« ist (ebd.). In der ›Erklären-Verstehen-Kontroverse‹ geht es ja unter anderem um die Frage, ob (objektiv registrierbares) *Verhalten* Gegenstand der Forschung sein soll oder (zumindest bezüglich seiner intentionalen oder motivationalen Komponenten nicht beobachtbares) *Handeln.* Nun steht außer Frage, daß die Psychoanalyse mit einem am Behaviorismus orientierten Verhaltensbegriff wenig anfangen kann, sie bedarf vielmehr eines Handlungsbegriffs, der neben bewußten Intentionen eben auch unbewußte Motive und Prozesse einbeziehen müßte. Zwar würde v. Wright vielleicht einer Berücksichtigung jener dynamisch-unbewußten Motive, die in der Psychoanalyse verhandelt werden, nicht zustimmen, für intentional oder motivational begründete Handlungen jedoch schlägt er einen neuen, Erklären und Verstehen nicht dichotomisierenden, sondern integrierenden Typus vor, den er allerdings von Kausalerklärungen naturwissenschaftlicher Provenienz deutlich abgrenzt:

»Den Typus … nenne ich *verstehende Erklärungen.* In Erklärungen dieses Typs werden Handlungen mit der Annahme erklärt oder verstanden, sie seien aus gewissen Gründen oder Motiven hervorgegangen« (ebd., S. 141). »Handlungserklärungen sind nicht Kausalerklärungen im naturwissenschaftlichen, nomothetischen Sinne, sondern etwas anderes, etwas, was ich … ›intentionalistisch‹ nennen möchte. Und als solche hängen sie eng mit dem Begriff des Verstehens zusammen« (ebd., S. 177 f.).

Wohlgemerkt: Ob die psychoanalytische Forschung mit dem bei von v. Wright diskutierten Handlungsbegriff zufrieden sein könnte oder nicht, soll hier nicht diskutiert werden. Wichtig ist vielmehr der *methodologische* Aspekt seines Vorschlags, der für einen ursprünglich eher an Formalsprachen orientierten analytischen Philosophen einen erstaunlichen Wandel ausdrückt: Für v. Wright berühren sich nämlich bei der wissenschaftlichen Aufklärung von Handlungen samt den Motiven verstehende und erklärende Momente, und vielleicht könnte sich das Konzept der ›verstehenden Erklärung‹ für die Psychoanalyse als nützlich erweisen.

Resümiert man die methodologischen Diskussionen in der Psychoanalyse, so gibt es bezüglich des wissenschaftlichen Status der Psychoanalyse und der damit verbundenen Forschungsauffassung ein paar prominente Label, deren wichtigstes in der nicht sehr sinnvollen Dichotomisierung ›Naturwissenschaft‹ oder ›hermeneutische Wissenschaft‹ schon mehrfach angesprochen wurde. Die von manchen gebrauchte Metapher, die Psychoanalyse sei eine ›Wissenschaft zwischen den Wissenschaften‹ (also keine ›Entweder-oder-Wissenschaft), gar eine ›über‹ den Wissenschaften, setzt meiner Ansicht nach die Psychoanalyse zu sehr zwischen alle Stühle, ich würde es vorziehen, sie als integrierende Wissenschaft zu sehen, wenn man so will, als eine ›Sowohl-als-auch-Wissenschaft‹, wie dies bereits Lorenzer auf den Begriff gebracht hat:

»Der neurophysiologischen Untersuchung des neuronalen Systems wird die psychoanalytische Untersuchung der szenischen Formen, der unbewußten Erlebnisfiguren und d. h. der unbewußten Körperwünsche und d. h. der unbewußten Lebensentwürfe entsprechen. Die Kooperation zwischen beobachtungswissenschaftlich-gesetzesbildenden Naturwissenschaften und sinn-interpretierenden hermeneutischen Sozialwissenschaften nach dem Modell der Psychoanalyse wird dann konvergieren, die Grundstruktur menschlicher Sozialisationsprozesse von der einen und der anderen Seite her durchsichtig zu machen. Dabei wird sich zeigen, daß die Psychoanalyse jene Psychologie ist, die unser Verständnis von den seelischen Vorgängen und den seelischen Inhalten nach zwei Seiten auszudehnen in der Lage ist: in die Physiologie und in die Sozialwissenschaften« (Lorenzer, 1988, S. 437).

Und bezüglich all dieser zuweilen unversöhnlich ausgetragenen Kontroversen darüber, wie Wissenschaft ›richtig‹ zu betreiben sei und wie ›richtig‹ geforscht werden sollte, möchte ich mich am Ende der eher gelassenen Sicht Toulmins anschließen:

»Es gibt vielleicht keine rationale Möglichkeit, Menschen, die aufrichtig andere Standpunkte vertreten, zu unserem Standpunkt zu bekehren, aber wir können solche Meinungsverschiedenheiten auch nicht ignorieren. Wir sollten mit ihnen leben und sie als weitere Zeugnisse für die Vielfalt des menschlichen Lebens nehmen. Später werden diese Meinungsverschiedenheiten vielleicht einmal durch neue gemeinsame Erfahrungen aufgelöst, und die verschiedenen Schulen finden zusammen. Vorher aber muß man die Verschiedenheit der Standpunkte im Geiste der Toleranz akzeptieren. Die Tolerierung dieser Vielfalt, Vieldeutigkeit und Ungewißheit ist kein Fehler oder gar eine Sünde. Gewissenhaftes Nachdenken zeigt, daß sie zu dem Preis gehört, den wir unausweichlich dafür bezahlen, daß wir Menschen und keine Götter sind« (Toulmin, 1991, S. 59 f.).

Bibliographie

Abend, S., M. S. Porder und M. S. Willick (1994) *Psychoanalyse von Borderline-Patienten.* Göttingen/Zürich: Vandenhoeck & Ruprecht [Orig. 1983]

Anstadt, T., J. Merten, B. Ullrich und R. Krause (1996) Erinnern und Agieren. *Zeitschrift für psychosomatische Medizin und Psychoanalyse* 42: 34-55

Apel, K.-O. (1973) *Transformation der Philosophie.* Bd. 2: *Das Apriori der Kommunikationsgemeinschaft.* Frankfurt am Main: Suhrkamp

Argelander, H. (1971) Ein Versuch zur Neuformulierung des primären Narzißmus. *Psyche,* 25: 358-373

– (1982) Textstruktur und Interpretation. *Psyche,* 36: 700-725

Bion, W. R. (1992) *Lernen durch Erfahrung.* Frankfurt am Main: Suhrkamp [Orig. 1962]

Blacker, K. H. (reporter) (1981) Panel: Insight: Clinical conceptualizations. *Journal of the American Psychoanalytic Association,* 29: 659 671

Bolland, J., und J. Sandler (1977) *Die Hampstead-Methode. Dargestellt an einer Fallstudie: Die Psychoanalyse eines zweijährigen Kindes.* Vorwort von A. Freud. München: Kindler [Orig. 1965]

Breuer, J., und S. Freud (1895) Vorwort zu: Studien über Hsyterie. GW I, 77-312

Dahlbender, R. W., und H. Kächele (1994) Qualitativ-quantifizierende Analyse internalisierter Beziehungsmuster. In: H. Faller und J. Frommer (Hg.) *Qualitative Psychotherapieforschung. Grundlagen und Methoden.* Heidelberg: Asanger, 228-245

Dare, C. (1982) Psychoanalyse in Großbritannien. In: Kindlers ›Psychologie des 20. Jahrhunderts‹. *Tiefenpsychologie* 2. Weinheim/Basel: Beltz, 542-549

Dornes, M. (1993) *Der kompetente Säugling. Die präverbale Entwicklung des Menschen.* Frankfurt am Main: Fischer

– (1997) *Die frühe Kindheit. Entwicklungspsychologie der ersten Lebensjahre.* Frankfurt am Main: Fischer

Dreher, A. U., und J. Sandler (1997) Zum Problem des Behandlungsziels. In: M. Leuzinger-Bohleber und U. Stuhr (Hg.) *Psychoanalysen im Rückblick. Methoden, Ergebnisse und Perspektiven der neueren Katamneseforschung.* Gießen: Psychosozial-Verlag

Eissler, K. R. (1953) The effect of the structure of the ego on psychoanalytic technique. *Journal of the American Psychoanalytic Association* 1: 104-143
– (1963) Die Ermordung von wie vielen seiner Kinder muß ein Mensch symptomfrei ertragen können, um eine normale Konstitution zu haben? *Psyche* 17: 241-291
Emde, R. N. (1988a) Development terminable and interminable: I. Innate and motivational factors from infancy. *International Journal of Psychoanalysis* 69: 23-42
– (1988b) Development terminable and interminable: II. Recent psychoanalytic theory and therapeutic considerations. *International Journal of Psychoanalysis* 69: 283-296
Erdfelder, E., und J. Bredenkamp (1994) Hypothesenprüfung. In: T. Herrmann und W. H. Tack (Hg.) *Methodologische Grundlagen der Psychologie*. Enzyklopädie der Psychologie. Göttingen: Hogrefe, 604-648
Erdheim, M. (1982) *Die gesellschaftliche Produktion von Unbewußtheit. Eine Einführung in den ethnopsychoanalytischen Prozeß*. Frankfurt am Main: Suhrkamp
Eribon, D. (1991) *Michel Foucault*. Frankfurt am Main: Suhrkamp
Escoll, P. J. (reporter) (1983) Panel: The changing vistas of transference: the effect of developmental concepts on the understanding of transference. *Journal of the American Psychoanalytic Association* 31: 699-711
Faller, H., und J. Frommer (Hg.) (1994) *Qualitative Psychotherapieforschung*. Heidelberg: Asanger
Feyerabend, P. (1976) *Wider den Methodenzwang. Skizze einer anarchistischen Erkenntnistheorie*. Frankfurt am Main: Suhrkamp
Fine, B. D., E. D. Joseph und H. F. Waldhorn (1971) *Recollection and Reconstruction - Reconstruction in Psychoanalysis*. The Kris Study Group of the New York Psychoanalytic Institute, Monograph 4. New York: International Universities Press
Fischer, G. (1989) *Dialektik der Veränderung in Psychoanalyse und Psychotherapie. Modell, Theorie und systematische Fallstudie*. Heidelberg: Asanger
Foucault, M. (1971) *Die Ordnung der Dinge. Eine Archäologie der Humanwissenschaften*. Frankfurt am Main: Suhrkamp
– (1973) *Archäologie des Wissens*. Frankfurt am Main: Suhrkamp
Freud, S. (1895) Entwurf einer Psychologie. GW Nachtr. (1950) 387-477

– (1901) *Zur Psychopathologie des Alltagslebens.* GW IV
– (1912) Zur Dynamik der Übertragung. GW VIII, 364-374
– (1914) Zur Einführung des Narzißmus. GW X, 137-170
– (1915) Triebe und Triebschicksale. GW X, 210-232
– (1916/17) *Vorlesungen zur Einführung in die Psychoanalyse.* GW XI
– (1918) Aus der Geschichte einer infantilen Neurose. GW XII, 27-157
– (1919) Einleitung zu: *Zur Psychoanalyse der Kriegsneurosen.* GW XII, 321-324
– (1923) »Psychoanalyse« und »Libidotheorie«. GW XIII, 211-233
– (1926) *Die Frage der Laienanalyse.* GW XIV, 207-286
– (1927) Nachwort zur *Frage der Laienanalyse.* GW XIV, 287-296
– (1927) The question of lay analysis: Postscript. SE 20, 251-258
– (1933) *Neue Folge der Vorlesungen zur Einführung in die Psychoanalyse.* GW XV
– (1937) Die endliche und die unendliche Analyse. GW XVI, 59-99
– (1940) Abriß der Psychoanalyse. GW XVII, 63-138

Friesen, W. V., und P. Ekman (1984) EMFACS-7: Emotional Facial Action Coding System, Version 7. Unveröffentlichtes Manuskript

Fürstenau, P. (1979) *Zur Theorie psychoanalytischer Praxis. Psychoanalytisch-sozialwissenschaftliche Studien.* Stuttgart: Klett-Cotta

Gill, M. M., und I. Hoffman (1982) A method for studying the analysis of resisted aspects of the patient's experience of the relationship in psychoanalysis and psychotherapy. *Journal of the American Psychoanalytic Association* 30: 137-168

Gitzinger, I., B. Krämer und H. Kächele (1997) »Don't think twice, it's all right« – Ein zweiter Rückblick auf eine Behandlung und ein Ausblick auf offene Fragen. Psychoanalytische Katamnese im Blickwinkel der Psychotherapieforschung. In: M. Leuzinger-Bohleber und U. Stuhr (Hg.) *Psychoanalysen im Rückblick. Methoden, Ergebnisse und Perspektiven der neueren Katamneseforschung.* Gießen: Psychosozial-Verlag

Grawe, K. (1988) Zurück zur psychotherapeutischen Einzelfallforschung. *Zeitschrift für klinische Psychologie* 17: 1-7

–, R. Donati und F. Bernauer (1993) *Psychotherapie im Wandel. Von der Konfession zur Profession.* Göttingen: Hogrefe

Grubrich-Simitis, I. (1993) *Zurück zu Freuds Texten. Stumme Dokumente sprechen machen.* Frankfurt am Main: Fischer

Grünbaum, A. (1987) *Psychoanalyse in wissenschaftstheoretischer Sicht. Zum Werk Sigmund Freuds und seiner Rezeption.* Konstanz: Universitätsverlag

– (1988) *Die Grundlagen der Psychoanalyse. Eine philosophische Kritik.* Stuttgart: Reclam [Orig. 1984]

Habermas, J. (1968) *Erkenntnis und Interesse.* Frankfurt am Main: Suhrkamp

– (1985) *Theorie des kommunikativen Handelns.* Bd. 1: *Handlungsrationalität und gesellschaftliche Rationalisierung.* Frankfurt am Main: Suhrkamp

– (1988) *Nachmetaphysisches Denken. Philosophische Aufsätze.* Frankfurt am Main: Suhrkamp

Hager, W., und R. Westermann (1983) Planung und Auswertung von Experimenten. In: J. Bredenkamp und H. Feger (Hg.) Hypothesenprüfung. In: *Enzyklopädie der Psychologie.* Göttingen: Hogrefe, 24-238

Henseler, H. (1975) Die Suizidhandlung unter dem Aspekt der psychoanalytischen Narzißmustheorie. *Psyche* 29: 191-207

– (1976) Die Theorie des Narzißmus. In: Kindlers ›Psychologie des 20. Jahrhunderts‹. *Tiefenpsychologie 1.* Weinheim, Basel: Beltz, 453-471

Herrmann, T. (1979) *Psychologie als Problem. Herausforderungen der psychologischen Wissenschaft.* Stuttgart: Klett

Hildenbrand, G. (1993) Interpersonelle Modelle und Psychotherapie-Prozeßforschung. In: W. Tress (Hg.) *Die Strukturale Analyse sozialen Verhaltens – SASB. Ein Arbeitsbuch für Forschung und Ausbildung in der Psychotherapie.* Heidelberg: Asanger, 21-34

Holder, A., und C. Dare (1982) Narzißmus, Selbstwertgefühl und Objektbeziehungen. *Psyche* 36: 788-812

Jacobson, E. (1973) *Das Selbst und die Welt der Objekte,* Frankfurt am Main: Suhrkamp [Orig. 1964].

Jacoby, R. (1985) *Die Verdrängung der Psychoanalyse oder der Triumph des Konformismus.* Frankfurt am Main: Fischer [Orig. 1983]

Janik, A., und S. Toulmin (1987) *Wittgensteins Wien.* München: Piper [Orig. 1973]

Joffe, W. G. (1969) A critical rewiew of the status of the envy concept. *International Journal of Psychoanalysis* 50: 533-545

– und J. Sandler (1967) Über einige begriffliche Probleme im Zusammenhang mit dem Studium narzißtischer Störungen. *Psyche* 21: 152-165

Jüttemann, G. (Hg.) (1990) *Komparative Kasuistik*. Heidelberg: Asanger

Kächele, H. (1992) Psychoanalytische Therapieforschung 1930-1990. *Psychoanalyse [Psyche]* 46: 259-285

– (1993) Der lange Weg von der Novelle zur Einzelfallanalyse. In: U. Stuhr und F. W. Deneke (Hg.) *Die Fallgeschichte. Beiträge zu ihrer Bedeutung als Forschungsinstrument.* Heidelberg: Asanger, 32-42

–, L. Luborsky und H. Thomä (1988) Übertragung als Struktur und Verlaufsmuster – zwei Methoden zur Erfassung dieser Aspekte. In: L. Luborsky und H. Kächele (Hg.) *Der zentrale Beziehungskonflikt. Ein Arbeitsbuch*, Ulm: PSZ-Verlag, 8-21

Kennel, R. (1995) Zur Theorie der Psychoanalyse bei Klein/Bion im Hinblick auf die Grundlegung der Behandlungstechnik. Unveröffentlichtes Manuskript

Kernberg, O. (1978) *Borderline-Störungen und pathologischer Narzißmus*. Frankfurt am Main: Suhrkamp

King, P., und R. Steiner (Hg.) (1991) *The Freud/Klein Controversies 1941-45*. London: Routledge [deutsch: *Die Freud/Klein-Kontroverse 1941-1945*, Stuttgart: Klett-Cotta, in Vorb.]

Klüwer, R. (1983) Agieren und Mitagieren. *Psyche* 37: 828-840

Kohut, H. (1973) *Narzißmus. Eine Theorie der psychoanalytischen Behandlung narzißtischer Persönlichkeitsstörungen*. Frankfurt am Main: Suhrkamp [Orig. 1971]

– (1979) *Die Heilung des Selbst*. Frankfurt am Main: Suhrkamp [Orig. 1977]

Krause, R. (1994) Verlust, Trauer und Depression: Überlegungen auf der Grundlage der Emotionsforschung. *Zeitschrift für psychosomatische Medizin* 40: 324-340

Kuhn, T. S. (1976) *Die Struktur wissenschaftlicher Revolutionen*. Frankfurt am Main: Suhrkamp (2., revidierte Auflage) [Orig. 1963]

– (1977) *Die Entstehung des Neuen. Studien zur Struktur der Wissenschaftsgeschichte*. Frankfurt am Main: Suhrkamp

– (1995) Weltbilder der Wissenschaften. Interview in: *Die Zeit*, Nr. 18, 28. April 1995: 42

Lakatos, I. (1974 a) Falsifikation und die Methodologie wissenschaftlicher Forschungsprogramme. In: I. Lakatos und A. Musgrave (Hg.) *Kritik und Erkenntnisfortschritt.* Braunschweig: Vieweg, 89-190

– (1974 b) Die Geschichte der Wissenschaft und ihre rationalen Rekonstruktionen. In: I. Lakatos und A. Musgrave (Hg.) *Kritik und Erkenntnisfortschritt.* Braunschweig: Vieweg, 271-311

Laplanche, J., und J.-B. Pontalis (1972) *Das Vokabular der Psychoanalyse.* Frankfurt am Main: Suhrkamp

Leuzinger-Bohleber, M. (1994) Veränderung kognitiv-affektiver Prozesse in Psychoanalysen. In: H. Faller und J. Frommer (Hg.) *Qualitative Psychotherapieforschung,* Heidelberg: Asanger, 195-227

– (1995) Die Einzelfallstudie als psychoanalytisches Forschungsinstrument. *Psyche* 49: 434-480

Lichtenberg, J. (1989) *Psychoanalysis and Motivation.* Hillsdale, NJ: The Analytic Press

–, und S. Kaplan (Hg.) (1991) *Psychoanalyse und Säuglingsforschung.* Heidelberg: Springer [Orig. 1983]

Loch, W. (1983) Alexander Mitscherlich und die Wiedergeburt der Psychoanalyse in Deutschland. *Psyche* 37: 336-345

Losee, J. (1977) *Wissenschaftstheorie. Eine historische Einführung.* München: Beck

Lorenzer, A. (1974) *Die Wahrheit der psychoanalytischen Erkenntnis. Ein historisch-materialistischer Entwurf.* Frankfurt am Main: Suhrkamp

– (1976) *Sprachzerstörung und Rekonstruktion. Vorarbeiten zu einer Metatheorie der Psychoanalyse.* Frankfurt am Main: Suhrkamp

– (1988) Freud: Die Natürlichkeit des Menschen und die Sozialität der Natur. *Psyche* 42: 426-438

Luborsky, L. (1991) *Manual zur ZBKT-Methode.* Mit Ergänzungen der Ulmer ZBKT-Arbeitsgruppe. Übersetzung und deutsche Bearbeitung von C. Albani und R. Eckert. Vorläufige interne Fassung. Ulm

–, und P. Crits-Christoph (eds.) (1990) *Understanding Transference. The Core Conflictual Relationship Theme Method.* With forewords by R. S. Wallerstein and M. P. Seligman. New York: Basic Books

–, und H. Kächele (Hg.) (1988) *Der zentrale Beziehungskonflikt. Ein Arbeitsbuch.* Ulm: PSZ-Verlag

–, und D. Spence (1978) Quantitative research on psychoanalytic therapy. In: L. Garfield und A. E. Bergin (eds.) *Handbook of Psychotherapy and Behavior Change.* New York: Wiley, 331-368

MacIntyre, A. C. (1968) *Das Unbewußte. Eine Begriffsanalyse.* Frankfurt am Main: Suhrkamp [Orig. 1958]

Mahler, M. S., F. Pine und A. Bergman (1978) *Die psychische Geburt des Menschen. Symbiose und Individuation.* Frankfurt am Main: Fischer [Orig. 1975]

Malcolm, J. (1983) *Fragen an einen Psychoanalytiker. Zur Situation eines unmöglichen Berufs.* Stuttgart: Klett-Cotta

McDougall, J. (1997) *Die Couch ist kein Prokrustesbett. Zur Psychoanalyse der menschlichen Sexualität.* Stuttgart: Verlag Internationale Psychoanalyse [Orig. 1995]

Mentzos, S. (1973) Psychoanalyse – Hermeneutik oder Erfahrungswissenschaft? *Psyche* 27: 832-849

– (1982) *Neurotische Konfliktverarbeitung. Einführung in die psychoanalytische Neurosenlehre unter Berücksichtigung neuer Perspektiven.* München: Kindler

Meyer, A. E. (1990) Psychoanalytische Forschung für das Ende des Jahrhunderts. In: *Empirische Forschung in der Psychoanalyse. Ein Symposion.* Materialien aus dem Sigmund-Freud-Institut Frankfurt am Main, 10, 8-26

– (1994) Nieder mit der Novelle als Psychoanalysedarstellung – Hoch lebe die Interaktionsgeschichte. *Zeitschrift für psychosomatische Medizin* 40: 77-98

Mitchell, S. A. (1988) *Relational Concepts in Psychoanalysis: An Integration.* Cambridge, MA: Harvard University Press

Mitscherlich-Nielsen, M., und D. Michaelis (1984) Psychoanalyse in der Bundesrepublik. *Psyche* 38: 577-584

Modell, A. (1984) Gibt es die Metapsychologie noch? *Psyche* 38: 214-234

Moore, B. E., und B. D. Fine (eds.) (1990) *Psychoanalytic Terms and Concepts.* New Haven and London: The American Psychoanalytic Association and Yale University Press

Moser, U. (1989) Wozu eine Theorie in der Psychoanalyse? Gedanken zum Problem der »Metapsychologie«. *Zeitschrift für psychoanalytische Theorie und Praxis 4: 154-174*

– (1991) Vom Umgang mit Labyrinthen. Praxis und Forschung in der Psychoanalyse – eine Bilanz. *Psyche* 45: 315-334

Nagera, H. (1974) *Psychoanalytische Grundbegriffe. Eine Einführung in Sigmund Freuds Terminologie und Theoriebildung.* Frankfurt am Main: Fischer [Orig. 1969/1970]

Oevermann, U., T. Allert, E. Konau und J. Krambeck (1979) Die Methodologie einer »objektiven Hermeneutik« und ihre allgemeine forschungslogische Bedeutung in den Sozialwissenschaften. In: H.-G. Soeffner (Hg.) *Interpretative Verfahren in den Sozial- und Textwissenschaften.* Stuttgart: Metzler, 352-434

Ostmann, A., und J. Wutke (1994) Statistische Entscheidung. In: T. Herrmann und W. H. Tack (Hg.) *Methodologische Grundlagen der Psychologie.* Enzyklopädie der Psychologie. Göttingen: Hogrefe, 694-737

Parin, P., und G. Parin-Matthèy (1986) Medicozentrismus. In: Dies. *Subjekt im Widerspruch. Aufsätze 1978-1985.* Frankfurt am Main: Syndikat, 61-80

Petermann, F. (1989) *Einzelfallanalyse.* München/Wien: Oldenbourg

Polanyi, M. (1985) *Implizites Wissen.* Frankfurt am Main: Suhrkamp [Orig. 1966]

Popper, K. R. (1966) *Logik der Forschung.* Tübingen: J. C. B. Mohr (Paul Siebeck) [Orig. 1935]

– (1994) *Objektive Erkenntnis. Ein evolutionärer Entwurf.* Hamburg: Hoffmann und Campe

Pries, C. (1996) Amerikas konservative Seele. »Freud bashing« – Die Angriffe auf die Psychoanalyse. *Frankfurter Rundschau,* 5. Januar 1996: 8

Pulver, S. E. (1972) Narzißmus: Begriff und metapsychologische Konzeption. *Psyche* 26: 34-57

Rapaport, D. (1959) A historical survey of ego psychology. In: E. Erikson *Identity and the Life Cycle.* New York: International Universities Press

Ros, A. (1990) *Begründung und Begriff. Wandlungen des Verständnisses begrifflicher Argumentationen.* Bd. 3: *Moderne.* Hamburg: Meiner

– (1994) »Konstruktion« und »Wirklichkeit«. Bemerkungen zu den erkenntnistheoretischen Grundannahmen des Radikalen Konstruktivismus. In: G. Rusch und S. J. Schmidt (Hg.) *Piaget und der radikale Konstruktivismus.* Frankfurt am Main: Suhrkamp

– (1995) Was ist Philosophie? Vortrag auf dem »Tag der Forschung« der Otto-von-Guericke-Universität Magdeburg am 10. Oktober 1995. Unveröffentlichtes Manuskript

Rothstein, A. (reporter) (1983) Panel: Interpretation: Toward a contemporary understanding of the term. *Journal of the American Psychoanalytic Association* 31: 237-245

Sandler, J. (1976) Gegenübertragung und Bereitschaft zur Rollenübernahme. *Psyche* 30: 769-785

– (1983) Die Beziehung zwischen psychoanalytischen Konzepten und psychoanalytischer Praxis. *Psyche* 37: 577-595

–, D. Dare und A. Holder (1996) *Die Grundbegriffe der psychoanalytischen Therapie.* 7., von J. Sandler und A. U. Dreher erweiterte und überarbeitete Auflage. Stuttgart: Klett-Cotta [Orig. 1973]

–, A. U. Dreher, S. Drews, R. Fischer, R. Klüwer, M. Muck, H. Vogel und C. Will (1987) *Psychisches Trauma: Ein Konzept im Theorie-Praxis-Zusammenhang.* Materialien aus dem Sigmund-Freud-Institut Frankfurt am Main, 5

–, A. U. Dreher und S. Drews (1989) Ein Ansatz zu psychoanalytischer Konzeptforschung - illustriert am Beispiel des psychischen Traumas. *Zeitschrift für psychoanalytische Theorie und Praxis* 4: 307-321

–, A. U. Dreher und S. Drews (1991) An approach to conceptual research in psychoanalysis illustrated by the consideration of psychic trauma. *International Review of Psychoanalysis* 18: 133-141

–, und A. U. Dreher (1996) *What Do Psychoanalysts Want? The Problem of Aims in Psychoanalytic Therapy.* London: Routledge

–, H. Kennedy und R. L. Tyson (1982) *Kinderanalyse. Gespräche mit Anna Freud.* Frankfurt am Main: Fischer [Orig. 1980]

– (ed.) (1987) *From Safety to Superego. Selected Papers of Joseph Sandler.* London: Karnac Books

Schorske, C. (1982) *Wien. Geist und Gesellschaft im Fin de Siècle.* Frankfurt am Main: Fischer

Shakow, D., und D. Rapaport (1964) *The Influence of Freud on American Psychology.* Psychological Issues, 4. New York: I. U. P.

Schnädelbach, H. (1989) Positivismus. In: H. Seiffert und G. Radnitzky (Hg.) Handlexikon zur Wissenschaftstheorie. München: Ehrenwirth, 267-270

Spitz, R. (1967) *Vom Säugling zum Kleinkind. Naturgeschichte der Mutter-Kind-Beziehungen im ersten Lebensjahr.* Stuttgart: Klett-Cotta [Orig. 1965]

Stegmüller, W. (1975/1978) *Hauptströmungen der Gegenwartsphilosophie. Eine kritische Einführung.* 2 Bde. Stuttgart: Kröner

– (1979) *The Structural View of Theories.* Berlin: Springer
Steimer-Krause, E. (1995) Übertragung, Affekt und Beziehung – Theorie und Analyse nonverbaler Interaktionen schizophrener Patienten. Unveröffentlichte Dissertation. Saarbrücken
–, R. Krause und G. Wagner (1990) Prozesse der Interaktionsregulierung bei schizophrenen und psychosomatisch erkrankten Patienten – Studien zum mimischen Verhalten in dyadischen Interaktionen. *Zeitschrift für klinische Psychologie* 19: 32-49
Steiner, R. (1994) »The Tower of Babel« and »After Babel in contemporary psychoanalysis«? *International Journal of Psychoanalyis* 76: 883-901
Stern, D. (1992) *Die Lebenserfahrung des Säuglings.* Stuttgart: Klett-Cotta [Orig. 1985]
– (1995) *The Motherhood Constellation. A Unified View of Parent-Infant Psychotherapy.* New York: Basic Books
Strenger, C. (1991) *Between Hermeneutics and Science. An Essay on the Epistemology of Psychoanalysis.* Madison: International Universities Press
Thomä, H., und H. Kächele (1973) Wissenschaftstheoretische und methodologische Probleme der klinisch-psychoanalytischen Forschung. I. Teil, *Psyche* 27: 205-236; II. Teil, *Psyche* 27: 309-355
– (1985/1988) *Lehrbuch der psychoanalytischen Therapie.* 2 Bde. Berlin: Springer
Toulmin, S. (1991) *Kosmopolis. Die unerkannten Aufgaben der Moderne.* Frankfurt am Main: Suhrkamp [Orig. 1990]
Tress, W. (Hg.) (1993) *Die strukturale Analyse sozialen Verhaltens – SASB. Ein Arbeitsbuch für Forschung und Ausbildung in der Psychotherapie.* Heidelberg: Asanger
– (1994) Forschung zu psychogenen Erkrankungen zwischen klinisch-hermeneutischer und gesetzeswissenschaftlicher Empirie: Sozialempirische Marker als Vermittler. In: H. Faller und J. Frommer (Hg.) Qualitative Psychotherapieforschung, Heidelberg: Asanger, 38-52
Tugendhat, E. (1976) *Vorlesungen zur Einführung in die sprachanalytische Philosophie.* Frankfurt am Main: Suhrkamp
Wallerstein, R. S. (1986) *Forty-Two Lifes in Treatment: A Study of Psychoanalysis and Psychotherapy.* New York: Guilford Press
Wellendorf, F. (1995) Lernen durch Erfahrung und die Erfahrung des Lernens. *Forum der Psychoanalyse* 11: 250-265

Westermann, R., und P. Gerjets (1994) Induktion. In: T. Herrmann und W. H. Tack (Hg.) *Methodologische Grundlagen der Psychologie.* Enzyklopädie der Psychologie. Göttingen: Hogrefe, 428-471

Wright, G. H. von (1974) *Erklären und Verstehen.* Frankfurt am Main: Fischer-Athenäum

– (1994) *Normen, Werte und Handlungen.* Frankfurt am Main: Suhrkamp